企业调岗调薪与裁员

合规操作及风险防控

黄乐平——著

法律出版社 | LAW PRESS

目　录 CONTENTS

第一章　综述 …… 1
第一节　调岗调薪的法律问题及常见风险 …… 3
一、企业调岗调薪需有明确的依据 …… 4
【案例1】制度规定不明确　企业擅自调岗调薪行为无效 …… 5
二、企业调岗调薪需具备合法性与合理性 …… 6
【案例2】企业撤销员工岗位后调岗调薪　法院认定欠缺正当性 …… 7
三、企业与劳动者协商调岗调薪需达成一致 …… 7
【案例3】员工拒绝调岗后企业擅自调岗　员工解除劳动合同获法院支持 …… 8
【案例4】用人单位以效益不佳为由降低高管工资　法院判决违法 …… 9
第二节　裁员的法律问题及常见风险 …… 9
一、企业裁员要满足法律规定的实体条件 …… 10
【案例5】企业证明经营情况发生重大变化　司法认定违法解除劳动合同不成立 …… 11
二、企业裁员要符合法律规定的程序条件 …… 12
【案例6】企业经济性裁员程序规范　员工主张违法解除劳

动合同被判败诉 …… 13

第二章 调岗调薪的合规操作及风险防控 …… 15

第一节 调岗调薪中常见的错误操作 …… 15

一、没有法定事由未经协商程序，企业单方调岗调薪 …… 16

【案例7】未经协商单方调岗调薪 用人单位被判支付拖欠工资 …… 17

二、与劳动者协商不成，企业单方调岗调薪 …… 18

【案例8】协商不成解除员工劳动合同 公司被判违法解除 …… 19

三、调岗调薪依据不明 …… 20

【案例9】调岗调薪依据不明 法院判决公司败诉 …… 21

四、劳动者拒绝调岗调薪，企业单方解除劳动合同 …… 22

【案例10】员工拒绝调岗调薪 企业解除员工劳动合同被判违法解除 …… 23

第二节 调岗调薪合规操作的主要形式 …… 24

一、法定类调岗调薪 …… 24

【案例11】滥用法定事由调岗调薪 法院判决企业败诉 …… 25

二、制度类调岗调薪 …… 26

【案例12】制度规定粗疏不能证明调岗合理 公司被判败诉 …… 27

三、合同类调岗调薪 …… 28

【案例13】劳动合同约定调岗调薪条件 员工不服调整被判败诉 …… 29

四、协商类调岗调薪 …… 31

【案例14】协商未能达成一致后解除劳动合同 法院判决用人单位违法解除劳动合同 …… 32

第三节 调岗调薪合规操作的主要流程 …… 34

一、调岗调薪的依据明确 …… 34

【案例15】企业未能依法调岗导致欠薪　法院判决企业支付拖欠工资与经济补偿金…… 35
【案例16】未经民主协商程序　企业制度无效…… 37
二、调岗调薪的程序需要规范 …… 39
三、调岗调薪的结论确认 …… 39
第四节　不当调岗调薪的法律后果 …… 40
一、调岗调薪无效 …… 40
【案例17】企业未依法为哺乳期员工调岗调薪　法院判决无效…… 41
二、员工单方解除劳动合同 …… 41
【案例18】公司未依法调岗调薪　员工解除劳动合同获得法院支持…… 42
三、企业违法解除劳动合同 …… 43
【案例19】员工拒绝接受公司调薪决定　公司解除劳动合同被判违法…… 43
四、导致工资及社会保险的损失 …… 44
【案例20】公司对哺乳期女职工调岗适当　法院判赔支付工资差额…… 44

第三章　企业停产减产时调薪降薪的合规操作及风险防控 …… 48
第一节　停产停业时企业调薪降薪的合规操作 …… 48
一、如何证明企业是停产停业 …… 49
【案例21】部分站点停产企业发放员工生活费　员工主张拖欠工资被驳回…… 50
【案例22】企业证明停产属实　待岗职工要求正常发放工资未获支持…… 52
二、停产停业的工资支付的合规操作 …… 53

【案例 23】待岗期结束企业未与待岗员工达成新协议　法院判赔支付工资 …… 54
【案例 24】企业高管遭停产企业违法解除　法院判决不支持继续履行劳动合同 …… 56
三、停产停业时调薪降薪的风险防控 …… 57
【案例 25】企业未能证明属于停产状态　法院判决照常支付员工工资 …… 58
第二节　企业减产时的调薪降薪的合规操作 …… 59
一、企业减产时调薪降薪的四种方式 …… 59
二、企业减产时调薪降薪要注意防控的法律风险 …… 61

第四章　企业裁员的合规操作及风险防控 …… 63
第一节　企业裁员的预备工作 …… 63
一、完成企业裁员的尽职调查工作 …… 64
二、准备裁员工作计划与实施预案 …… 65
三、与有关部门沟通协商 …… 66
【案例 26】某公司企业裁员背景调查清单 …… 67
第二节　可以即时解除劳动合同的合规操作 …… 69
一、劳动者在试用期不符合录用条件的可以即时解除劳动合同 …… 70
【案例 27】试用期员工存在不当行为　企业不能证明不符合录用条件被判败诉 …… 71
二、劳动者严重违反企业规章制度的可以即时解除劳动合同 …… 74
三、劳动者不当行为给企业造成重大损害的劳动合同解除 …… 74
四、劳动者存在兼职情形的劳动合同解除 …… 75
五、劳动者以不当违法手段订立或者变更劳动合同致使劳动合同无效的劳动合同解除 …… 77
六、劳动者被依法追究刑事责任的劳动合同解除 …… 77

【案例28】员工被判刑企业未解除劳动合同　法院判决劳动关系存续有效 …… 78
第三节　可以预告解除劳动合同的合规操作 …… 79
一、劳动者调岗或培训后仍然不胜任工作的劳动合同解除 …… 79
【案例29】企业未能举证员工调岗后不胜任工作　法院判决违法解除劳动合同 …… 80
二、劳动者医疗期满仍然不能胜任工作的劳动合同解除 …… 81
【案例30】员工医疗期满企业以违纪为由解除劳动合同　法院判决为违法解除 …… 81
三、劳动合同订立时所依据的客观情况发生重大变化，用人单位与劳动者未能就变更劳动合同内容达成一致的劳动合同解除 …… 82
第四节　经济性裁员的合规操作 …… 83
一、经济性裁员的适用条件 …… 85
二、经济性裁员的适用程序 …… 86
【案例31】未经法定程序实施经济性裁员遭员工起诉　法院判决为违法解除 …… 87
三、经济性裁员的限制性情形 …… 88
【案例32】企业实施经济性裁员裁减优先留用人员　法院判决违法解除 …… 89
【案例33】企业裁撤经济性裁员中受保护对象　法院判处违法解除 …… 90
四、经济性裁员的风险防控 …… 91
【案例34】未履行报告程序实施经济性裁员　法院判决违法解除 …… 92
【案例35】未能举证证明经济性裁员行为合法　外企被判违法解除劳动合同 …… 93

【案例36】企业解除劳动合同程序违法　法院判决企业给予赔偿…… 95
第五节　协商性裁员的合规操作 …… 99
一、标准补偿下的协商离职 …… 100
二、压力机制下的协商离职 …… 101
三、特殊情形下的协商离职 …… 102
【案例37】多方案谈判　哺乳期职工顺利协商解除劳动合同…… 102
第六节　企业辞退无过错员工的限制 …… 105
一、从事接触职业病危害作业的劳动者未进行离岗前职业健康检查,或者疑似职业病病人在诊断或者医学观察期间的…… 106
二、在本单位患职业病或者因工负伤并被确认丧失或者部分丧失劳动能力的 …… 106
三、患病或者非因工负伤,在规定的医疗期内的 …… 106
四、女职工在孕期、产期、哺乳期的 …… 107
五、在本单位连续工作满15年,且距法定退休年龄不足5年的 …… 107

第五章　离职补偿金的计算 …… 109
第一节　经济补偿金的计算 …… 109
一、经济补偿金的适用条件 …… 109
【案例38】员工以企业欠薪为由解除劳动合同　法院判决企业支付经济补偿金…… 111
【案例39】司机拒绝公司用客车拉货　主动解除劳动合同获经济补偿…… 113
【案例40】企业与员工协商调薪不成解除劳动合同　法院判决支付经济补偿金…… 114
【案例41】企业撤销分公司　依法支付员工经济补偿金…… 116
二、经济补偿金的计算方式 …… 119

【案例42】北京地区经济补偿金计算基数不分段　企业计算没有错…………………………………………………… 120
【案例43】员工入职年限超过17年　经济补偿金应分段计算…… 124
【案例44】广东经济补偿金计算:工资基数相同标准+工作年限分段计算……………………………………………… 126
【案例45】上海经济补偿金计算:工资基数分段计算+工作年限分段计算……………………………………………… 128
第二节　经济赔偿金的计算 ………………………………………… 130
一、经济赔偿金的适用条件 ………………………………………… 131
二、经济赔偿金的计算方式及计算基数 ………………………… 132
第三节　拖欠工资及福利的计算 ………………………………… 132
【案例46】员工主张集体福利费用　法院判决败诉……………… 135
第四节　社会保险及住房公积金缴费不足的处理 ……………… 136
一、社会保险缴费不足的处理 …………………………………… 136
【案例47】劳动者要求补缴社会保险费　法院驳回起诉………… 138
二、住房公积金缴费不足的处理 ………………………………… 138
【案例48】劳动者起诉主张补缴住房公积金　法院不予处理…… 139
第五节　离职补偿金的计算基数与个人所得税 ………………… 140
一、经济补偿金的计算基数 ……………………………………… 140
二、个人所得税的缴纳 …………………………………………… 147

第六章　调岗调薪及裁员的规章制度设计与风险防控 ……………… 148
第一节　调岗制度的设计 ………………………………………… 148
一、企业调岗的基本原则 ………………………………………… 149
【案例49】未经协商擅自调岗　法院认定企业调岗行为不当…… 150
二、企业调岗的基本情形 ………………………………………… 151
【案例50】临时变更工作地点有配套弥补措施　法院认定调

岗有效 …… 154
【案例51】员工产后遭遇不当调岗 法院判决企业补发工资 …… 156
三、企业调岗的程序 …… 157
【案例52】调岗依据充分程序合理 法院判定企业调岗行为合法有效 …… 158
【制度范本一】《企业调岗制度实施办法》 …… 160
第二节 调薪制度的设计 …… 163
一、企业调薪的基本原则 …… 163
【案例53】同工同酬不等于同岗同酬 员工主张高工资被驳回 …… 164
二、企业调薪的基本情形 …… 165
【案例54】用人单位依据末位淘汰调整劳动者的工作岗位和薪资 …… 166
三、企业调薪的程序 …… 168
【案例55】未向员工明示绩效考核制度 企业扣发劳动者绩效工资被判败诉 …… 169
【制度范本二】《企业调薪制度实施办法》 …… 170
第三节 企业解除劳动合同制度的设计 …… 172
一、解除劳动合同应遵循的基本原则 …… 173
【案例56】未能证明劳动合同解除事由正当 企业被判违法解除劳动合同 …… 174
二、解除劳动合同制度应关注的重点情形 …… 175
【案例57】无法证明企业规章制度合法有效 企业被判违法解除劳动合同 …… 177
三、不当行为给用人单位造成重大损害的 …… 180
【案例58】以严重违反规章制度为由解除劳动合同的案例 …… 181
四、解除劳动合同的程序 …… 183

【案例59】员工严重违反规章制度被解除劳动合同　用人单位未通知工会被判违法解除 …… 184
【制度范例三】《企业解除劳动合同管理办法》 …… 185

第七章　劳动合同设计与调岗调薪风险防控 …… 189
第一节　关于调整岗位的约定 …… 189
一、工作岗位调整的约定 …… 190
二、工作地点的调整 …… 191
三、其他调岗的情形 …… 191
四、文书示范(劳动合同调岗条款的约定) …… 192
【案例60】劳动合同约定明确　员工不服调岗被判败诉 …… 194
【案例61】未经约定调整员工工作地点　企业被判败诉 …… 195
第二节　关于调整薪酬的约定 …… 196
一、标准薪酬金额的约定 …… 196
【案例62】工资标准约定不明　法院判决加班工资基数以实发为准 …… 197
【案例63】合同约定发放时间不明　员工主张奖金获支持 …… 199
二、调整薪酬的情形 …… 199
三、调整薪酬的幅度 …… 200
四、文书示范(劳动合同调薪条款的约定) …… 200
第三节　关于劳动合同的变更 …… 202
【案例64】单方调整员工工作地点　法院判决企业违法变更劳动合同 …… 203

第八章　证据保存及劳动争议处理的应对技巧 …… 205
第一节　一般证据的基本形式 …… 205
一、证据的一般概念与举证责任 …… 205

二、证据的主要形式 …………………………………………………… 207
第二节 劳动争议处理证据的分类 …………………………………… 211
一、事实类证据 …………………………………………………… 211
【案例65】事实证据完整不怕诉 用人单位合法解除劳动合同获支持…………………………………………………… 212
二、制度类证据 …………………………………………………… 214
【案例66】用人单位保存制度类证据 有助裁员合法性证明…… 214
三、程序类证据 …………………………………………………… 216
【案例67】员工重大失误被辞退 用人单位不能提供过程性证据被判违法解除………………………………………… 216
四、结论类证据 …………………………………………………… 217
【案例68】结论性证据保存完整 用人单位获判胜诉…………… 218
第三节 处理劳动争议的应对技巧 …………………………………… 219
一、劳动争议的协商和处理 ……………………………………… 219
【案例69】企业管理松散 员工主张工资诉求获支持…………… 222
二、劳动争议的诉讼策略选择 …………………………………… 225
【案例70】用人单位不服仲裁裁决 一审起诉改变案件管辖地………………………………………………………… 227
三、劳动争议的应诉技巧 ………………………………………… 231
【案例71】企业合理使用时效制度 员工讨要工资被驳回……… 232
【案例72】劳动者自认关键事实 用人单位“不战而胜” ……… 234

第一章

综　述

2020年席卷全球的新冠肺炎疫情，对全球经济造成了巨大的冲击。我国由于应对措施得力，疫情得到了较好的控制，相对于全球其他几个主要经济体而言算是受冲击比较小的。但与去年同期数据相比，我国经济发展还是受到了比较大的影响，除第一产业外，第二产业、第三产业的发展都面临比较严峻的挑战。据国家统计局的数据，2020年上半年我国国内生产总值456,614亿元，按可比价格计算，同比下降1.6%。按产业分布看，除第一产业略有增长外，第二产业与第三产业均为下降。其中第一产业增加值26,053亿元，同比增长0.9%；第二产业增加值172,759亿元，下降1.9%；第三产业增加值257,802亿元，下降1.6%。

2020年上半年，全国规模以上工业增加值同比下降1.3%。按经济类型看，国有控股企业增加值同比下降1.5%；股份制企业下降0.8%，外商及港澳台商投资企业下降3.4%；私营企业下降0.1%。按产业门类看，采矿业增加值下降1.1%，制造业下降1.4%，电力、热力、燃气及水生产和供应业下降0.9%，降幅分别比一季度收窄0.6、8.8、4.3个百分点。在41个工业大类行业中，9个行业利润总额同比增加，1个行业持平，31个行业减少。主要行业利润情况如下：计算机、通信和其他电子设备制造业利润总额同比增长27.2%，专用设备制造业增长20.7%，农副食品加工业增长14.8%，石油和天然气开采业下降72.6%,黑色金属冶炼和压延加工业下降40.3%,化学原料和化学制品制造业下降32.2%,煤炭开采和洗选业下降31.2%,有色金属冶炼和压延加工业下降29.4%,汽车制造业下降20.7%,电力、热力生产和供应业下降9.5%,非金属矿物制品业下降8.7%,电气机械和器材制造业下降6.4%,纺织业下降5.6%,通用设备制造业下降1.1%,石油、煤炭及其他燃料加工业由同期盈利转为亏损。上半年,第三产业增加值同比下降,降幅比一季度收窄3.6个百分点。分行业看,上半年信息传输、软件和信息技术服务业,金融业增加值分别增长14.5%、6.6%;批发和零售业、住宿和餐饮业分别下降8.1%、26.8%,降幅比一季度分别收窄9.7、8.5个百分点。上半年,全国服务业生产指数同比下降6.1%。1~5月,规模以上服务业企业营业收入同比下降6.4%,其中,信息传输、软件和信息技术服务业增长8.4%。6月,服务业商务活动指数为53.4%,比5月上升1.1个百分点。其中,铁路运输业、道路运输业、航空运输业、邮政业、电信广播电视卫星传输服务、互联网软件信息服务、货币金融服务、资本市场服务、保险业等行业商务活动指数位于55.0%及以上。从市场预期看,服务业业务活动预期指数为59.0%。

尽管相对于全球主要经济体当前哀鸿遍野的经济形势来看,我国目前的经济发展仍可谓是一枝独秀,但与我国过往高歌猛进的发展速度比较而言,当前的经济状况还是难言乐观。受经济大环境的影响,无论是外贸还是内需都限制了很多产业的发展,不少企业出现了生存危机,为了自救,不得不降低成本、削减开支,其中降低人力成本被很多企业列为优先考量之选。降低人力成本,无非是两种主要方式:一种是减员(又称“裁员”),另一种是降薪,包括直接降薪与变相降薪。无论是减员还是降薪,对劳动者来说都是关系饭碗的问题。企业稍有处理不当,轻则影响劳资关系和谐、引起劳动争议,重则引发重大冲突甚至关系企业的生死存亡。此前,有些企业因为减员减薪处理不当而引发血的教训比比皆是。因此,在经济形势不利的情况下,如何引导员工与企业同甘共苦、共克时艰,如何依法合规地妥善处理调岗调薪与裁员的问题,对于企业而言确实是一件不能不慎重的事情。

无论是调岗调薪还是裁员,都涉及劳动合同的处理。调岗调薪涉及劳动合同的变更,裁员则直接涉及劳动合同的解除。劳动合同的变更,有些是实质性的变更,有些是非实质性的变更。调岗调薪涉及工作岗位、工作内容、工作地点、薪酬等内容的变更,属于劳动合同的实质性变更,必须遵循严格的法律规定与法定程序。与劳动合同的变更相比较,劳动合同的解除在法律上的规制要更为严格,面临的法律后果也要更为严重。所以,无论是调岗调薪还是裁员,对企业而言都面临较高的法律风险,在日常经营管理中都应当予以高度重视。

第一节 调岗调薪的法律问题及常见风险

调岗调薪涉及劳动者的工作岗位、工作内容与薪酬福利的调整,将对劳动关系的权利义务产生直接的影响,属于劳动合同的实质性变更,应遵循劳动合同变更的一般规则来操作。需要说明的是,“调薪”从文本意义上来说包含“调高工资”与“调低工资”的双重意义,但由于“调高工资”属于用人单位增加劳动者的权利,在人力资源管理的实践中几乎没有争议、对企业而言也没有任何法律风险,因此,本书所说的“调薪”,若无特别说明均指的是“调低工资”的意思。从现行法律法规的规定来看,只有《劳动合同法》第40条规定,赋予了用人单位可以对劳动者单方面调岗调薪;另有《工伤保险条例》第36条规定针对五级、六级伤残工伤职工,允许用人单位在保障其工伤保险待遇的基础上,可以调整其工作岗位,但是薪酬待遇不得低于法定标准。除此之外,调岗调薪行为均需要通过协商的方式来实现,不得单方面调整劳动者的岗位与薪酬,也就是说用人单位与劳动者需要通过协商一致对原劳动合同的岗位与薪酬的条款进行修改、补充或废止来实现调岗调薪的目的。因此,作为用人单位的企业对劳动者调岗调薪,在遵守法律规定的基础上,需遵循劳动合同变更的一般原则,即有明确的依据、有合法性与合理性以及非法定事由双方协商一致的原则。企业调岗调薪的合规操作,既涉及实体条件,也涉及程序条件;如果操作不当,不仅调岗调薪的行为无效,还可能面临拖欠劳动者工资、劳动者解除劳动合同、向劳动者支付经济补偿金以及背上侵犯劳动者合法权益这样会损害企业商誉的法律风险。

一、企业调岗调薪需有明确的依据

企业对劳动者的调岗调薪行为,一定要有明确的依据,既要有调岗调薪的标准依据,还要有具体的调岗调薪事件依据。通常而言,明确的标准依据包括企业与劳动者之间签订的劳动合同,合法有效的企业规章制度与员工手册,企业与劳动者就调岗调薪行为达成的协议。调岗调薪的事件依据就是具体导致企业对劳动者调岗调薪所依据的实际发生的客观情况。

首先,企业无论依据规章制度或员工手册还是劳动合同、调岗调薪协议作为调岗调薪的依据,都必须是内容明确并且合理合法。在有关调岗调薪的依据中,调岗调薪的情形、调岗调薪的方法和调岗调薪的标准,都需要具体而明确,并且在实践操作中也需要严格按照调岗调薪的依据来执行。其次,企业作出调岗调薪决定的事由要符合企业管理制度中的规定或劳动合同的约定,并能提供切实充分的事实依据。企业具有以下情形之一者,意味着调岗调薪的行为具有较大的法律风险:(1)企业依据的相关制度不明确;(2)企业对员工进行调岗调薪的理由不符合制度规定或劳动合同的约定;(3)企业不能提供证据证明劳动者符合调岗调薪的规定或者劳动合同约定的情形。有以上任何一种情形,企业的调岗调薪行为都很难获得法律支持;擅自调岗调薪的行为属于单方面违法变更劳动合同,在法律上是无效的,这对企业而言意味着巨大的法律风险。案例1就是一个典型例子,企业在员工手册等规章制度中虽然对员工重度违纪行为有列举式的明确规定,但对于餐厅经理对餐厅员工日常工作流程进行监督监管的岗位职责却没有予以明确规定。而用人单位吉野家公司却认为餐厅经理未履行对餐厅员工日常工作流程进行有效监督监管职责，以劳动者（餐厅经理）存在重度违纪为由对劳动者（餐厅经理）进行调岗调薪，既体现在制度规定依据不明确，又体现在给予实际处罚的证据依据不足，所以在员工不服其单方面调岗调薪行为并提起劳动争议仲裁诉讼时，企业只能承受败诉的法律后果。

案例1 制度规定不明确 企业擅自调岗调薪行为无效

王某于2009年11月4日入职吉野家公司，先后签订多份劳动合同，最后一份劳动合同服务期限截至2017年11月20日，合同约定王某担任餐厅管理岗位工作。2017年9月21日，吉野家公司以在餐厅日常抽检暗访中发现，王某作为餐厅经理未履行岗位职责，对餐厅员工日常工作流程没有进行有效监督监管，于是以其行为严重影响公司品牌形象为由，单方将王某的工作岗位由餐厅经理降为见习助理，工资标准也由每月5200元降为3500元。

吉野家公司《员工手册》中规定，重度违纪是指员工的行为违反了公司的规章制度，或对公司运作构成威胁，或给公司造成直接经济损失或增大费用支出（金额在500元以下），或对员工及他人的安全构成伤害，或给公司在消费者和社会中造成不良影响；公司对有重度违纪者，给予书面警告处理；公司在给予员工纪律处分的同时，可以对认识态度较好的员工，根据公司需要或本人申请，给予降职或降薪的处理。其中，故意不执行标准或明知与规程不符，进行隐瞒或不进行制止或报告；由于本人工作疏忽或违反操作规程或公司相关规章制度，给公司（餐厅）造成较大损失；违反食品安全操作规程或质量管理制度，造成经营隐患或质量事故情形属于重度违纪。吉野家公司称王某的行为已构成重度违纪。

本案中，王某所在餐厅的工作人员虽然确实存在洗碗未经消毒浸泡、未佩戴手套进行食物分装、化冻肉类食物未使用流动水等情形，但拍摄者即洗碗人员，且上述情形仅仅系个别工作人员在2017年9月12日、14日某时间的不规范操作，难以认定王某知晓，未尽到管理职责。且根据《员工手册》的规定，对认识态度较好的严重违纪员工，根据公司需要或本人申请，给予降职或降薪的处理。而王某并不认可吉野家公司所谓其严重违纪的认定,据此,法院判决认定吉野家公司对王某降职降薪处理缺乏依据,不具有法律效力。

二、企业调岗调薪需具备合法性与合理性

企业根据法律赋予的经营自主权,在日常生产经营管理劳动者的过程中,可以对劳动者的岗位和薪酬作出一定的调整。但为了维护劳动者的合法权益不受侵犯,平衡企业经营自主权和劳动者的劳动权益,企业的调岗调薪行为必须具有合法性与合理性,否则企业就要承担违法调岗调薪的法律后果。

企业调岗调薪需要符合法律的规定,主要是企业调岗调薪的实体依据和程序依据必须合法。企业对劳动者作出调岗调薪行为所依据的规章制度、员工手册、劳动合同、调岗调薪协议等不得违背法律法规的禁止性规定。

企业调岗调薪的行为需具有合理性和正当性,这主要是针对企业调岗调薪的具体规定和内容是否恰当而言的。一般而言企业的调岗调薪行为不能具有惩罚性,因为这对劳动者而言是不合理的。一旦企业的调岗调薪存在不合理的情形,则仲裁诉讼机关极可能会裁定企业的调岗调薪行为是违法的。如果调岗调薪行为被认为是不合理的,那么基于调岗调薪而产生的一系列管理行为都将欠缺合法性和正当性,比如,对劳动者出勤的考核、绩效的考核、旷工的认定、劳动合同的终止或者解除等事项。所以用人单位在调岗调薪过程中,理由需要充分合法且正当。案例2中的用人单位航天福道公司在没有正当理由的情况下,撤销了劳动者原先所在的运营市场总监岗位,并在未经协商一致的情况下,将劳动者薪资构成比例由原先的固定工资占70%、绩效工资占30%,变动为固定工资占30%、绩效工资占70%,该行为也被法院认定为是航天福道公司单方调岗降薪,缺乏正当性和合理性。企业在调岗调薪的过程中,如果不能证明其对劳动者的调岗调薪具有合理性与正当性,就将面临违法调岗调薪的法律风险,最终不得不面对劳动争议败诉的法律后果。

案例2 企业撤销员工岗位后调岗调薪 法院认定欠缺正当性

唐某某于2005年12月5日入职航天福道公司在测控事业部任职，2017年1月唐某某调离测控事业部，担任智慧农业部的商业运营总监。2018年1月，航天福道公司免去唐某某运营市场总监的职务，将其调入市场部，工作岗位调整为市场代表，工资比例由原来的基本工资及岗位工资占全部工资的70%，绩效工资为30%变更为基本工资及岗位工资占全部工资的30%，绩效工资为70%。2018年3月16日，唐某某向航天福道公司发送被迫解除劳动合同告知函，以用人单位违法单方调岗调薪并拖欠劳动报酬为由解除劳动合同。本案中，唐某某对于航天福道公司提交的2017年12月29日总经理办公会会议纪要及关于唐某某岗位任职调整的决定均不予认可，航天福道公司提出对劳动者进行调岗是由于公司业务调整，其岗位已被撤销，唐某某原工作岗位业已取消，但航天福道公司未能提供充分的证据来证明自己的主张，唐某某又完全不认可公司的主张。虽然航天福道公司主张年薪总额未发生变化，只是对劳动者的薪酬构成比例进行了调整，但没有影响劳动者的年薪总额。但该公司将唐某某固定工资和浮动工资比例由7:3变更为3:7，致使唐某某的保底工资降低，进而可能导致唐某某实得工资总额降低。航天福道公司在没有与唐某某协商一致的情况下调整唐某某的工资结构，最终法院认定航天福道公司的相关行为属于单方面调岗降薪，缺乏正当性。

三、企业与劳动者协商调岗调薪需达成一致

如前所述，在具备法定事由或正当事由的情况下，企业依照一定的程序可以对劳动者调岗调薪。但在很多情形下，企业虽然不具备明显的法定事由或正当事由，但确实具有这样的需求。在此种情况下，企业如果想要调整劳动者的岗位或者劳动报酬，就应当与劳动者协商达成一致意见。很多时候企业基于其经营管理权，认为其单方面可以直接调整劳动者的岗位和劳动报酬，这种认识完全是错误的。企业行使经营管理权，也应在尊重劳动者

权利，保护劳动者正当权益的基础上进行，否则将要承担违反法律规定调岗调薪的不利法律后果。因此，企业与劳动者协商达成一致并形成书面的调岗调薪协议，能够帮助企业避免许多不必要的法律风险，也是降低企业管理成本的一种调岗调薪方式。案例3中的劳动者于某明确回复百丽公司不同意岗位调动，说明百丽公司就调岗事宜未能与劳动者协商一致。百丽公司在未能获得劳动者同意的情况下仍然对于某调岗调薪，这是典型的用人单位单方强行调岗调薪的行为，在没有合法合理依据的情况下，百丽公司只能承担违法调岗调薪的不利后果。案例4中的用人单位虽然没有对劳动者调岗，但在未与劳动者协商一致的情况下，擅自降低劳动者的工资，以致与劳动者对簿公堂，不得不面临败诉的后果。与案例3类似，用人单位单方作出调岗调薪的决定，遭到劳动者的明确反对，说明用人单位与劳动者没有就调岗调薪达成一致。如果用人单位在未同劳动者协商就调岗调薪达成一致意见的情况下，采取或变相采取上述强硬方式在事实上调岗并降低劳动者的劳动报酬，那么在司法实践中就会被认定为用人单位单方调岗调薪的行为属于单方变更劳动合同，不符合法律规定。用人单位降低部分的劳动报酬属于未及时足额支付劳动者的劳动报酬，即通常意义上说的“欠薪”。劳动者因此解除劳动合同的，还有权获得法定的经济补偿金。

案例3 员工拒绝调岗后企业擅自调岗　员工解除劳动合同获法院支持

于某系百丽公司片区经理，与百丽公司于2013年11月26日签订《劳动合同续订书（三）》，续订无固定期限劳动合同。2019年1月3日，百丽公司向于某发放《调岗通知》，将于某从百思图片区经理岗位调整为城乡百思图店铺店长，调整原因为店铺管理业绩品牌部排名垫底。于某于当日在回执中写明本人不同意。随后，百丽公司将其店铺营运宝中上下班打卡软件取消，将于某从百思图团队沟通群里删除，通过操作使于某的零售系统无法登录。2019年1月18日，于某委托律师向百丽公司邮寄《律师函》，要求百丽公司接收此函后两日内按照双方约定履行双方的劳动合同，恢复于某原先的劳动条件和工作岗位,未果。2019 年 1 月 22 日,于某向百丽公司邮寄《解除劳动关系通知书》,其认为百丽公司存在违法行为,向公司提出解除劳动关系。法院认为,用人单位百丽公司在未与于某协商一致的情况下,擅自对其调岗降薪,违反法律规定,故于某提出解除劳动合同于法有据。

案例 4 用人单位以效益不佳为由降低高管工资 法院判决违法

滕某某与汉能光伏公司签订了 2017 年 5 月 2 日至 2020 年 5 月 1 日的劳动合同,滕某某应聘入职到汉能光伏公司先后担任人力资源总监和上市公司 CEO 助理,2018 年 7 月 30 日至 12 月 27 日滕某某担任投资九部总裁。滕某某于 2018 年 12 月下旬发现月工资数额降低,与汉能光伏公司协商未果。2018 年 12 月 27 日,滕某某向汉能光伏公司邮寄了被迫解除劳动关系通知书,以汉能光伏公司未足额支付劳动报酬解除劳动合同。本案中,用人单位作为劳动关系中的管理者一方有权根据公司的经营状况、劳动者的工作情况等对于劳动者进行调岗调薪,但因调岗调薪直接涉及劳动者的切身利益,用人单位在作出调岗调薪决定之前应与劳动者进行平等协商确定,并应就调岗调薪决定的合理合法性负担举证责任。在用人单位与劳动者双方未能对调薪取得一致意见的情况下,用人单位不得随意扣除劳动者的工资。汉能光伏公司在劳动合同未约定降薪,且没有与滕某某协商的情况下即擅自扣除滕某某 2018 年 11 月和 12 月每月 30% 工资的做法违反法律规定。

第二节 裁员的法律问题及常见风险

裁员,顾名思义就是“裁减人员”,这就涉及解除劳动合同的问题。与企业调岗调薪涉及劳动合同变更的问题不同,调岗调薪主要是以协商处理为原则,法律规定为例外;企业裁员则以法律规定为原则,协商处理为例外。此处所说的“裁员”是广义上的裁员,包括《劳动合同法》第 39 条规定的可以即时解除劳动合同、第40条规定的可以预告解除劳动合同、第41条规定的经济性裁员这三种法定情形及用人单位与劳动者协商一致解除劳动合同的情形。由于解除劳动合同会影响劳动者的生计，属于俗称“砸饭碗”的问题，因此，合规裁员工作都必须满足法律规定的实体条件与程序条件。即使是用人单位与劳动者协商一致解除劳动合同，严格意义上来说也需要在法律上把好实体关与程序关。如果处理不当，所面临的直接法律风险就是违法解除劳动合同，至于后果，还要取决于劳动者的态度。如果劳动者主张继续履行原劳动合同，那么用人单位不仅需要继续履行劳动合同，还需要支付劳动者恢复劳动岗位之前的所有工资福利；如果劳动者主张违法解除劳动合同的经济赔偿金，那就需要向劳动者支付2倍的法定经济补偿金作为赔偿金。对于企业而言，这不只是经济赔偿的问题，还关系企业内外对企业管理者的信誉与能力的评价问题。所以，涉及裁员事项，企业管理者甚至是决策者一定要特别慎重。

一、企业裁员要满足法律规定的实体条件

企业裁员主要是企业单方面解除劳动合同，不同事项下的裁员的实体条件是不一样的。

对于可以即时解除劳动合同的，也就是“过失性解除”劳动合同的，企业需要举证证明劳动者存在以下六种情形之一：(1)在试用期间被证明不符合录用条件的；(2)严重违反用人单位的规章制度的；(3)严重失职，营私舞弊，给用人单位造成重大损害的；(4)劳动者同时与其他用人单位建立劳动关系，对完成本单位的工作任务造成严重影响，或者经用人单位提出，拒不改正的；(5)被依法追究刑事责任的；(6)以欺诈、胁迫的手段或者乘人之危，使用人单位在违背真实意思的情况下订立或者变更的劳动合同，导致劳动合同无效的。

对于可以预告解除劳动合同的，也就是“无过失性解除”劳动合同的，企业需要举证证明存在以下三种情形之一：(1)劳动者患病或者非因工负伤，

在规定的医疗期满后不能从事原工作，也不能从事由用人单位另行安排的工作的；(2)劳动者不能胜任工作，经过培训或者调整工作岗位，仍不能胜任工作的；(3)劳动合同订立时所依据的客观情况发生重大变化，致使劳动合同无法履行，经用人单位与劳动者协商未能就变更劳动合同达成一致的。

对于经济性裁员的，企业需要举证证明存在以下四种情形之一：(1)企业依法进行破产重整的；(2)企业生产经营发生严重困难；(3)企业转产、重大技术革新或者经营方式调整，经变更劳动合同后，仍需裁减人员的；(4)客观经济情况发生重大变化，致使企业无法继续履行劳动合同的。

案例5 企业证明经营情况发生重大变化 司法认定违法解除劳动合同不成立

孙某某于2011年3月7日入职美集物流公司，岗位为物流调度，双方签订无固定期限劳动合同，其中约定孙某某的工作地点在北京，甲方（美集物流公司）有权根据经营运作、人力配备和工作需要及乙方（孙某某）的工作能力等情况合理调整乙方的工作内容、工作职位和工作地点。2018年9月30日，美集物流公司向孙某某送达《通知书》，以公司的北京联想RDC业务未中标，该项目相关运作将于2018年9月30日终止，孙某某原工作岗位不复存在为由，要求其于2018年10月8日起至东方物流园上班。孙某某于2018年10月12日及15日分别通过顺丰快递向美集物流公司邮寄了手写材料，以美集物流公司单方面要求其去与现地址距离超过42公里地点工作，属于对工作地点的重大变更，双方未协商一致为由拒绝去东方物流园工作，并称“在未达成最终解决方案前，本人将在原工作地点工作”。公司于2018年10月10日、11日及15日向孙某某发出《警告书》，告知孙某某其行为已经明确构成《员工手册》规定的严重违纪行为，敦促其立即到新地点报到上班，同时告知孙某某，在其基本工资不变的情况下，向其提供额外的每月650元交通津贴及员工宿舍等福利。2018年10月16日，美集物流公司向孙某某送达解除《劳动合同》通知书，以其拒绝执行主管的工作指令及连续旷工≥3天或一个自然年度累计旷工5天为由解除劳动关系。

法院认为，美集物流公司提交的电子邮件、仓储租赁合同、参加裁员说明会职工签名单、裁员方案、裁员名单、北京市海淀区人力资源和社会保障局企业裁减人员报告材料收悉证明具有一定客观性且能够形成完整的证据链条，能够证明该公司所称因在北京联想RDC业务未中标，失去了联想集团RDC业务，对应联想集团RDC业务的仓库，即京包路9号库房2018年10月之后不再承租的主张，足以认定该公司生产经营情况发生变化。双方劳动合同中约定的孙某某的工作地点在北京，且美集物流公司有权根据经营运作、人力配备和工作需要及孙某某的工作能力等情况合理调整其工作内容、工作职位和工作地点，故美集物流公司在此情况下调整孙某某的工作地点并无不当。在孙某某自认美集物流公司并无除东方物流园之外的其他工作地点可供其选择的情况下，美集物流公司通过为孙某某提供交通津贴、宿舍的弥补方式降低对孙某某的生活影响，已尽到用人单位的合理义务，其在此情况下要求孙某某去东方物流园工作属于合理范畴内的调整工作地点。因此，认定孙某某主张美集物流公司违法解除劳动合同的事实不成立，驳回孙某某要求美集物流公司支付经济赔偿金的主张。

二、企业裁员要符合法律规定的程序条件

如前所述，企业裁员是关系劳动者生计的大事，因此要特别慎重。劳动合同法对于裁员的程序条件有严格的要求，不管是依据《劳动合同法》第39条、第40条个别解除员工劳动合同，还是依据《劳动合同法》第41条规模性解除员工劳动合同，都必须严格遵循劳动合同法设定的程序条件。

对于“过失性解除”与“无过失性解除”员工的劳动合同，除满足实体条件外，企业还需遵循以下程序操作：(1)向劳动者告知解除劳动合同的事实与理由；(2)向工会组织通报解除劳动合同的事实与理由，听取工会意见；(3)工会组织对企业单方面解除劳动合同表示异议的，企业还应向工会组织

提交书面意见做出解释；(4)企业将解除劳动合同决定的书面材料送达给劳动者本人。

对于经济性裁员的，企业还需遵循以下程序操作：(1)企业提前30日向工会或全体职工说明裁员方案；(2)听取工会或职工意见；(3)将裁减人员方案报劳动行政部门备案。

案例6中的玛氏公司，按照法律规定的程序性事项严格了履行法定程序，实施裁员工作前提前30日向工会说明了情况，听取了全体工会委员的意见并取得了他们的同意；此后将裁员方案向劳动行政部门报告并办理了备案手续，最终合法解除了双方的劳动合同。若用人单位的程序性事项处理有缺失，则很可能面临违法解除的法律风险。

案例6 企业经济性裁员程序规范 员工主张违法解除劳动合同被判败诉

1996年9月30日，傅某某到玛氏公司（曾用名称为爱芬食品北京有限公司）上班，担任生产部操作工岗位工作。双方签订生效日期为1997年6月16日无固定期限劳动合同。傅某某在玛氏公司上班至2016年5月底。玛氏公司于2016年4月14日将裁员情况向公司工会进行了说明，并向工会提交了《裁员补偿方案》。次日，该公司工会召开全体工会委员会议，讨论《裁员补偿方案》并得到了与会委员一致同意及书面回复。玛氏公司工会代表于2016年4月14日在关于裁减情况说明的会议纪要中签字，2016年4月15日，玛氏公司工会出具了该公司巧克力事业部实施经济性裁员的意见。该公司于2016年6月13日上午召开了全体职工沟通会，陈述了裁员的理由和法律依据。当日下午，玛氏公司与傅某某进行了一对一的沟通。告知其属于被裁减人员，并向其出示了解除劳动合同通知书、补偿方案和《对经济性裁员方案的意见反馈表》。2016年6月14日，玛氏公司将该公司的裁员报告送达给怀柔区社保局备案。裁员报告由裁员原因、裁员标准、裁员依据、裁减时间及实施步骤、经济补偿办法及标准组成。2016年7月5日，傅某某以用人单位未经其同意单方解除劳动合同为由到北京市怀柔区劳动人事争议仲裁委员会申请仲裁,要求继续履行劳动合同。2016年7月中旬,玛氏公司向傅某某邮寄了解除劳动合同通知书。诉讼过程中,傅某某提交了四份公证书以证明玛氏公司运营良好,不符合经济性裁员的条件。玛氏公司对傅某某提交的证据真实性不持异议,对其证明目的不予认可。法院审理后认为,该案争议焦点为玛氏公司以经济性裁员为由解除双方劳动合同是否合法。综合本案事实,玛氏公司已提前30日向工会说明情况,听取了工会的意见,裁员方案也已向劳动行政部门报告并取得书面回执,故玛氏公司在裁员程序上符合法律规定。玛氏公司以客观经济情况发生重大变化为由实施了涉案裁员,并就该事实提交相关财务报表和审计报告等证据予以证实,傅某某诉讼主张及上述证据不具有真实性、连续性。法院认为,首先,审计报告是会计师事务所经专业审计而出具,现无证据证明报告系伪造;其次,玛氏公司提交的公证书亦显示了CCO岗操作工确由原来的双岗调整为单岗;最后,玛氏公司根据客观经济发展变化的需要调整生产岗位,并综合考虑工作技能、熟练程度等因素实施裁员系其经营的自主权,故玛氏公司进行的经济性裁员并未违反法律规定,其也依约向傅某某送达了《解除劳动合同通知书》并支付了经济补偿等,玛氏公司解除双方劳动合同合法。据此,驳回了傅某某主张继续履行原劳动合同的请求。

第二章

调岗调薪的合规操作及风险防控

第一节 调岗调薪中常见的错误操作

用人单位在经营管理过程中享有用工自主权。用人单位的用工自主权不仅体现在招聘阶段可以自主决定录用什么人，而且也体现为在用人过程中用人单位根据生产和经营的需要及实际情况，可以对劳动者的岗位和薪资进行合法合规的调整。

法律充分保障用人单位的用工自主权，允许用人单位基于日常生产经营管理的需要，在法律框架范围内，结合本单位的实际情况，对员工的岗位与薪资进行合理的调整。同时，为了充分保护劳动者的合法权益，法律也要求用人单位调岗调薪和行使用工自主权的行为必须在合法合理的范围内进行，不得有违法侵犯劳动者权益的行为。

在实践操作中，很多用人单位只考虑了法律赋予的用工自主权，而忽视了不得违法侵犯劳动者权益的义务，以致在调岗调薪过程中出现了五花八门的违法情形。很多劳动者往往以为用人单位蓄意侵犯劳动者权益，因而产生了强烈的对抗情绪。但事实却并非完全如此，因为很多用人单位是由于认识错误，将侵犯劳动者合法权益的行为误解为在合法行使企业用工自主权。而用人单位在调岗调薪过程中的错误操作，一方面反映了用人单位漠视了劳动者在调岗调薪过程中的合法权利，另一方面也反映了用人单位人力资源合规管理的水平有待提高，正确适用法律法规的水平还有待加强。主要有以下四种错误的做法：

一、没有法定事由未经协商程序，企业单方调岗调薪

企业在调岗调薪过程中，极易采取的一种错误方式就是在没有法定事由的情况下，未经协商程序，单方作出调岗调薪的决定，并直接向劳动者送达用人单位单方制定的调岗调薪决定或通知书。

实践中，采取此类错误操作的企业占了比较高的比例，常见于简单粗暴型管理的中小企业以及机关色彩比较浓厚的企业单位。此类企业认为在调岗调薪过程中单位作出决定或决议，属于企业用工自主权的行使范畴，劳动者应该服从单位的管理需要，个人必须服从集体、局部必须服从全局。因此，企业不需要同劳动者进行协商，就有权对劳动者进行单方面的调岗调薪。有这种观念的企业往往认为根据自己的实际经营管理情况，对劳动者的岗位和薪资直接进行调整，劳动者无条件接受并服从企业对劳动者岗位和薪资的调整是理所当然的。

企业的这种想法是完全错误的。首先，根据《劳动合同法》第 17 条的规定，工作内容和工作地点，劳动报酬属于劳动合同的必备条款，订立书面劳动合同时应当予以明确约定。其次，根据《劳动合同法》第 35 条的规定，对劳动者工作岗位和劳动报酬的调整，实际上是对劳动合同的变更。对于劳动合同的变更，在没有法定事由的情况下，用人单位必须与劳动者协商达成一致，才能进行劳动合同的变更。如果用人单位未经协商程序，单方作出关于调岗调薪的决定或者决议，最后，仅将结果通知给劳动者的行为，显然是不符合法律规定的。

企业不能未经协商就对劳动者单方面调岗调薪，并非否认企业有调岗调薪的权利，但是应当遵循合法、合理和公平的原则，不得滥用调岗调薪权。在司法实践中，企业通常会主张自己的调岗行为或者调薪行为具有合理性，

是合法行使调岗调薪权。劳动者提出异议的话,企业需要对自己主张的合法行使调岗权负举证责任。如果企业无法举证证明自己的调岗行为是合法且合理行使调岗权的,一旦劳动者提起劳动争议仲裁,就很可能面临败诉的后果。以下几种情形是企业人力资源管理需要避免的:

(1)企业不能对劳动者不能胜任原工作岗位或企业自身生产经营情况发生重大变化等提交证据予以证明,而劳动者又对企业的调岗行为不予认可的;

(2)企业在未与劳动者协商的情况下单方面降低劳动者的工资,且无法提供证据证明降薪具有合理性;

(3)企业虽然提供了降薪的具体依据及计算标准,但并不能获得法律支持也不能获得劳动者的认可;

(4)企业虽然就降低劳动者的工资向劳动者作出了适当解释,但这一说法并未获得劳动者认可,也没有相应的法律或制度依据予以支持。

在没有法定事由的情况下,用人单位如果出现了上述几种本应避免的情形,则法院通常会认定用人单位调整劳动者工作岗位或者降低劳动者薪资待遇的行为不当而驳回用人单位的主张,导致用人单位败诉。案例7中的用人单位中国纺织报社,在没有与劳动者张某就调岗调薪问题进行过任何协商的情况下,直接对其岗位及薪资进行调整,最后不得不面对败诉的结果。

案例7　未经协商单方调岗调薪　用人单位被判支付拖欠工资

张某于2003年1月16日入职中国纺织报社,2014年9月担任总编辑助理岗位。双方约定月基本工资应发9689元+提成(数额不固定)。双方多次签订固定期限劳动合同,2011年1月16日,双方签订无固定期限劳动合同。2016年12月1日至2017年11月9日,中国纺织报社为张某代扣代缴了社会保险及公积金,但支付的工资远低于张某正常工作期间支付的工资。中国纺织报社于2017年1月19日作出了《关于张某同志的任免通知》,将张某从总编辑助理调整为一般采编人员，并按照一般采编人员的待遇发放工资。张某对此不服，提起了劳动争议仲裁。劳动争议仲裁委员会支持了张某的主张，但中国纺织报社不服仲裁结论遂诉至法院。法院审理后认为，用人单位基于生产经营的需要，应当拥有一定的用工自主权，即设定和调整内部劳动岗位的权利，以实现劳动力的合理、优化配置。用人单位行使调岗权，应当符合合法、合理和公平原则，不得滥用调岗权。本案中，中国纺织报社应对其调岗调薪行为的合法性、合理性进行举证。中国纺织报社未能对张某不能胜任原工作岗位或生产经营情况发生重大变化等提交证据予以证明，张某对中国纺织报社的调岗行为亦不予认可，故法院认定中国纺织报社调岗调薪的依据不足，判决要求中国纺织报社支付调岗调薪期间的工资差额73,000元。

二、与劳动者协商不成，企业单方调岗调薪

有些企业对调岗调薪的协商程序还是比较重视的。因协商一致调岗调薪是符合《劳动合同法》规定的调岗调薪的方式，相较其他方式来说能够降低在操作过程中的违法风险，因此，企业愿意通过协商达成一致的方式变更劳动合同，进而达成调岗调薪的目的。

此种情况下，企业虽然决定对劳动者进行调岗调薪，但是在给劳动者调整岗位或者作出薪酬变动之前，会首先采取协商的方式就调岗或者调薪的具体内容与劳动者进行协商，甚至多轮、长期沟通，争取达成一致意见，通过协商一致的方式变更劳动合同。但协商一致毕竟是双方你情我愿的事情，调岗往往随着工作地点的变化、工作内容的变动以及薪酬的降低，调薪就是直接或间接地降低工资，这些都会在一定程度上造成劳动者权益的受损。因此，劳动者一方经常会出现不同意调岗和调薪的情况。面对这样的现实难题，很多企业在经历多次协商不成的情况下，往往就丧失了耐心，转而采取单方调岗降薪的方式。

从形式上来看，此类用人单位虽然对协商一致调岗调薪有了一定的重

视，但在劳动者明确拒绝协商未果的情况下，还是走回了单方调岗调薪的老路上，显然也是不符合法律规定的调岗调薪的错误操作。

一般来说，用人单位或者劳动者会向法院提交录音证据、调岗调薪通知、调岗调薪决定或决议、调整岗位或薪酬的电子邮件等证据，试图证明协商达成一致或未达成一致。法院会对用人单位和劳动者关于协商调岗调薪的过程和双方最终的真实意思表示进行实质审查，主要关注劳动者对用人单位的调岗调薪行为是否接受或同意，以判断双方最终是否达成调岗调薪的合意。

如果通过审查双方提交的证据，确实能够判断双方达成一致，同意调岗调薪的意思表示，才会认定用人单位的调岗调薪行为合法有效。但如果劳动者在和用人单位协商的过程中明确表示不同意调岗调薪，则属于双方调岗调薪协商未能达成一致。如用人单位单方面降低了劳动者的工资标准或调整岗位，影响劳动关系中劳动者基础性的权利，则是对劳动者不利的行为，劳动者有权拒绝接受。而此时单位将面临因违法调岗而导致的法律风险，除非单位有足够的证据证明调岗是因劳动合同订立时所依据的客观情况发生重大变化，致使劳动合同无法履行等情形时单位单方面的调岗降薪才属合法。案例8中的用人单位合力亿捷信息公司意图与劳动者侯某某协商一致调整岗位，但劳动者未同意。公司也并未提供充分证据证明其调岗调薪的合理性和必要性。之后的解除行为也是基于协商调岗调薪失败，单方面作出的不合理调岗调薪，其后面基于此解除劳动关系的行为也只能是违法解除劳动合同了。

案例8　协商不成解除员工劳动合同　公司被判违法解除

侯某某于2011年7月1日入职合力亿捷信息公司，担任商务开发部经理（以下简称BD经理）一职，双方签订了无固定期限劳动合同，侯某某正常工作至2018年5月8日。合力亿捷信息公司于2018年5月7日18时3分向全体员工发送邮件："各位同事：经公司研究决定，从即日起，撤销BD部门,部门人员工作的调整另行安排。"2018 年 5 月 8 日 13 时 9 分,合力亿捷信息公司向侯某某发送电子邮件:"请于今天下午 4 时前,将调动表格填写完并交回行政人事部。调动时间:2018 年 5 月 8 日,调入部门商务部,岗位为商务专员。"2018 年 5 月 8 日,合力亿捷信息公司向侯某某送达《终止(解除)劳动合同通知书》,载明:由于公司裁撤 BD 业务部门,BD 经理岗位取消,公司同级别其他职位已满,短期内没有合适的岗位来安排,经双方沟通,侯某某不同意协商解除的建议,公司决定解除双方劳动合同,并在侯某某办理完毕所有离职手续后,一次性支付补偿共计 144,000 元。侯某某于当日在《员工调动审批表》中书写不同意,并于同日签收了《终止(解除)劳动合同通知书》。后双方发生劳动争议,法院认为撤销该部门是其(合力亿捷信息公司)上级公司源于企业基于经营战略考量下所进行的优化调整,并非不可预见的客观情况重大变化,故而并不是公司所主张的依据《劳动合同法》第 40 条第 3 款所述"劳动合同订立时所依据的客观情况发生重大变化,致使劳动合同无法履行"的情形。最终法院判决合力亿捷信息公司系违法解除劳动合同,应支付侯某某违法解除劳动合同赔偿金 255,888.89 元。

三、调岗调薪依据不明

企业对劳动者进行调岗调薪,一般都是由一些特定事由引发的,常见的事由包括劳动者严重违反公司规章制度或者工作纪律、劳动者没有完成工作指标、劳动者违反了员工手册的规定、劳动者给企业造成了损失等。根据司法实践中经常发生的案例来看,在此类调岗调薪的过程中,企业常见的错误就是调岗调薪的依据或事由不明确,导致实践操作中的调岗调薪行为不受员工的认可。比较典型的有:(1)依据员工手册的规定进行调岗调薪,但并没有具体规定什么情况下依照什么样的程序进行调岗,也没有具体规定什么情况下依照什么样的程序进行调薪;(2)依照企业的规章制度员工在出现特定情形时应当受到纪律处罚,但有关处罚并没有调岗调薪的内容,而企业却以此为由对员工进行调岗调薪;(3)企业以劳动者业绩不达标或不能胜任工作为由调岗调薪,但并没有相应的考核内容和评价标准等。

《最高人民法院关于审理劳动争议案件适用法律若干问题的解释》第13条规定,因用人单位作出的开除、除名、辞退、解除劳动合同、减少劳动报酬、计算劳动者工作年限等决定而发生的劳动争议,用人单位负举证责任。因调岗调薪类劳动争议涉及劳动者的切身基本权利及利益,因此,实践中对于减少劳动报酬,调整工作岗位应由用人单位承担举证责任。如果用人单位在给劳动者调岗调薪时没有明确的合法合理的依据,将承担举证不能的风险,很大可能被认定为违法调岗调薪。

实践中存在大量的案例,用人单位在调岗调薪依据不明的情况下就对劳动者进行调岗调薪。比较典型的如:(1)用人单位对于岗位和薪资变动在并未有书面劳动合同约定的情况下,单方面调整员工的岗位与薪资;(2)用人单位对于岗位变动和薪资变动的情况与劳动者虽然有口头沟通,但由于沟通的内容不够具体明确,劳动者对于确切的岗位或者薪资调整情况并不认可;(3)用人单位对劳动者的岗位或薪资待遇调整虽然有明确的依据,但并没有严格按照相应的依据来严格操作;(4)用人单位对劳动者的岗位或薪资待遇调整虽然有明确事由,但所依据的行为与调整事由并不是严格的对应关系。

往往在上述情况下,用人单位对自己单方作出的调岗调薪决定,不能提供已经与劳动者协商一致变更工作岗位或者薪酬福利的相关证据。如果用人单位不能证明调岗调薪的依据及调岗事由合法合理,那就不可避免地要面临败诉的风险。

案例9 调岗调薪依据不明 法院判决公司败诉

2018年2月24日,原告李某某入职被告招商新智科技有限公司,担任区域销售经理。当日,双方签订三年期的固定期限劳动合同,期限为2018年2月24日至2021年2月23日,试用期6个月,月工资标准:试用期薪酬7466.67元;试用期满后或无试用期的9333.33元。原告工作至2018年12

月16日,工资支付至2018年12月16日。双方签订的劳动合同还约定:月薪与乙方(李某某)的工作表现、出勤情况及月(季)绩效考核结果挂钩,具体根据甲方(招商新智科技有限公司)薪酬及绩效管理相关支付发放执行。每年年终,甲方将综合考量以下因素后,确定年终奖最终发放数额:(1)公司利润;(2)乙方的考核结果、工作表现、出勤情况;(3)甲方关于年终奖发放的规定或决定;(4)甲乙双方关于年终奖的具体约定,甲方的规定若与双方具体约定冲突的,约定优先。乙方为甲方提供的劳动服务未满一个财务年度就离开公司的,甲方将不支付乙方奖金,但双方另有约定的除外。2018年11月12日,原告向被告邮寄《解除劳动合同通知书》,提出因被告拖欠工资,故解除劳动关系。被告主张因原告试用期满不符合工作要求,与原告协商调岗,将销售指标从2000万元下降至600万元,年薪从16万元降至6万元。并提交《任职承诺书》《员工薪酬及福利管理办法》《薪酬职级表》等相关材料欲予以证明。本案中,被告主张因原告试用期满后不符合工作要求,故对其调岗调薪,但其提交的《员工转正申请表》及《员工转正评估表》、《关于李某某转正后调整岗位安排的证明》等证据材料上均无原告的签字确认。根据证据的使用规则,难以认定。而《年度绩效协议》也不能证明原告的调岗调薪情况,最终导致被告关于合法调岗调薪的主张未被采纳,只能承担败诉的后果。法院判决被告支付原告拖欠的工资差额21,791.18元,并判决报告向原告支付1个月工资的经济补偿金。

四、劳动者拒绝调岗调薪,企业单方解除劳动合同

有些企业在就调岗调薪事项和劳动者进行沟通、劳动者拒绝调岗调薪后,认为劳动者不服从企业的管理,并找其他理由直接解除劳动合同,辞退劳动者。

在调岗调薪一事上,除法定或约定原因之外,劳动者显然拥有完全的自主决定权,这是受到法律尊重和保护的。虽然用人单位有根据经营管理需要的用工自主权,但要对劳动者的岗位或薪资待遇进行调整,在没有法定或

约定的情形下,需要尊重劳动者的意愿。只有在与劳动者协商一致的前提下,用人单位才能进行岗位或者薪酬的调整或变动。如果用人单位在和劳动者就调岗调薪进行沟通协商过后,劳动者不同意用人单位调岗调薪,用人单位强行解除劳动关系就是错误操作,将面临极其不利的法律后果。

用人单位变更劳动合同内容应与劳动者协商一致。实践中,很多用人单位在没有法律依据的情况下调整劳动者的工作岗位并降低劳动者的工资待遇,也未与劳动者协商一致,在此情形下,劳动者拒绝接受用人单位的安排,如果用人单位以劳动者不配合工作为由解除其劳动合同就构成了违法。在此类情况下,即使劳动者不主张继续履行劳动合同,用人单位也面临支付劳动者违法解除劳动合同的赔偿金的法律后果。

案例 10 员工拒绝调岗调薪 企业解除员工劳动合同被判违法解除

2013 年 5 月 3 日,王某入职凤凰公司,任销售经理。双方签订劳动合同书,约定合同期自 2013 年 5 月 3 日至 2015 年 12 月 31 日,王某的月工资为 18,000 元。2016 年 1 月 1 日,王某与凤凰公司再次签订劳动合同书,约定合同期限自 2016 年 1 月 1 日至 2019 年 2 月 28 日。王某的月工资为底薪 18,000元 + 提成。2016 年 10 月 12 日,凤凰公司向王某出具《岗位、工资调整通知单》,内容为王某 2016 年 1 月至 9 月业绩表现不佳,已不能胜任现有岗位,结合公司整体管理架构调整,经研究决定,调整部门为新房/北京事业部/销售一部,调整岗位为销售经理,调整后综合工资为工资 5000 元、通讯补贴 300 元、餐补 400 元,自 2016 年 10 月 1 日生效。王某不同意调整岗位及工资。2016 年 10 月 18 日,凤凰公司以王某不配合公司相关工作安排为由,解除与王某的劳动关系。

双方为此发生劳动争议。法院审理后认为,当事人对自己提出的主张,有责任提供证据。用人单位变更劳动合同内容应与劳动者协商一致。2016 年 10 月,凤凰公司调整王某工作岗位并降低王某的工资待遇,未与王某协商一致,凤凰公司的调岗调薪没有依据,故凤凰公司以王某不配合工作为由解除与其的劳动关系违法,应支付王某违法解除劳动关系赔偿金148,806元(7086元×3×3.5×2)。王某的月工资超过社平工资的3倍,赔偿金按社平工资的3倍计算。

本案是非常典型的用人单位不当调岗调薪行为。用人单位凤凰公司以劳动者王某销售业绩不佳认为不能胜任岗位,不当调整其岗位,当劳动者拒绝后用人单位又直接以不服从安排为由违法解除劳动合同,是不当调岗调薪行为。

第二节　调岗调薪合规操作的主要形式

合规的调岗调薪操作需要有确定的合理合法的依据,根据不同的依据可以对应不同的调岗调薪的形式。调岗调薪的主要形式分为法定类调岗调薪、制度类调岗调薪、合同类调岗调薪和协商类调岗调薪。

一、法定类调岗调薪

法定类调岗调薪,是指法律对调岗调薪的情况作出了规定,企业在符合法律规定的调岗调薪的情况下,可以直接依据法律规定对劳动者进行调岗调薪。此类调岗调薪是基于法律的明文规定,因此,只要出现法律规定的情形,企业就可以对劳动者作出调岗调薪的安排。

《劳动合同法》第40条规定,有下列情形之一的,用人单位提前30日以书面形式通知劳动者本人或者额外支付劳动者1个月工资后,可以解除劳动合同:(1)劳动者患病或者非因工负伤,在规定的医疗期满后不能从事原工作,也不能从事由用人单位另行安排的工作的;(2)劳动者不能胜任工作,经过培训或者调整工作岗位,仍不能胜任工作的;(3)劳动合同订立时所依据的客观情况发生重大变化,致使劳动合同无法履行,经用人单位与劳动者协商,未能就变更劳动合同内容达成协议的。

根据该条规定可以看出，当劳动者患病或者非因工负伤，在规定的医疗期满后不能从事原工作时，用人单位可以给劳动者另行安排岗位；当劳动者不能胜任工作时，用人单位可以调整劳动者的工作岗位。

实践中，用人单位在很多情形下都认为自己是依据法律规定对劳动者调岗调薪的，但到诉讼阶段却屡屡败诉，是因为用人单位在依据法律规定的事由调岗调薪时没有正确按照合法的调岗调薪程序进行。一旦发生诉讼，劳动者对于用人单位主张的法定理由不认可，而用人单位提交的证据材料又无法证明用人单位依据法律规定调岗调薪的正当性，最终不得不承担败诉的法律风险。

案例 11　滥用法定事由调岗调薪　法院判决企业败诉

张某于 2016 年 5 月 1 日入职非凡柏派公司，当日签订期限至 2017 年 4 月 30 日的书面劳动合同，合同约定张某担任主编岗位，月工资标准为10,000 元。2018 年 6 月 1 日，双方签订无固定期限劳动合同，约定张某担任副总经理、产品首席官岗位工作，月工资标准为 11,300 元。2018 年 7 月 11 日，非凡柏派公司与张某谈话，沟通调岗降薪或由张某自行离职，未果。次日，张某给非凡柏派公司的工作人员李某某发微信，要求非凡柏派公司说明为何将其从企业微信群中移除，同时申请自 2018 年 7 月 13 日至 19 日休年假。李某某回复：转岗的工作是普通行政，休假需要提交纸质申请。当日，张某提交纸质申请 2018 年 7 月 13 日至19 日休年假 5 天。2018 年 7 月 13 日，李某某向张某发送转岗通知，内容为：根据公司员工任职情况考评结果，您在 2018 年 6 月 1 日起至今担任公司副总经理、首席产品官期间，消极怠工，敷衍了事，不仅严重违反岗位职责及公司管理要求，同时还在招聘网站更新简历寻找其他工作机会，违反勤勉忠实义务。您上述工作表现已经无法胜任原来的管理岗位，公司经研究免除你副总经理、首席产品官职务，并根据统一用人需要，自 2018 年 7 月 16 日起调整你担任公司初级行政经理，岗位薪酬按照每月 3000 元执行，请您按公司考勤要求准时到岗上班。当日，非凡柏派公司通过电子邮箱向张某发送了该转岗通知,后双方发生劳动争议。二审法院审理后认为,根据本案查明的事实,非凡柏派公司建议张某调岗降薪或离职,张某不认可非凡柏派公司调岗降薪的理由,作出同意离职的选择,并非出于个人原因辞职。一审法院判令非凡柏派公司支付张某解除劳动关系补偿金,正确。非凡柏派公司上诉以张某个人提出辞职为由,不同意支付解除劳动关系补偿金,理由不成立,不予支持。

本案中单位本来主张劳动者无法胜任原来的管理岗位,这是引用的法定理由调岗调薪,但在劳动者并不认同的情况下,单位未能举证证明其调岗调薪行为符合法律规定。

二、制度类调岗调薪

制度类调岗调薪,是指用人单位根据自身的实际经营和管理需要,在不违反法律规定的情况下,通过制定规章制度,预先对调岗调薪的可能情形及调岗调薪的程序作出相应的规定。一旦出现规章制度中规定的调岗调薪的情形,用人单位在履行法定民主程序及告知程序后,就有权根据该规章制度对劳动者进行调岗调薪。需要提醒的是,用人单位通过规章制度中的调岗调薪条款进行岗位或薪资待遇的调整,需要有明确且具体的关于调岗调薪的条件。

实践中,有些用人单位的规章制度,在内容上就存在不合理的规定或者是规定的内容不完善;还有些用人单位虽然有相对完善合理的规章制度,但是具体内容规定的不够明确,如在什么情况下、达到什么条件时,用人单位能够对劳动者进行调岗调薪。此外,在制度适用上也存在很多问题,如劳动者出现一些违反规章制度的情况时,用人单位采取的调岗调薪措施却超出了规章制度明确规定的范畴,这种做法缺乏正当性和合理性,有对制度滥用的嫌疑,对用人单位而言也意味着巨大的风险。案例 12 的最终处理结果对用人单位金冠达公司来说无疑是一个巨大的教训,该公司明明有相应的管理制度,而且员工在工作中也确实存在疏失并且也给公司造成了损失,但是因为管理制度的粗疏而无法证明其对员工调岗的合理性，导致最终的败诉，确实值得反省。

案例12　制度规定粗疏不能证明调岗合理　公司被判败诉

2013年10月8日，武某某入职金冠达公司，双方签订劳动合同书。武某某的职位为人事专员，月工资标准为5000元。2017年2月4日，武某某为同事董某办理离职手续，在为董某出具离职证明时，其将需要总经理签字的员工离职审批表放在总经理桌上后，将离职证明交给印章管理员王某。董某的离职证明在王某盖章后发出。金冠达公司提交的人事审批制度规定，离职审批表由总经理审批。金冠达公司提交的印章管理制度规定，盖章的审批流程需要总经理批准。武某某对此均表示认可。2017年2月13日，金冠达公司以武某某未按公司制度规定提交齐全审批手续就向印章管理员提交董某离职证明盖章违反公司人事审批制度、印章管理制度为由对武某某开过失单，将其调岗至东×酒店客房部任文员职务。武某某认为金冠达公司对其的处理是调岗调薪，其不接受。金冠达公司认为其对武某某的处分是调岗不调薪，武某某对此不认可。2017年2月21日，金冠达公司以武某某违反公司离职审批程序和印章审批流程、拒绝公司合理调岗安排等为由，解除与武某某的劳动关系。

双方为此发生劳动争议。二审法院审理后认为，本案的争议焦点为金冠达公司是否应向武某某支付违法解除劳动合同赔偿金。当事人对自己提出的诉讼请求所依据的事实或者反驳对方诉讼请求所依据的事实，应当提供证据加以证明，但法律另有规定的除外。在作出判决前，当事人未能提供证据或者证据不足以证明其事实主张的，由负有举证证明责任的当事人承担不利的后果。本案中，金冠达公司以武某某工作中存在违反公司人事审批制度和印章管理制度为由对武某某进行调岗，但未能提供充分的证据证明武某某的该过失行为构成调岗的充足事由。劳动岗位与劳动条件、劳动强度、劳动待遇等问题息息相关，是劳动合同中的核心条款，对双方权利义务有重大影响。根据《劳动合同法》第35条的规定,用人单位与劳动者协商一致,可以变更劳动合同约定的内容。变更劳动合同,应当采用书面形式。本案中,金冠达公司对武某某的岗位进行调整过程中,并未体现协商的过程,也未与武某某签订任何补充协议,仅仅以传达通知的形式让武某某签收,不符合法律关于劳动合同变动的形式要求,且武某某对调整工作岗位的行为不予认可。综上所述,二审法院认为,金冠达公司对武海博的调岗行为缺乏充分、合理的事由,也不符合法定程序。金冠达公司以武某某拒绝调岗安排为由与武某某解除劳动关系缺乏依据,属于违法解除,应向武某某支付违法解除劳动关系赔偿金。

三、合同类调岗调薪

合同类调岗调薪是指用人单位与劳动者在订立劳动合同时,事先协商一致,在劳动合同中明确约定在何种情况下用人单位有权单方面对劳动者调岗调薪。此类调岗调薪的形式,是劳动者在出现劳动合同中约定情形时对用人单位的调岗调薪行为是认可并同意的。在劳动合同履行过程中,一旦出现劳动合同中约定的情形,用人单位就可以以劳动合同为依据,对劳动者进行调岗调薪。用人单位和劳动者在劳动合同中关于调岗调薪情况的约定,内容需要具体明确,并且不能违反法律规定。案例13中的用人单位大庆移动分公司在劳动合同中与员工于某约定了工作岗位调整与工资调整的具体条款,并且也依照这一条款对于某进行了多次岗位的调整,这是于某提起诉讼要求恢复原劳动岗位时大庆移动分公司得以胜诉的关键。值得注意的是,大庆移动分公司与于某签订的劳动合同关于调岗调薪的约定还是过于原则化,如果不是大庆移动分公司依照劳动合同的约定已经对于某做过多次调整,并且于某本人对此也予以认可并实际履行为前提,在案例13中大庆移动分公司是否能够全身而退还有待商榷。

案例13 劳动合同约定调岗调薪条件 员工不服调整被判败诉

2005年11月，于某开始在大庆移动分公司任职。2014年1月1日双方签订劳动合同，合同约定“本合同为无固定期限劳动合同，合同期限从2014年1月1日起至合同解除（终止）条件出现时止；工作内容为乙方同意根据甲方工作需要，从事红岗分公司中心主任岗位工作，在本劳动合同期限内，甲方有权根据生产或工作需要，重新分配乙方的工作及变更乙方的工作岗位；劳动报酬为乙方按照甲方规定完成工作任务的，甲方必须以法定货币形式按月足额支付给乙方工资，每月向乙方支付工资人民币2260元，甲方根据甲方的工资制度，结合生产经营的状况，乙方技术业务能力和工作表现，可适时调整乙方的工资”。双方在履行劳动合同期间，2014年3月至12月，于某在大庆移动分公司龙凤分公司集团客户部担任集客类中心主任，2014年12月至2017年4月，于某工作岗位变更为在肇州分公司担任县公司副总经理，2017年4月至2019年1月，于某工作岗位变更为在林甸分公司担任县公司副总经理，2019年1月至8月于某工作岗位变更为在集团客户部担任地市公司部门副主任。2019年6月，大庆移动分公司发出关于开展三级经理选拔调优工作方案征集基层支部意见的通知及关于三级经理选拔调优工作方案意见征集结果的通报，同年8月8日，大庆移动分公司发出关于开展三级经理副职资格竞聘工作的通知及竞聘方案，于某申请参加三级经理副职资格的竞聘，并参与考试，但考试失利。2019年8月28日，大庆移动分公司免去于某集团客户部副主任职务。同年9月3日，大庆移动分公司安排于某工作岗位为大庆移动分公司政企客户中心行业客户经理岗位，于某接受安排至该工作岗位上岗，大庆移动分公司按照该岗位薪酬标准发放了于某工资。双方为此发生劳动争议，于某要求大庆移动分公司恢复其三级经理副职岗位及相应薪资等福利待遇。

二审法院审理后认为，企业根据自身生产经营需要调整劳动者的工作岗位及薪酬标准是企业经营自主权的重要内容，但工作岗位与薪酬标准涉及劳动者的切身利益，企业经营自主权的行使应当符合法律规定，符合劳动合同的约定，并具有公平性、合理性，企业不得滥用经营自主权侵害劳动者合法权益。本案主要争议焦点为大庆移动分公司基于三级经理选拔调优对于某调岗调薪属于企业行使经营自主权的合法行为还是属于单方变更劳动合同的违约行为。首先，根据《劳动合同法》第35条第1款“用人单位与劳动者协商一致，可以变更劳动合同约定的内容。变更劳动合同，应当采用书面形式”的规定。劳动合同的变更是指劳动合同依法订立后，在合同尚未履行或者尚未履行完毕时，经用人单位和劳动者双方当事人协商同意，对劳动合同内容做部分修改、补充或者删减。根据大庆移动分公司与于某2014年1月1日签订的《劳动合同书》约定，大庆移动分公司有权变更于某工作岗位，并适时调整其工资。即双方在订立劳动合同时，已将用人单位的调岗调薪权约定为合同内容，双方对此已经达成合意，且不违反法律、行政法规强制性规定，应属有效。如在后续合同履行过程中，劳动者的工作岗位及劳动报酬在约定范围内发生变动均系合同履行行为，而非合同变更行为。其次，根据《劳动合同书》第2条，“乙方同意根据甲方工作需要，从事红岗分公司中心主任岗位(工种)工作，甲方安排乙方在大庆行政区划范围内(地点)工作”；第4条，“在本劳动合同期限内，甲方有权根据生产或工作的需要，重新分配乙方的工作及变更乙方的工作岗位”。劳动合同订立时，于某任职红岗中心主任，2014年12月，于某晋升任职肇州分公司副总经理(职级为三级经理副职)，并在其后又进行过岗位调整。现因大庆移动分公司开展三级经理选拔调优工作，于某未能成功竞聘三级经理，于2019年8月28日被免去集团客户部副主任职务，后任职龙凤分公司经营分析岗。从于某工作岗位变动情况来看，于某在诉讼期间任职岗位职级不低于合同订立时任职职级，岗位变动属于劳动合同约定范围内的变动，不视为劳动合同变更，并不违反双方劳动合同约定。另根据《劳动合同书》第13条“乙方按照甲方规定完成工作任务的，甲方必须以法定货币形式按月足额支付给乙方工资，每月向乙方支付工资人民币2260元。甲方根据甲方的工资制度，结合生产经营状况、乙方技术业务能力和工作表现，可适时调整乙方工资”；根据《中国移动黑龙江公司薪酬管理办法 V2.0》第 14 条的规定，各级经理人员依据其任职岗位特点，执行多元化的"易岗易薪"原则，其他员工薪酬等级依任职资格评定结果执行。肃清期间于某薪酬等级不低于合同订立时确定的薪酬等级，工资金额亦高于劳动合同订立时所确定的数额，且根据《劳动法》第 47 条的规定，用人单位有权依法自主确定本单位的工资分配方式和工资水平，故于某劳动报酬变更不违反劳动合同约定，也不违反企业规章制度及法律规定。据此，二审法院驳回了于某的诉讼请求。

四、协商类调岗调薪

协商类调岗调薪，是指企业与劳动者通过自愿协商的方式，就岗位和薪资待遇的有关事项进行调整。协商类调岗调薪不同于以上三种形式调岗调薪，需要双方完全自愿且达成一致。协商类调岗调薪通常是由企业一方出于用工管理或者降低成本考虑而提出的，是属于行使用人单位经营自主权的表现。但需要注意的是，企业在行使经营自主权的同时，也应当尊重劳动者的合法权益，如果协商未果或者劳动者拒绝接受调岗调薪的调整，那么就不得进行协商类调岗调薪。

在实践中，用人单位与劳动者协商调岗调薪的过程中，很多时候也伴随着执行公司管理制度，比如，到岗考勤情况、工作内容、工作方式、工作流程以及其他对劳动者的岗位要求和安排。用人单位给劳动者调岗调薪和其他的培训安排、岗位学习、技能进修等公司安排息息相关。如果用人单位的制度或劳动合同对调岗调薪事项没有事先约定，也不存在法定的调岗调薪的实际情况，那么就只能通过用人单位和劳动者协商一致，才能对劳动者合法调岗调薪。否则一旦发生劳动争议，用人单位就很难摆脱败诉的法律风险。

用人单位与劳动者签订的劳动合同中明确约定工作岗位的，用人单位自行调整劳动者工作岗位的属于违约行为，给劳动者造成损失的，用人单位应予以赔偿，参照原岗位工资补发差额。用人单位在对劳动者错误调岗调薪后，因新旧岗位工作内容、考核方式、岗位要求等一般都不相同，所以往往会按照新的岗位标准和要求来要求劳动者。而后产生劳动者未符合新岗位要求或者不到新岗位报道等问题时，用人单位又会以劳动者不能胜任工作或者不服从单位安排、旷工等理由处理劳动者，但用人单位基于违法的调岗调薪事实产生的后续处理显然没有合理依据。

案例14 协商未能达成一致后解除劳动合同　法院判决用人单位违法解除劳动合同

方某于2014年6月10日入职南山公司，双方签订有书面劳动合同。该劳动合同约定方某从事乘务员岗位工作，工作地点为北京分公司，方某执行不定时工作制等。后南山公司因其公司生产经营情况发生变化，导致乘务人员数量大于岗位数量，所以其公司将方某予以调岗，第一次将方某调到青岛航空公司时没有明确薪资，方某不同意，后来其公司又要求方某参加公司地面脱岗培训，并明确工资为北京市最低工资标准，方某对此亦不同意，但并未在原岗位继续工作，而是离岗达十余天。2019年1月14日，南山公司依据规章制度以电子邮件方式向方某发送了解除通知，通知从2019年1月16日起与方某解除劳动合同，且方某已阅读。因此，南山公司主张双方劳动关系于2019年1月16日解除，其公司并不存在违法解除情形，无须支付方某违法解除劳动关系赔偿金。脱岗培训通知系2018年12月7日通过邮件发送的，载明南山公司要方某从即日起前往公司进行脱岗培训，按照公司考勤管理规定出勤，参与地面行政岗的培训与考核，工资标准从通知发送之日起按照当地最低工资标准核算，如不参加培训视为擅自离岗，工资标准从通知发送之日起按照当地最低工资标准80%核算。乘务员行政规定载明南山公司乘务员休息期要求、休假时间安排、乘务员行政值班内容、例会制度。旷工通知系南山公司通过邮件发送，载明根据考勤记录，方某自12月20日起未到公司出勤上班，书面通知方某到公司上班、参加地面脱岗培训以及后续考核,发送时间分别为2018年12月27日、2019年1月3日、8日。解除劳动合同通知书载明方某自2018年12月20日起已连续旷工17日,按照公司《奖惩管理规定》第5.2.3条“1年内连续旷工3天或累计旷工5天者,按照解除劳动合同处理”的条款,方某的行为已经严重违反公司规章制度,现根据《劳动合同法》第40条第2款的规定,南山公司决定从2019年1月16日起与方某解除劳动合同等,该解除劳动合同通知书系南山公司通过邮件于2019年1月14日发送,收件人方某,阅读时间为2019年1月14日。入职声明显示公司已向本人公示了公司各项规章制度等,声明人后有方某的签字和摁印,日期为2014年6月10日。训练记录中公司概况一栏显示科目有公司组织结构及管理体系等,后学员签名处有方某的签字。南山公司管理制度汇编中奖惩管理办法载明1年内连续旷工3天或累计旷工5天者,解除劳动合同。

方某认可调岗建议书、脱岗培训通知、南山公务航空乘务训练记录、驻外补助核发流程的真实性,但称其明确表达过不同意调岗,训练记录中只是进行技能培训,规章制度没有培训,其也没有见过管理制度汇编和乘务员行政规定。对于其他证据,方某均不予认可,称民航局批复的2017年和2018年航空器清单签字网页及网站下载页面是公司的内部资料,其没有见过,驻外补助财务费用报销单中也没有其本人的签字,其在职期间没有打卡出勤过,平时等待飞行通知,不用坐班,有飞行任务时就飞行,其也没有收到过旷工通知,邮箱是公司的内部邮箱,且其没有阅读过解除劳动合同通知书的邮件,应以其收到解除信函的时间2019年1月31日为准,南山公司在仲裁审理中也认可其是2019年1月31日收到的解除通知。此外,其也不存在旷工,针对第一次调岗,其以邮件形式发送了不同意调岗,第二次调岗不同意是以信函形式发送的。为此,方某提交了要求恢复原岗位及工资标准书面信函、中国银行明细等证据。该信函显示方某不同意公司的调岗调薪,并要求恢复原岗位等,时间为2018年12月19日。

二审法院认为,本案的争议焦点在于南山公司的解除行为是否违法解除。南山公司主张方某未参加地面脱岗培训,也未到公司上班,属于旷工。尽管南山公司提交了脱岗培训通知、乘务员行政规定、旷工通知、解除劳动合同通知书、南山公务机有限公司管理制度汇编等证据予以证明,但乘务员行政规定仅规定了乘务员休息期要求、休假时间安排、乘务员行政值班内容、例会制度等,并没有规定乘务员非执行飞行任务期间应到公司坐班,南山公司也未提交证据证明已就该规定对方某进行了培训或告知,且方某对此不予认可,双方签订的劳动合同也约定了方某执行不定时工作制。同时,南山公司、方某未就调岗事宜达成一致意见。综上,南山公司以方某未到公司上班、未参加地面脱岗培训存在旷工为由与方某解除劳动合同确有不妥之处。因此,南山公司应支付方某违法解除劳动关系赔偿金。

第三节 调岗调薪合规操作的主要流程

调岗调薪对劳动者而言是非常敏感的事情,企业对此必须高度重视。如果不是双方协商一致,企业对员工调岗调薪首先必须有明确的依据,不管是法律依据、制度依据还是合同依据,这是企业合规调岗调薪的基础。其次企业调岗调薪必须按照规定的程序来操作,有些企业重视实体规定而不重视程序操作,程序上有欠缺,也会影响企业调岗调薪的法律效力。最后是调岗调薪必须制作有法律效力的结论,这是确保企业调岗调薪合规的最后一环。

一、调岗调薪的依据明确

工作岗位和劳动报酬关乎劳动者的切身利益,作为劳动合同的必备条款,一经劳动合同确定,就不能轻易更改变动,否则用人单位就有可能会侵犯劳动者的合法权益。因此,用人单位要合法调岗调薪,就需要遵循一定的程序和规定,首要的前提条件就是要有明确的依据,常见的依据类型有三种:法律依据、制度依据、合同依据。

1. 法律依据

调岗调薪的法律依据包括两种情况：一种是用人单位与劳动者通过协商一致调岗调薪；另一种是劳动者患病或者非因工负伤医疗期满不能从事原工作和劳动者不能胜任工作的，用人单位可以单方调岗调薪。

《劳动合同法》第35条规定，用人单位与劳动者协商一致，可以变更劳动合同约定的内容。变更劳动合同，应当采用书面形式。变更后的劳动合同文本由用人单位和劳动者各执一份。

《劳动合同法》第40条规定，有下列情形之一的，用人单位提前30日以书面形式通知劳动者本人或者额外支付劳动者1个月工资后，可以解除劳动合同：(1)劳动者患病或者非因工负伤，在规定的医疗期满后不能从事原工作，也不能从事由用人单位另行安排的工作的；(2)劳动者不能胜任工作，经过培训或者调整工作岗位，仍不能胜任工作的；(3)劳动合同订立时所依据的客观情况发生重大变化，致使劳动合同无法履行，经用人单位与劳动者协商，未能就变更劳动合同内容达成协议的。

法律或者用人单位与劳动者协商一致签订的书面劳动合同，都会明确在什么情况下能够调岗调薪。用人单位有义务按照劳动合同约定的劳动报酬向劳动者支付工资。没有法律规定或者劳动合同约定的调岗调薪显然是违法的。案例15中，天使国际公司未能依照法律规定对员工进行调岗，也未能与员工协商调整薪酬达成一致，导致公司未能及时足额向员工支付劳动报酬，最后被法院判决需要依照原工资标准支付拖欠的工资，并需要向员工支付经济补偿金。这个案例充分说明合规操作调岗调薪对企业而言是多么的重要。

案例15 企业未能依法调岗导致欠薪 法院判决企业支付拖欠工资与经济补偿金

岑某于2017年10月19日入职天使国际公司，双方于该日签订了起止期限为2017年10月19日至2020年10月18日的劳动合同书。2017年11

月6日签订员工薪酬确认单显示岑某的岗位为总经理,工资构成为“基本工资10,000元+岗位工资10,000元”。2018年12月12日天使国际公司以岑某不能胜任总经理一职将其调岗至摩托车产品总经理一职,但与岑某未就新的岗位职责说明及岗位工资标准达成一致,自2019年3月1日起,暂停发放岑某岗位工资。2019年5月16日,岑某通过邮寄方式以拖欠工资为由向天使国际公司送达了解除通知书。解除通知书载明:本人岑某(以下简称本人)于2017年10月入职天使国际公司(以下简称贵司),本人在贵司任总经理一职,工资为2万元/月,每自然月15日支付上自然月工资。本人2019年3月(部分工资)及4月(整月工资)贵司至今尚未向本人足额支付,拖欠工资总额为36,571.33元。鉴于此,贵司的以上行为已严重侵犯本人的合法权益,故本人根据《劳动合同法》第38条解除与贵司的劳动关系,本通知送达之日视为双方劳动关系解除。双方为此发生劳动争议。二审法院审理后认为,本案的争议焦点可以归纳为天使国际公司应支付岑某的工资以及应否支付岑某解除劳动合同经济补偿金。天使国际公司称岑某不能胜任工作公司对岑某进行调岗,岑某不予认可,天使国际公司应就其上述事实主张承担举证责任。但其公司提交的两份工作移交清单中移交原因一栏含有“调职”“退休”“辞职”“其他”四个选项,也均勾选“其他”一项,而非“调职”项,其提供的证据不足以证明其主张,故对天使国际公司有关调岗的主张,不予采信。现有证据也显示双方未就岑某的工资调整达成一致,故天使国际公司应按原工资标准支付岑某工资。关于解除劳动合同经济补偿金问题,用人单位未及时足额支付劳动报酬,劳动者解除劳动合同的,用人单位应当向劳动者支付经济补偿金。在案证据显示,天使国际公司存在拖欠岑某工资的情形,双方之间的劳动关系系岑某以此为由行使解除权而解除,而非天使国际公司行使解除权而解除,依据法律规定天使国际公司应向岑某支付解除劳动关系经济补偿金。

2. 制度依据

除法律依据外,用人单位通过合法程序制定的管理制度也可以作为调岗调薪的依据。用人单位的制度作为调岗调薪的依据,需要在制度中作出关于调岗调薪的具体明确规定,比如,什么情形下用人单位可以调岗调薪,以及调岗调薪的具体内容与实施程序。制度性调岗调薪的规定要详细并且具有可操作性。尤其要强调的是,调岗调薪制度需要具有合理性和正当性。

用人单位制定制度需要经过一定的合法程序。《劳动合同法》第4条规定,用人单位在制定、修改或者决定有关劳动报酬、工作时间、休息休假、劳动安全卫生、保险福利、职工培训、劳动纪律以及劳动定额管理等直接涉及劳动者切身利益的规章制度或者重大事项时,应当经职工代表大会或者全体职工讨论,提出方案和意见,与工会或者职工代表平等协商确定。只有经过合法程序和途径制定出来的制度,才能作为用人单位调岗调薪的有效制度依据。案例16中的华夏文化公司,就是在制定制度额程序中出了问题,导致了最终的败诉。

案例16 未经民主协商程序 企业制度无效

2018年9月4日,殷某与华夏文化公司签订期限自2018年9月5日至2021年9月4日的劳动合同,岗位为品牌宣传部总监,约定基本工资为税前14,000元/月。华夏文化公司自2019年3月1日起开始执行薪酬草案,调整员工薪酬标准。2019年3月18日华夏文化公司向殷某发放薪资调整通知单,薪酬从20,000元/月调整至15,000元/月;2019年3月19日,殷某转正,岗位为V影商城运营总监,转正后工资为15,000元/月;2019年8月19日殷某提出离职。华夏文化公司于2019年10月支付殷某2019年3月1日至8月19日工资为49,670.22元。后双方发生劳动争议,殷某要求华夏文化公司支付其拖欠的工资。华夏文化公司主张自2019年3月1日起公司开始执行薪酬草案,调整员工薪酬标准。草案发布后在员工群中公示,并分别和员工沟通该方案,充分履行了协商及告知义务。殷某知晓并清楚该草案,工作5个月,并未向华夏文化公司提出意见,以实际行动表明其接受该方案。

二审法院审理后认为，用人单位在制定、修改或者决定有关劳动报酬、工作时间、休息休假、劳动安全卫生、保险福利、职工培训、劳动纪律以及劳动定额管理等直接涉及劳动者切身利益的规章制度或者重大事项时，应当经职工代表大会或者全体职工讨论，提出方案和意见，与工会或者职工代表平等协商确定。用人单位与劳动者协商一致，可以变更劳动合同约定的内容。华夏文化公司主张殷某在入职时签署《承诺书》承诺对公司的规章制度清晰、准确，完全服从规章制度的要求。依据规章制度的规定，公司有权调整薪酬岗位标准。薪酬草案发布后，公司的人事行政部门与全员进行了沟通，得到了全体员工的理解和同意，但其并未提交充分证据证明其公司调整薪酬的方案经法定民主协商程序确定。第一，华夏文化公司并未举证证明该薪酬草案系经民主协商讨论通过，该薪酬草案于2019年4月3日公布，却要求从2019年3月1日开始试行，试行期为3个月，之后未予明确；第二，华夏文化公司未举证证明其单位已就薪酬草案中调薪一事与殷某进行协商，并达成了一致意见；第三，华夏文化公司主张殷某在薪酬草案公布后仍然工作5个月，以实际行动认可该薪酬草案，然而，华夏文化公司系于殷某离职后一次性支付其2019年3月1日至8月19日工资，无法证明殷某在职期间已然知晓降薪事宜并默示认可。最终二审法院判决华夏文化公司向殷某支付拖欠的工资。

3. 合同依据

这里说的合同依据是劳动合同依据，是指用人单位依据劳动合同中的约定，在约定情形出现时对劳动者进行相应的调岗调薪。劳动合同是用人单位和劳动者双方自愿协商一致达成的最终结果，劳动合同明确了双方之间的权利义务关系。工作岗位和薪资待遇关乎劳动者切身利益，同时也是劳动合同的必备条款，因此，用人单位和劳动者可以在劳动合同中对岗位薪资待遇的调整情况作出预先的约定。当出现劳动合同中约定的调岗调薪情形时，用人单位就可以直接依据劳动合同对劳动者作出岗位调整和薪酬调整。案例 13 中的调岗调薪行为之所以被认定为合法有效,一个很重要的因素就是企业有劳动合同依据。

二、调岗调薪的程序需要规范

用人单位对劳动者调岗调薪,除要有合法的调岗调薪依据外,还要有严格完善的程序。用人单位与劳动者协商一致调岗调薪与用人单位单方调岗调薪遵循的程序有所不同。

用人单位与劳动者协商一致调岗调薪在任何时候都可以进行。首先,用人单位与劳动者就调岗调薪事项进行沟通协商,协商的具体内容就是劳动者岗位和薪酬的调整和变动;其次,当用人单位和劳动者就岗位和薪酬待遇的调整达成最终一致意见后,用人单位应与劳动者进行书面确认,通常是在劳动合同的附件中就调整事项进行约定或者是对原来的劳动合同进行书面修改,通过书面内容明确双方协商一致进行调岗调薪的主要内容。

用人单位单方调岗调薪的程序由两步组成。第一步,用人单位根据发生的实际情况,找到相应的合法调岗调薪的依据并作出相关决定或决议;第二步,将记载有符合调岗调薪的客观事实和有关合法依据及最终调岗调薪的决定送达劳动者并与劳动者确认。

三、调岗调薪的结论确认

用人单位调岗调薪,不仅需要明确的依据、完善的程序,还要有确认的结论。在用人单位与劳动者协商一致调岗调薪的情况下,用人单位应当将用人单位与劳动者就岗位和薪资调整通过协商达成一致的最终结论以书面协议的形式予以记录,并让劳动者签字确认。

在用人单位单方合法调岗调薪的情形下,用人单位应当根据调岗调薪的实际情况作出相应的决定或决议,将调岗调薪的原因、依据、结论以书面形式进行确认,同时应将调岗调薪的结论送达劳动者。调岗调薪的原因、依据和结论必须保持一致,才能说明调岗调薪的结论具有客观性、合理性和正当性。

第四节　不当调岗调薪的法律后果

用人单位调岗调薪应当符合法律规定或者双方约定。擅自调岗调薪会造成违法变更劳动合同的结果,用人单位需承担相应的法律责任。在劳动争议处理实践中,调岗调薪行为是否适当,除了确认调岗调薪行为有明确的依据、完善的程序和确认的结论外,司法机关会结合实际情况,从客观性、合理性和正当性三个方面考量调岗调薪行为是否合法。比如,劳动者怀孕期间,用人单位认为劳动者无法胜任原技术岗位的工作,将劳动者调到行政岗位,此种调岗调薪中的不能胜任岗位工作显然有用人单位单方主观臆断的成分,不具有客观性,属于不当调岗调薪。再如,用人单位在劳动者怀孕期间,将劳动者的岗位由原先的行政岗位调至小区巡视巡查岗,这样的调岗调薪行为也明显不具有合理性。用人单位不当调岗调薪,将会造成调岗调薪无效、员工单方面解除劳动合同、企业违法解除劳动合同、被迫承担劳动者不在岗期间的工资及社会保险等中多项不利法律后果。

一、调岗调薪无效

用人单位不当调岗调薪的最直接的法律后果就是调岗调薪行为无效。基于用人单位没有合理的法律依据或者双方的约定,在没有协商一致调岗调薪的情况下,用人单位作出的调岗调薪决定显然是单方行为。工作岗位和劳动报酬待遇是劳动合同的必备条款,也是劳动关系的重要内容,均在签订劳动合同时由双方事先协商一致予以确定。用人单位单方调整劳动者的工作岗位或者薪资待遇,其实质为单方变更劳动合同,没有法律和事实依据予以支持,因此,相关调岗调薪行为无效。

案例17 企业未依法为哺乳期员工调岗调薪 法院判决无效

2017年6月1日至2018年5月31日，众齐公司派遣刘某某至永特公司工作。2018年6月1日，永特公司与刘某某签订三年期劳动合同，约定刘某某的岗位为培训专员，薪资收入中包含基本工资、岗位津贴、绩效奖金、福利补贴等，具体薪资标准与组成根据工作岗位和职责按《薪资制度》《员工手册》执行。2018年3月2日至7月23日刘某某休产假，2018年7月24日，其结束产假返岗，永特公司未让其继续从事培训工作。永特公司称，刘某某返岗后身体状态不佳，不能从事培训工作，其公司与刘某某协商要求将刘某某调岗至总部从事客服专员，开始刘某某没有同意，故2018年7月24日至8月31日其仅正常打卡没有上岗，2018年9月19日，刘某某同意去客服中心工作，但9月20日之后未再去上班。2018年10月22日起刘某某通过连续提交医学诊断证明书的方式请休病假，其中最后一张医学诊断证明书的开具时间为2019年1月21日，诊断意见为腰椎肌肉筋膜炎，医嘱意见包括全休两周(避免剧烈运动)。2019年1月17日，永特公司向刘某某作出《医疗期满返岗通知书》。2019年1月25日，永特公司作出《关于与刘某某解除劳动合同的通知》，以刘某某未能按时于医疗期满返岗出勤，还无故连续旷工3天为由，解除劳动关系。本案中，根据《女职工劳动保护特别规定》第5条的规定："用人单位不得因女职工怀孕、生育、哺乳降低其工资、予以辞退、与其解除劳动或者聘用合同。"刘某某产假结束后返岗，仍处于哺乳期，其工资权利应当予以保障。永特公司虽称刘某某身体不佳无法胜任原岗位，但未能就此提出证据，且该公司马某某亦称系因项目上发生变化，有减员的要求，加之，永特公司给刘某某安排的新岗位与原岗位工作地点不同，刘某某提出的距家较远不方便哺乳的异议也在合理范畴内，法院没有支持用人单位主张的与劳动者协商一致调岗的行为，认定调岗调薪行为无效。

二、员工单方解除劳动合同

用人单位调岗调薪没有合理依据，不当调岗或者调薪，基本上都随着劳动报酬的降低。因为用人单位的调岗调薪行为不合法,调岗调薪后劳动者的薪酬发生了降低,所以劳动者可以以用人单位单方违法变更劳动合同调岗调薪、拖欠劳动者工资违法为由,依据《劳动合同法》第38条的规定行使单方解除权,单方解除劳动合同。

《劳动合同法》第38条规定,用人单位有下列情形之一的,劳动者可以解除劳动合同:(1)未按照劳动合同约定提供劳动保护或者劳动条件的;(2)未及时足额支付劳动报酬的;(3)未依法为劳动者缴纳社会保险费的;(4)用人单位的规章制度违反法律、法规的规定,损害劳动者权益的;(5)因本法第26条第1款规定的情形致使劳动合同无效的;(6)法律、行政法规规定劳动者可以解除劳动合同的其他情形。用人单位以暴力、威胁或者非法限制人身自由的手段强迫劳动者劳动的,或者用人单位违章指挥、强令冒险作业危及劳动者人身安全的,劳动者可以立即解除劳动合同,不需事先告知用人单位。

案例18 公司未依法调岗调薪 员工解除劳动合同获得法院支持

2010年5月4日,徐某入职阳光公司担任厨师工作,约定工作地点为伊拉克。2017年8月,阳光公司将徐某调至其他国家工作,徐某不同意,阳光公司遂安排徐某回国内待岗。2018年9月7日,徐某从阳光公司离职。2010年5月4日至2017年8月17日徐某在伊拉克工作,每月实发工资13,858.16元。2017年8月18日至2018年9月7日,徐某在国内待岗。徐某在职期间按照每月21日至次月20日为一个月计薪,每三个月发薪一次,发薪日是第四个月的20日前。本案中,用人单位应当按照劳动合同约定和国家规定,向劳动者及时足额支付劳动报酬。阳光公司提供的证据不足以证明就调岗调薪事宜与徐某达成一致,且徐某对此不予认可,故法院对阳光公司降薪合法性不予认可,阳光公司应按原工资标准向徐某支付2017年10月20日至2018年9月7日工资。徐某以阳光公司未及时足额支付劳动报酬为由提出与阳光公司解除劳动关系,有事实依据,阳光公司应依法向徐某支付解除劳动关系经济补偿。

三、企业违法解除劳动合同

用人单位在不当调岗调薪之后,会面临着新旧岗位对劳动者的不同考察方式,并衍生一系列的法律问题。比如,是否需要登记打卡,考核出勤记录;工作内容发生“南辕北辙”的变动后,是否需要更改考核标准;工作岗位发生变化后、工作地点的调整是否符合劳动合同的约定等诸多问题。一旦劳动者没有同意用人单位的调岗调薪安排并拒绝用人单位调整的新岗位,很多用人单位往往按照调整后的岗位要求对劳动者进行考核,并得出劳动者绩效很差的结论,并以此为由单方面解除劳动合同;有些用人单位甚至更为简单粗暴,直接以劳动者不配合用人单位调岗调薪、不服从用人单位管理、存在旷工行为为由,单方面解除劳动者的劳动合同。但因为调岗调薪不合理、不合法,又未与劳动者协商达成一致,用人单位最终作出的解除劳动合同的结论无疑是违法的。

案例19　员工拒绝接受公司调薪决定　公司解除劳动合同被判违法

闫某于2008年5月1日入职DDB公司,任大中华区IT副总监,双方签订多份劳动合同。自2017年4月1日起的劳动合同为无固定期限劳动合同,闫某自2016年1月1日开始的月工资变更为28,000元。2017年9月,DDB公司以公司工作大幅减少、闫某工作量大幅降低为由调整闫某月薪至18,000元,闫某未同意,双方就此未达成一致。2017年9月29日,DDB公司向闫某作出《解除劳动合同通知书》,以闫某多次无正当理由不服从工作分配、调动和指挥,且经批评教育拒不悔改,已严重违反公司规章制度和劳动合同约定为由,于2017年9月29日解除与闫某的劳动合同。本案中,DDB公司提交的与客户终止合作的电子邮件等不足以证明其公司整体经营情况和业务量情况,且即使其公司存在此种情况,其公司亦应本着合理审慎的原则处理好员工劳动关系的调整或终止问题。DDB公司在未与闫某充分协商沟通的情况下，单方降薪缺乏法律依据，同时，DDB 公司将闫某从专业技术性较强的 IT 岗位调整至行政工作岗位，该调岗的合理性亦不充分。在此背景下，闫某作为员工有权利提出异议，此系劳动法规范所设平等自愿、协商一致基本原则的体现。DDB 公司据此以闫某多次无正当理由不服从工作分配、调动和指挥，且经批评教育拒不悔改为由解除与闫某的劳动合同不符合法律规定，应属违法解除劳动合同。

四、导致工资及社会保险的损失

用人单位本应当按照原劳动报酬标准向劳动者支付工资。用人单位在调岗调薪后向劳动者支付的劳动报酬与原劳动报酬相比一般都有降低，则会产生调岗调薪前后的工资差额。由于用人单位没有合理原因，不当调岗调薪，所以用人单位按照调整后的较低的劳动报酬标准支付劳动者工资是不合法的行为，造成拖欠劳动者工资的后果，因此，用人单位应当向劳动者支付工资差额。

同样，调岗调薪后，因工资标准降低而发生的变化，用人单位给劳动者缴纳的社会保险也随之降低。因调岗调薪不当，用人单位应当恢复调岗调薪之前的工资标准，所以针对该期间的社会保险缴费不当降低是用人单位欠缴的社会保险费用，用人单位也应当向社保经办机构补缴。

案例20 公司对哺乳期女职工调岗适当 法院判赔支付工资差额

2013 年 3 月 20 日胡某某入职东软公司，双方签订了期限自当日起至 2016 年 3 月 19 日的劳动合同。劳动合同第 2 条约定安排胡某某从事销售工作，工作地点为北京；第 6 条约定胡某某工资标准为每月 10,200 元；第 40 条约定所有规章制度及其修订将通过以下任一形式公示：包括纸质文件、书面通知、电子邮件形式及公司内网，乙方有义务随时阅知、了解并遵守。当日胡某某还签署《东软规章制度文本签收单》，确认已收阅并知悉《东软员工行为规范》等规章制度，并同意自愿遵守。《东软员工行为规范》在 2013 年 7

月和2014年7月经过两次修订后，第33条第4项规定，员工连续旷工3天以上(包括3天)或累计旷工5天以上(包括5天)的，可予以立即解除劳动合同。2015年5月12日东软公司向胡某某发送电子邮件，因截至2015年4月30日胡某某的销售绩效考核结果为D(不能胜任工作)，要求胡某某填写《绩效问题改进计划》，执行绩效改善活动，并安排胡某某进行一周的E－learing销售知识学习。2015年7月1日东软公司向胡某某发送电子邮件，以胡某某不能胜任工作，经过培训后仍不能胜任工作为由解除劳动合同。胡某某接到该解除通知后告知东软公司其已怀孕的情况。2015年7月6日东软公司向胡某某发送电子邮件，因截至2015年6月30日胡某某未达成绩效改善目标，根据公司低绩效销售人员管理要求，对胡某某作如下人事管理决定:(1)由现在销售系统岗位4级产品销售经理转为销售系统岗位3级初级客户经理，直接主管为罗某;(2)薪资标准从2015年7月1日起相应的调整为档案工资4000元，地区补贴1000元，交通和采暖补贴仍按公司政策执行;(3)从2015年7月9日起，到公司上地办公区打卡上班。2015年7月8日胡某某向东软公司回复电子邮件，因需要去医院复查，且根据身体状态，暂不能离开杭州。2015年7月9日东软公司向胡某某发送电子邮件，撤销2015年7月1日作出的解除劳动合同通知书，要求胡某某按照所在部门岗位调整的安排履行岗位职责。2015年7月13日东软公司向胡某某发送电子邮件，以胡某某累计旷工9天为由解除劳动合同。胡某某就2015年7月13日的解除通知申请劳动仲裁，要求东软公司履行劳动合同并支付工资等。经仲裁、一审、二审，最终判决:一、撤销东软公司于2015年7月13日作出的解除劳动合同通知书，东软公司与胡某某继续履行劳动合同;二、东软公司支付胡某某2015年7月1日至7月13日工资4220.69元。2016年2月19日胡某某剖宫产分娩一男孩。2016年7月14日东软公司向胡某某作出《到岗工作通知书》，要求胡某某于产假结束或收到本通知书后的第二个工作日到岗上班，到岗上班的具体地址为北京市上地办公区，岗位为销售系列3级初级客户经理，考勤方式为上下班在E－hr系统线上打卡。当日东软公司还向胡某某作出《劳动合同终止期限顺延通知书》,将劳动合同终止期限自动续延至胡某某法定续延劳动合同情形消失时止。2016年7月22日东软公司向胡某某作出《到岗工作二次通知》,要求胡某某立即到岗工作,上班的具体地址、岗位和考勤方式与之前的《到岗工作通知书》均相同。2016年7月27日胡某某委托律师向东软公司发送《律师函》,提出胡某某入职以来都被安排在杭州工作,且担任的职务为高级销售经理,故不接受东软公司的调岗降职,要求恢复原职位原待遇。2016年7月29日东软公司向胡某某作出《解除劳动合同通知书》,解除日期为2016年8月1日,解除事由为严重违反公司规章制度,具体包括:自2016年7月14日公司书面通知胡某某到岗工作,2016年7月18日至29日胡某某一直未按要求到岗工作,连续旷工10天,已严重违反《东软员工行为规范》。此后,东软公司与胡某某又进行了一轮仲裁诉讼。

二审法院审理后认为,首先,劳动合同虽然约定胡某某的工作地点为北京,但根据(2015)海民初字第43646号民事判决书中胡某某、证人李某及东软公司陈述的胡某某的工作地点和工作方式,实际上胡某某自2013年3月20日入职以来长期在杭州工作,没有固定办公地点,无须打卡考勤。故东软公司在2015年7月6日对胡某某进行调岗降薪时,要求胡某某到北京工作,每天打卡考勤,构成对工作地点的调整。考虑到胡某某此时已经怀孕的情况,从杭州到北京的工作地点调整势必会严重影响胡某某的生活。其次,东软公司先在2015年7月1日以胡某某不能胜任工作,经过培训后仍不能胜任工作为由解除劳动合同。在得知胡某某此时已经怀孕,不能以此为由解除劳动合同后,东软公司随即在2015年7月6日对胡某某进行调岗降薪,把胡某某的工作职务从4级产品销售经理降为3级初级客户经理,工资标准从每月10,200元降为5100元,降幅巨大。东软公司紧接着在2015年7月13日以胡某某旷工为由再次解除劳动合同,进而引发双方的前一劳动争议案件。故纵观东软公司对胡某某进行调岗降薪的前因后果,该调岗降薪并非出于公司生产经营的合理需要,其调岗降薪的目的缺乏正当性。最后,双方前一劳动争议案件经过仲裁、一审和二审，直至2016年7月12日作出终审判决，此时距离2015年7月6日东软公司进行调岗降薪之初已经超过一年。各方面的情况都可能发生重大变化，且胡某某的产假刚刚结束，尚处于哺乳期内。故东软公司先后作出两次到岗通知，仍要求胡某某按照一年前的调岗降薪决定到新岗位报到，显然欠妥。胡某某未按两次到岗通知要求到调岗降薪后的新岗位报到，理由正当不构成旷工，东软公司应当按劳动合同约定的10,200元工资标准支付2015年7月14日起的工资。故东软公司于2016年8月1日以旷工为由与胡某某解除劳动合同，系违法解除，并判决东软公司支付2015年7月14日至2016年8月1日的工资差额。

第三章

企业停产减产时调薪降薪的合规操作及风险防控

企业根据自身的经营状况,在达到一定条件的情况下,可以停产、停业或者减产,这是企业行使经营自主权的范畴。但是非常遗憾的是,究竟什么是停产、停业或者减产,目前我国法律对此并没有明确的规定。停产、停业或者减产必然会导致企业经营效益受到影响,劳动者的正常工作也会受到不同程度的影响,由此也会带来劳动者劳动报酬的调整(降低)。劳动报酬是劳动者劳动权利的核心,牵一发而动全身,处理不当,小则引发劳动争议,大则可能导致企业陷入生死存亡的险境。因此,企业在停产、停业或者减产时,对劳动者的薪酬调整尤其要作好风险防控,避免事态失控,最关键的是要依法合规操作。

第一节　停产停业时企业调薪降薪的合规操作

停产停业,又称停工停产,最直接的法律依据见之于《工资支付暂行规定》(劳部发〔1994〕489 号),这是目前能查到的现行有效关于停工停产期的职工工资怎么支付的唯一中央文件,停产停业对于企业来说是非常大的挑战，因为停产停业对企业来说意味着基本功能无法运转了，企业暂时处于停滞的生存状态。但停产停业并不意味着企业全部停工，因为除了生产部门、业务部门停止运作以外，企业的管理部门、安全部门、后勤部门还需要维持日常运转，以维护企业的资产安全。停产停业意味着企业的绝大部分的职工都处于停工状态，不能为企业创造财富，此时如果还是按照企业正常生产的状态维持员工的工资福利成本，显然企业很快就会垮掉。可是企业对全体员工放任不管，工资福利、社会保险一律不管，那对员工而言肯定显失公平，因为企业停产停业并不是由于他们的过错造成的，他们还肩负着养家糊口的压力。由于新冠肺炎疫情冲击，造成大面积的企业停产停业，如何兼顾保护企业利益与保障员工权益的平衡也成了社会关注的焦点。因此，确保员工调薪降薪合规操作对停产停业的企业而言至关重要。

一、如何证明企业是停产停业

企业已经处于停产的状况了，应该是可以合法调整劳动者薪酬的，这是有据可循的。但企业要妥善处理好停产时期的劳动关系，特别是员工的劳动报酬问题，一个首要且关键的问题就是必须拿出证据来证明企业已经停产。通常来说企业停产停业分为两种：一种是企业整体停产停业，另一种是企业内部某个（些）部门或者车间的停产停业。一般来说，企业的停工停产是有前提条件的，也就是说企业的停工停产需要充足且合理的理由。实践中导致企业停工停产的原因通常有以下三种：

（1）政府行为导致企业停工停产。如政府当下为了防控新冠肺炎疫情而采取紧急措施导致企业不能复工，以及政府为了举办重大节日庆祝活动或在召开重要国际会议前后所采取的相关措施。

（2）遭受行政处罚而停产停业。责令停产停业是我国《行政处罚法》规定的行政处罚种类之一。例如，企业因为安全生产不达标、消防不达标、环保不达标等都可能被政府部门责令停工停产。

（3）企业因自身经营需要而选择停工停产。企业根据自身经营状况而选择停工停产是属于企业经营管理自主权的决策。例如,企业在遭遇生产淡季、经营不善导致订单减少开工不足等情况下,企业都可以选择停工停产减少开支,帮助企业渡过难关。

前述事由都可以构成企业停产停业的理由,但企业是不是真的停产停业,还需要更多更翔实的证据资料来加以证明,通常以下资料都是判断企业是否停工停产的重要证明性资料:

(1)能够证明企业生产经营发生严重困难的情况,包括提供企业的财务报表,从财务收入、支出、费用、负债、利润等角度。

(2)能够证明企业资金情况恶化导致企业停工停产的资料,例如,股东撤资材料、银行账面资金不足的材料、客户欠款未付材料等。

(3)能够在税务上证明企业完全停产停业,通过提供纳税清单来证明企业没有营业收入等。

(4)能够证明企业缺乏订单或者已经撤掉某些生产线、部门与项目的资料。例如,客户取消订单的通知函、企业转产的相关资料、企业某业务线被收购的相关资料、企业某产品下线的相关资料等。

(5)企业停产停业期间车间停用、生产线停开等未开工的现场监控录像等。

(6)企业能够证明停工停产的其他相关证明资料。

在这里需要提醒企业的是,企业往往认为内部管理者开会对企业实施停工停产的管理决策或会议纪要就是企业停工停产合理性的证明材料,这个观点是错误的。内部管理者对企业实施停工停产的管理决策不具备客观性,不能完全证明企业的停工停产是合理的。企业提供的客观事实以及第三方提供的证明材料对于证明企业确实存在停产停业的事实是必不可少的。

案例21 部分站点停产企业发放员工生活费 员工主张拖欠工资被驳回

柳某某于2016年2月1日与恒坤公司签订书面劳动合同,约定工作岗位为财务部部长,实行的工时制度为不定时工时制度。柳某某自2017年7

月1日起工资结构调整为:年薪18.14万元,由基本工资、岗位工资和绩效工资组成,其中年薪的60%按月发放,剩余40%根据考核结果年底一次性发放。柳某某称另有称职补助、工龄补助、通讯补助、劳动保护费。柳某某提供实际劳动至2017年12月27日,并在2017年12月18日进行了工作交接,2018年1月、2月恒坤公司正常发放柳某某工资,2018年3月开始按照北京市最低工资的70%发放工资。恒坤公司最早有五个站点(分公司),现在只剩注册地这一个站点,是原来的四分公司(高丽营站),2018年6月6日正式领取新营业执照,恢复合法生产经营。2016年7月五分公司拆除,2017年8月一分公司来广营站拆除,后柳某某的工作地点搬到了三分公司黑庄户站,2017年10月二分公司拆除,2017年11月三分公司黑庄户拆除,四分公司高丽营站虽然有工商登记但是一直没有正常生产经营,直至2018年6月6日完成工商登记手续开始生产经营,之前只有母公司有营业执照,在一分公司所在地,其他分公司都没有领取营业执照。2018年6月28日,恒坤公司收到柳某某邮寄的解除劳动关系通知书,通知书上显示柳某某依据《劳动合同法》第38条规定提出解除劳动合同。随后,柳某某提起劳动争议仲裁,要求恒坤公司支付所拖欠的2018年3月至6月的工资。此案此后又经历了一审与二审的诉讼程序。二审法院认为,根据《北京市工资支付规定》第27条的规定,非因劳动者本人原因造成用人单位停工、停业的,在一个工资支付周期内,用人单位应当按照提供正常劳动支付劳动者工资;超过一个工资支付周期的,可以根据劳动者提供的劳动,按照双方新约定的标准支付工资,但不得低于本市最低工资标准;用人单位没有安排劳动者工作的,应当按照不低于本市最低工资标准的70%支付劳动者基本生活费。国家或者本市另有规定的从其规定。恒坤公司作为用人单位确实存在站点明显减少、陆续停产的实际状况,柳某某工作所在的黑庄户站点拆迁后停产,恒坤公司安排柳某某待岗并不违反法律规定,恒坤公司支付的待岗工资也不低于法定标准。因此,对于柳某某要求工资差额、职称补助、工龄补助、交通补助、通信补助及劳动保护费的请求,没有合法依据。用人单位在本案中通过对站点减少,站点拆迁停产情况进行了证明,达到了证明目的。故判决不支持柳某某要求恒坤公司支付所拖欠的2018年3月至6月的工资的主张。

案例22 企业证明停产属实　待岗职工要求正常发放工资未获支持

李某某于2013年6月7日入职兆阳光热公司,岗位为出纳,共签订了三次劳动合同,最后一份劳动合同期限为2018年6月9日至2023年6月8日,月工资标准为5000元。2018年11月16日,兆阳光热公司向李某某送达《待岗通知书》,李某某当日对此《待岗通知书》进行了签收。此通知书载明:"您好,因公司生产工作任务不足使您待工,自2018年11月21日起,安排您进行待岗,如市场环境好转或有合适的新岗位后,公司将尽快通知您返岗上班。请于接到返岗通知后3日内复工;复工期间,请严格执行考勤管理制度;如自收到返岗通知之日起3日内(含)未能复工,将视为自动离职,公司将严格按照考勤管理制度进行处理。待岗期间,公司将根据《北京市工资支付规定》的相关规定向您支付相应工资待遇,社保由公司继续缴纳。特此通知!"李某某2018年11月1日至20日正常出勤,2018年11月21日至12月10日未出勤,在家待岗。兆阳光热公司实发李某某2018年11月工资2961.13元,未支付李某某2018年12月工资。李某某主张由于兆阳光热公司作出待岗通知没有经过其同意,也没有经过双方协商,所以其不认同此待岗决定,2018年11月20日之后的工资也应按照5000元/月的标准要求支付工资。随后李某某提起劳动争议仲裁。兆阳光热公司主张李某某的待岗原因是公司生产任务不足,待岗决定不需要与李某某本人协商,而且李某某本人也已经对《待岗通知书》进行了签字签收,在实际工作过程中员工愿意签字已经代表其同意了此决定。兆阳光热公司提交了国家能源局于2016年9月13日发布的《国家能源局示范项目名单》以及相关媒体分别于2018年4月3日、5月22日、12月18日发布的三篇报道(《国家首批光热发电示范项目最新建设进度汇总》《对国家能源局光热示范项目建设有关事项通知的几点解读》《国家首批20个光热示范项目最新建设进度汇总》),证明兆阳光热公司作为技术来源与系统集成企业参与了《中信张北新能源开发有限公司工质类菲涅尔式5万千瓦光热发电项目》及《张北华强兆阳能源有限公司张家口水工质类菲涅尔式5万千瓦太阳能热发电项目》，上述两项目于2016年进行立项，但至2018年年底这两个项目开工均被延缓，因此其公司自2018年11月开始停工停产。本案中，用人单位通过提交了项目延缓及之后停产的证据材料，证明了其停产的客观事实，最终获得了法院的认可。

二、停产停业的工资支付的合规操作

企业根据自身实际生产经营情况停工停业后，也需合法合规地支付劳动者劳动报酬。《工资支付暂行规定》（劳部发〔1994〕489号）第12条规定："非因劳动者原因造成单位停工、停产在一个工资支付周期内的，用人单位应按劳动合同规定的标准支付劳动者工资。超过一个工资支付周期的，若劳动者提供了正常劳动，则支付给劳动者的劳动报酬不得低于当地的最低工资标准；若劳动者没有提供正常劳动，应按国家有关规定办理。"对于超过一个工资支付周期的用人单位没有安排工作的劳动者的工资该怎么支付，由于国家没有出台相应的标准，因此各地根据本地实际情况出台相应的标准。如《北京市工资支付规定》第27条规定，"非因劳动者本人原因造成用人单位停工、停业的，在一个工资支付周期内，用人单位应当按照提供正常劳动支付劳动者工资；超过一个工资支付周期的，可以根据劳动者提供的劳动，按照双方新约定的标准支付工资，但不得低于本市最低工资标准；用人单位没有安排劳动者工作的，应当按照不低于本市最低工资标准的70%支付劳动者基本生活费。国家或者本市另有规定的从其规定。"与北京规定的标准一致的，还有吉林、山东和安徽等地。《广东省工资支付条例》第39条规定，"非因劳动者原因造成用人单位停工、停产，未超过一个工资支付周期（最长三十日）的，用人单位应当按照正常工作时间支付工资。超过一个工资支付周期的，可以根据劳动者提供的劳动，按照双方新约定的标准支付工资；用人单位没有安排劳动者工作的，应当按照不低于当地最低工资标准的百分之八十支付劳动者生活费,生活费发放至企业复工、复产或者解除劳动关系”。与广东规定的标准一致的,还有江苏、浙江、广西、河北、内蒙古等省份。《湖南省工资支付监督管理办法》规定停产停业期超过1个月,用人单位未安排劳动者工作的,用人单位应按不低于当地失业保险标准支付劳动者停工津贴。陕西省则规定对类似情况,用人单位应当按照不低于当地最低工资标准的75%支付劳动者生活费。

从上述规定不难看出,对于停工停业的企业而言,对劳动者的工资发放标准不是“一刀切”,还是应当根据企业停产停业时间的长短和劳动者是否提供劳动来区分对待,分别按照不同的标准支付劳动者的劳动报酬(生活费),企业给劳动者发放工资的标准可以高于所在地的标准,但不得低于所在地的标准。

当约定的待岗期间届满后,用人单位应当及时对劳动者的工作安排作出处理:(1)安排劳动者继续待岗,重新签订书面劳动合同,对待岗工资、期限进行重新约定或调整;(2)安排劳动者返岗上班、继续履行原劳动合同;(3)按照可以预告解除劳动合同的方式,与劳动者协商不成的,可以解除劳动合同。用人单位如果在劳动者待岗期满后未采取任何措施,仍然按照待岗工资支付,将面临巨大的法律风险。

案例23 待岗期结束企业未与待岗员工达成新协议 法院判赔支付工资

巫某某于2008年11月1日入职迪迈公司,双方签订劳动合同。考勤周期系上月28日至本月27日,每月10日左右现金发放上个考勤周期的工资。2018年8月13日,巫某某与迪迈公司签订《待岗通知书》,主要内容为:迪迈公司自2018年3月起已停工、停产进行业务调整,现经公司研究从即日起迪迈公司全体人员进入待岗状态,就待岗事宜通知如下:(1)待岗起始时间:2018年8月13日。(2)待岗截止时间:暂定为3个月(2018年8月13日至11月12日)。(3)待岗期间待遇:按照北京市相关法律法规规定及相关政策等执行工资为1440元/月。工资每月25日到厂领取。2018年11月12日,迪迈公司与巫某某再次签订《待岗通知书》,主要内容为:(1)待岗起始时间:2018年8月13日。(2)待岗截止时间:暂定延续三个月(2018年11月13日至2019年2月12日)。(3)待岗期间待遇:按照北京市相关法律法规规定及相关政策等执行工资为1484元/月。工资每月25日到厂领取。2019年7月4日,巫某某以迪迈公司未提供劳动条件、未依法为其缴纳社会保险、未及时足额支付劳动报酬为由向迪迈公司邮寄《解除劳动合同关系通知书》,解除劳动关系。迪迈公司提交了《制造企业疏解退出计划的通知》、《北京市工业污染行业生产工艺调整退出及设备淘汰目录(2017年版)的通知》、北京市顺义区人民政府网区经济和信息化局《关于2019年度顺义区一般性制造业企业疏解退出奖励资金拟支持项目公示》、政府资金网《关于2019年度顺义区一般性制造业企业疏解退出奖励资金拟支持项目公示》等证据材料,证明企业停工停产合法。本案中,用人单位应当按照劳动合同约定和国家规定,向劳动者及时足额支付劳动报酬。迪迈公司上诉称其在2018年2月28日至8月12日及2019年2月13日至7月4日公司已经停产,且巫某某未参加劳动,无绩效提成,要求按照基本工资或北京市最低工资标准的70%给付,但其没有证据证明待岗结束后迪迈公司与巫某某协商待岗、去江苏宿迁工作及解除劳动关系协商未果的事项。因上述期间,迪迈公司与巫某某存在劳动关系,未提供实际劳动并非劳动者原因,故迪迈公司仍应支付巫某某2019年2月13日至7月4日工资。因巫某某在该期间确实未从事本职工作,法院将根据迪迈公司提交的工资表中巫某某的工资组成结合巫某某提供实际劳动情况并参考生效判决确定的其他劳动者2018年2月28日至4月27日工资标准酌情确定巫某某2019年2月13日至7月4日工资数额。经法院核算,迪迈公司应支付巫某某2019年2月13日至7月4日工资10,094.07元(巫某某主张此段期间的正常工资标准为22,500元)。

案例24 企业高管遭停产企业违法解除 法院判决不支持继续履行劳动合同

许某于2016年11月21日入职德瑞克斯公司,双方签订了2016年11月21日至2019年11月20日的劳动合同,试用期4个月。许某在德瑞克斯公司担任商务总监职务,主要负责销售、市场及研发技术部门的管理工作,月工资为税前50,700元,实行不定时工时制。2017年7月11日,德瑞克斯公司作出《终止/解除劳动合同通知书》,上载有"经甲乙双方协商一致同意,双方的劳动合同将于2017年8月10日正式结束。乙方还有7天法定带薪年假可休,乙方从2017年8月2日至2017年8月10日休年假7天"。并于当日向许某出具《离职证明》,上载有"许某自2017年8月11日起与公司解除劳动合同,2017年7月12日至8月10日起员工可以不到公司上班"。许某在《终止/解除劳动合同通知书》上签写"未经任何协商,我不同意,要求继续履行此劳动合同。许某2017年7月11日"。德瑞克斯后又于2017年8月31日作出《解除劳动合同通知书》,上载有"因许可提供虚假履历及证明的行为违反《员工手册》第9章第2条第3.10条款'提供假证明、假履历、假文凭或假发票及其他不诚实和欺骗行为',属于严重过失行为——解除劳动合同(是严重违反公司规章制度的行为,依法不给予任何经济补偿)。据此,公司决定解除与你的劳动合同。由于你还有7天法定带薪年假可休,公司安排你从2017年8月2日至10日休年假7天。自2017年8月11日起双方不存在任何劳动关系。本《解除劳动合同通知书》将取代之前向您发出的《终止/解除劳动合同通知书》,即日起生效"。该份《解除劳动合同通知书》以快递形式于2017年9月4日送达给许某。德瑞克斯公司向许某发放工资至2017年7月11日。许某认为公司的行为属于违法解除劳动合同,申请劳动争议仲裁要求德瑞克斯公司继续履行劳动合同并补发所拖欠的工资奖金等。此后又经历了一审、二审的诉讼程序。

德瑞克斯公司主张公司处于亏损状态,自2017年7月起大规模裁员,目前仅有财务经理、工厂总监、人事经理、采购经理、售后服务、大客户经理、电工各1人,已无生产和销售一线人员,公司停产、设备转卖,已不具备与许可继续履行劳动合同的能力,向一审法院提供怀柔区北房镇社会保险所《关于德瑞克斯安防产品(中国)裁员方案的批复》、2018年度66名员工离职明细表、社会保险缴费信息、二手设备销售合同及收款凭证等证据。经一审法官现场调查了解,确认德瑞克斯公司确实属于停产状态。

二审法院审理后认为,根据《离职证明》所载,双方劳动关系于2017年8月11日解除,许某工资支付至2017年7月11日,根据《工资支付暂行规定》第12条所规定的"非因劳动者原因造成单位停工、停产在一个工资支付周期内的,用人单位应按劳动合同规定的标准支付劳动者工资",许某在2017年7月12日至8月11日虽未提供正常劳动,但法院判决用人单位德瑞克斯公司仍应按合同约定的标准支付许某此期间的工资50,700元。双方劳动合同能否继续履行的问题。德瑞克斯公司解除许某的劳动合同属于违法解除劳动关系,现许某要求继续履行劳动合同,但德瑞克斯公司主张已不具备与许某继续履行劳动合同的能力,双方劳动合同不能继续履行。对此,根据德瑞克斯公司提供的证据以及一审法院现场勘查的情况,德瑞克斯公司已处于无法正常生产、经营的状态,而许某的岗位为商务总监,主要负责销售、市场及研发技术部门的管理工作,考虑其无法继续为许某提供工作岗位且双方就新岗位未能达成一致意见的情形,因此,不支持许某继续履行劳动合同的主张。但对于违法解除劳动关系的经济赔偿金,许某可另行主张。

三、停产停业时调薪降薪的风险防控

根据《工资支付暂行规定》及各地规定可以看出,企业停产停业时调薪降薪的风险防控点主要有以下三个:

第一,企业停产停业时间节点的确定。企业开始停产停业应及时通知劳动者,以确定停产停业开始的第一个工资支付周期时间。根据规定,单位停工、停产在一个工资支付周期内的,用人单位应按劳动合同规定的标准支付劳动者工资。用人单位告知劳动者确定的企业停产停业时间对于计算一个工资支付周期有重要意义,直接影响劳动者劳动报酬的计算标准和实际金额。

第二,企业停产停业超过一个周期后的劳动者工作内容的确定。企业停产停业超过一个工资支付周期的,可以根据劳动者提供的劳动,按照双方新约定的标准支付工资,但不得低于本市最低工资标准。超过一个工资支付周期而劳动者又提供了正常劳动的,用人单位应当按照原合同约定的劳动报酬支付工资。如果在此情况下用人单位经营生产情况发生了重大变化,岗位可能出现重大调整或仅保留一小部分留守人员,劳动者原工作岗位已经不存在,可以通过协商一致变更劳动合同的方式变更工作岗位,调整劳动报酬。调整或降低的劳动报酬不能低于当地的最低工资标准。

第三,企业停产停业超过一个周期后的劳动者生活费的确定。企业停产停业超过一个工资支付周期的,用人单位没有安排劳动者工作的,应当按照不低于当地规定的最低标准支付劳动者基本生活费。对于用人单位因停产停业,岗位调整、取消的原因,企业很可能没有安排劳动者工作,此种情况下,用人单位应当支付劳动者不低于当地规定的最低标准的基本生活费。

案例25 企业未能证明属于停产状态 法院判决照常支付员工工资

2018年10月8日,华旅公司(甲方)与张某(乙方)签订劳动合同,约定乙方担任出境部部长岗位工作,合同期限自2018年10月8日至2019年10月7日,乙方的月基本工资为8000元。合同第5条约定,由于甲方生产(工作)任务不足,使乙方下岗待工的,甲方保证乙方的月生活费不低于当地政府公布的最低工资标准。2019年6月12日,张某向华旅公司提交离职申请表,载明辞职原因为:"由于公司自2018年12月1日起无故未发工资,特提出离职。"随后张某提起劳动争议仲裁,要求华旅公司按照劳动合同约定支付所拖欠的工资及解除劳动合同的经济补偿金。华旅公司主张其于2018年10月起处于停工停产状态,并提交现金流量表、资产负债表、利润表季报为证，因此只同意按照北京市最低工资标准向张某发放上述期间生活费。张某认可华旅公司证据的真实性，但认为公司亏损并不能证明公司处于停工停产状态。该案又经历了一审、二审的诉讼程序。二审法院认为，华旅公司提供的证据不足以证明2018年10月起一直停工停产，故华旅公司主张按最低工资标准发放张某的生活费未获得法院支持，判令华旅公司按薪酬表载明的金额向张某支付上述期间工资。对于张某以“用人单位未及时足额支付劳动报酬”为由提出解除劳动合同要求华旅公司支付相应的经济补偿金的主张，一并予以支持。

第二节　企业减产时的调薪降薪的合规操作

一、企业减产时调薪降薪的四种方式

企业减产的原因有很多种，有的是因为企业自身的原因导致，比如，经营管理战略调整、重大亏损等，有的也可能是因为国家整体政策或行业政策因素导致。企业减产与停工停产不同。在企业减产时，用人单位仍然在进行生产经营，只是其生产经营状况发生了一定变化，生产经营任务大幅度减少或者降低。在此种情况之下，用人单位由于客观实际情况、降低人工成本及提高企业利润的众多角度衡量，不得不开始考虑对劳动者进行调薪降薪，但用人单位的调薪降薪应当合法合理，具有正当性，否则将承担违法调薪降薪的风险。企业减产情况下的调薪降薪有四种主要方式，分别是调整工时与调薪降薪、企业效益与职工工资联动、阶段性调薪降薪、职代会等集体协商机制确定调薪降薪。

1. 调整工时与调薪降薪

调整工时调薪降薪是指当企业减产时，因生产经营任务不饱满，用人单位可以与劳动者协商达成一致，通过采取减少劳动工时，相应地调整或降低劳动报酬的方式。一般而言，企业正常生产经营情况下，和劳动者之间订立

的劳动合同会约定工作时间。而生产经营任务减少时，劳动者相应的工作量会降低，用人单位可以通过减少工时以达到降低劳动报酬的目的。但通过调整工时来调薪降薪的方式需要由用人单位与劳动者协商一致方可实施，否则有单方面变更劳动合同的法律风险。

2. 企业效益与职工工资联动

企业减产时，还可以采用企业效益与职工工资联动的方式调整劳动者工资。企业减产会直接导致生产任务工作量的降低，直接影响企业经营效益。因此，企业可以通过和劳动者进行协商，采取根据企业效益决定职工工资收入的方式，在企业效益与职工工资之间建立联动关系，设定一定的比例。由企业生产经营的效益的好坏来决定职工工资发放的高低，员工工资的发放额度完全取决于企业的真实效益，实现职工和企业共渡难关。

3. 阶段性调薪降薪

企业减产，也可以采取同劳动者协商达成一致，实行阶段性调薪降薪的方式。企业正常情况下是不会减产的，减产多是由于不得已的原因。企业减产并不是企业发展的常态，在发生减产的事由消失后，企业肯定会尽量扩大产能、恢复常态。因此，用人单位可以和劳动者协商，通过采取阶段性调薪降薪的方式降低企业的人工成本和经营压力，让企业渡过难关，约定等企业恢复正常经营或提高产能后，再恢复原薪资待遇甚至包括对调薪降薪期间减少的薪资差额予以支付或补偿。

4. 通过职代会等集体会商机制

企业减产情况下，还可以通过全体职工会议或者职工代表大会等集体会商机制进行协商，通过与劳动者集体会商达成一致的方式进行调薪降薪。因为减产并非针对某位劳动者个人的情况，而是用人单位的整体客观因素。需要注意的是，如果是经企业与全体职工大会会商确定的调薪降薪内容，经全体职工签字确认后，可以视为对原劳动合同的变更，在法律上不需经过特别程序即为合法有效。但如果是企业与职工代表大会进行集体协商，即使职工代表大会通过了调薪或降薪的决议，也并不当然视为对劳动者的劳动合同进行了变更。实践中要落实职工代表大会的决议,还需要经过企业工会与企业协商签署集体合同,将职工代表大会决议的内容写入集体合同文本当中。只有在职工代表大会通过了具体调薪降薪的决议(达到法定的代表人数签字确认)并在集体合同中确定了调薪降薪的具体内容后,才能称得上通过集体协商形式变更了劳动合同,是具有法律效力的。

二、企业减产时调薪降薪要注意防控的法律风险

企业减产时调薪降薪需要注意防控以下三类法律风险:

一是减产原因是不是有客观的事实依据。企业采取减产措施的原因各不相同,但一定要满足存在客观事实和有现实根据两个条件。减产原因要有客观事实是指,减产原因不能是企业为了调薪而主观认为的原因,要具有客观性。比较典型的有因为国家政策或行业政策原因而导致的减产,近年来的煤炭、钢铁行业比较突出;有因为不可抗力原因进行的减产,如2020年突如其来的新冠肺炎疫情是比较典型的。减产原因还要有现实根据,比如,因为国家政策原因导致企业减产的,国家政策和企业减产之间要具有明确的直接因果联系,才能说国家政策的变化直接导致企业减产。有时国家政策在某些方面的倡导、建议,并不能必然导致企业减产,两者之间缺乏必要的直接因果关系,企业认为国家政策导致减产依据不够充分,司法实践中极可能被认为不合理。

二是企业减产有没有经过协商的程序。因为减产企业决定调薪降薪时,应当严格确保程序合法。因为调薪降薪是对劳动者劳动报酬这一基本权利的变动,是对劳动合同主要条款的变更,必须履行协商一致的合法程序。无论是通过和劳动者个人进行协商还是通过和职工大会或者职工代表大会集体协商,企业和劳动者协商一致,都是减产调薪降薪过程中必不可少的步骤。企业缺少协商一致的程序性条件,调薪降薪的行为不符合法律规定。

三是调薪降薪是不是合理。无论是采取调整工时调薪降薪、企业效益

与职工工资联动调薪降薪还是阶段性调薪降薪的方式,企业因减产采取的调薪降薪均应当具有合理性。比如,采取调整工时的方式调薪降薪的,其单位工时的薪资报酬应当与调整工时前的单位工时的薪资报酬相同。再如,企业效益与员工工资联动的方式调薪降薪的,对企业效益设定的目标应当符合实际情况。企业效益目标的设定与员工工资联动之间的联动关系应当具有合理性。企业效益目标的设定应当结合过去企业正常经营期间的效益数据按减产的实际情况,照比例予以合理确定,不能设定高效益目标,低工资标准。

第四章

企业裁员的合规操作及风险防控

裁员可以分为广义上的裁员和狭义上的裁员，本书除特别说明外（如经济性裁员），一般意义上指的都是广义上的裁员。广义上的裁员包括四类，主要是劳动者有不当行为企业可以即时解除劳动合同的、企业依据法定情形可以预告解除劳动者劳动合同的、符合法定条件企业可以经济性裁员的以及企业与员工协商解除劳动合同。以上任何一种情形下企业裁员的，都需要同时遵循法律实体与法律程序的规定。企业在实施裁员过程中，都需要提前做好准备工作，针对不同的情形采取不同的措施，切实做到依法合规、减少争议、妥善处置。

第一节　企业裁员的预备工作

企业因经营原因需要裁员，通过裁员降低人力资源成本、优化人力资源结构，实现减员增效的目标，这是经营管理工作的一种常态。但裁员工作关系劳动者的饭碗，处理不当，可能引发激烈反弹，对企业的经营管理工作造成极大的影响。因此，任何一个企业启动裁员工作之前，都需要做好充分的准备工作。因为不同类型的裁员对象，所依据的法律规定及法律程序是完全不同的，在决定裁员类型后，再因人施策，依据法律规定履行对应的法律程序，并采取恰当的裁员方式，才能最大限度地避免法律风险，作到合法合规的减员。在所有裁员方式中，以企业经济性裁员最为复杂，无论是法律实体还是法律程序都是要求最高的。以致实践中，很多企业化整为零、拆散处理，也不愿意走经济性裁员的路径。但经济性裁员工作的严格要求，也是对一个企业管理能力的考验。此处以企业经济性裁员的准备工作为例，介绍一下企业裁员需要做好哪些预备工作，这对其他类型的裁员工作而言也是一个很好的参考。

一、完成企业裁员的尽职调查工作

1. 对企业所在地的劳动用工文件资料进行分类整理。除法律规定以外，一定要对企业用工所在地关于劳动合同、职工权益保护、特殊职工保护、裁员特殊规定等法律文件进行仔细梳理，确定当地关于裁员规制的基本框架。

2. 对员工劳动合同进行整理分类。主要是按照固定期限劳动合同（主要了解员工入职年限、距离劳动合同期满的年限）、无固定期限劳动合同（重点关注员工距离退休的年限）进行分类。

3. 对企业的规章制度进行系统梳理。对企业关于员工管理的所有重要制度都进行全面梳理，对劳动合同管理、工资薪酬管理、福利管理、考勤管理、绩效考评管理、员工手册等企业制度有关劳动关系管理的内容进行整理，确认企业规章制度中存在哪些有利于和不利于裁员的条款并进行分类。

4. 对被裁减人员的年龄、性别分布、人数、工作性质、就业能力等具体情况进行分析。对拟裁员对象的情况进行全面分析，并以此为基础制定有针对性的补偿方案。

5. 对可能影响企业裁员工作的重大历史遗留问题（如社会保险、住房公积金、加班工资、特殊保护等）及企业过往裁员的惯例进行调查分析。一方面了解企业历史上对于员工的亏欠情况，另一方面也了解企业过往对于员工离职补偿的一般标准,员工离职时所要求的补偿标准是建立在上述两项数据的基础上的。

6. 对可能影响裁员进程的社会背景和行业背景进行分析。主要是了解企业所在地的典型裁员案例及企业所在行业的典型裁员案例是如何处理的,重点是了解裁员的工作历程与补偿标准,因为这是离职员工要求经济补偿的重要参考依据。

二、准备裁员工作计划与实施预案

1. 设计员工安置方案。企业启动裁员计划,主要是涉及拟裁员对象,也可能会影响到在岗人员,因此,需要设计一个较为全面的安置方案,将所有可能因裁员工作受到影响的职工都纳入安置方案的考量之中。安置方案相当于裁员工作的纲领性文件,要确定各项具体工作的基本方向与政策依据。

2. 测算经济补偿金成本。这是裁员工作的核心内容,对拟裁员对象的经济补偿金数额需要做一个比较精准的预测。正常情况下,经济补偿方案应该有多个版本,因此,经济补偿金成本的测算也要根据经济补偿方案的不同而分别确定多个补偿标准。

3. 起草重大历史遗留问题的解决预案。企业在历史上拖欠员工的工资福利待遇,在员工劳动关系存续期间或许还可以拖着不做处理,但在员工离职的时候特别是以被裁员的方式离职的情况下,这是无论如何都不可能回避的问题。站在不同的角度看待历史遗留的待遇拖欠问题会有不同的主张,企业应该准备多套方案,并且应尽可能地采用比较高的补偿标准。无数案例证明,企业在历史遗留问题上坚持低标准的补偿数额,最后的处理结果多数是不尽如人意的。

4. 起草特殊人群("三期"女职工、工伤职工、医疗期内职工等)处理的解决预案。针对员工个体的不同情况分别准备不同的补偿预案,一个最基本的原则是补偿标准只能是在法定标准之上而不能在法定标准之下。高于法定标准多少才能为裁员对象所接受，取决于企业对员工背景调查的精细程度以及企业对员工的尊重程度。

5. 准备应急处理的预案。裁员工作是非常复杂的，协商谈判的过程当中往往会出现很多难以预料的因素，因此，企业在启动裁员工作之前一定要做好必要的沙盘推演，事先预估到裁员工作中可能出现的困难与意外因素，并针对上述问题做好对应的预案。值得注意的是，裁员工作不顺可能引发的劳动争议处理工作，一定要列入应急处理预案中。

6. 上报公司决策层并获得认可。企业裁员的所有准备工作，如果不能获得企业决策层的认可，那就等于没做，一切归零。企业人力资源管理部门与法务部门所有准备工作的最后一个环节，就是取得公司决策层的认可并批准裁员工作最上限的预算。这对于裁员工作的成败至关重要。

三、与有关部门沟通协商

1. 与劳动行政部门、上级工会组织进行沟通并准备相关材料。根据《劳动合同法》第 41 条的规定，企业进行经济性裁员一定要向劳动行政部门报告，事实上很多地方都规定企业进行经济性裁员都需要经过劳动行政部门的审批，未获得审批的属于违法解除劳动合同，这对企业而言风险是非常大的。所以，企业在正式启动裁员工作之前，一定要提前向劳动行政部门报备，按照劳动行政部门的要求提交相关材料，并按照劳动行政部门的指导意见实施裁员工作。企业启动裁员工作向上级工会沟通汇报，并不是法定程序，但如果裁员工作不顺而引发大规模的群体性劳动争议，上级工会工作势必会介入职工维权工作中来，因此企业提前与上级工会组织沟通情况，对于后续突发事件的处理是有利的。

2. 与本企业工会组织或员工代表进行沟通协商并准备相关材料。根据《劳动合同法》第 41 条的规定，企业确定实施经济性裁员工作的，应提前 30 日向工会或者全体职工说明情况，听取工会或者职工的意见。听取工会或职工代表意见，是企业实施经济性裁员工作的法定程序，这是企业裁员工作必不可少的一项内容。这不只是程序上的意义,从实质来说,企业通过与工会组织与职工代表充分沟通,也可以搭建企业与被裁员职工沟通的桥梁,有利于减少裁员阻力。

案例26 某公司企业裁员背景调查清单

企业开展经济性裁员,需要对拟裁员范围内的组织结构和员工情况进行背景调查,以帮助企业制定合理的裁员方案。背景调查的内容如下:

(一)了解企业组织结构的基本情况

了解企业拟裁员机构的组织情况。包括组织结构图、各部门各级负责人、各部门人数、男女比例、工作年限分段人数统计、岗位设置等情况。

(二)了解员工的基本情况

员工的基本情况包括姓名、性别、年龄、户口性质、学历、职称等信息。

(三)了解员工的劳动关系和岗位、薪酬福利和加班等情况

1. 员工的用工形式情况。包括全日制用工、非全日制用工、劳务派遣用工等信息。

2. 员工的劳动合同签署情况。包括签订劳动合同的次数、每次签订劳动合同的时长、是否签订无固定劳动合同等信息。

3. 员工的岗位情况。包括所属分子公司、部门、岗位、职级、工作地点等信息。

4. 员工入职时间、中间有无停职、工作年限等情况。

5. 员工的薪酬、福利等情况。包括工资总额、工资结构、各项工资金额、是否是年薪制、分红、期权等信息。

6. 员工的加班情况。包括过去1~2年加班时间及加班工资等信息。

7. 员工的休假情况。包括过去1~2年员工未休年休假情况。

(四)了解员工社保、公积金缴纳的情况

1. 员工的社保情况。包括是否缴纳社保、缴纳社保基数等信息。

2. 员工的公积金情况。包括是否缴纳公积金、缴纳公积金基数等信息。

（五）了解员工签署特殊协议的情况

1. 员工签署培训协议的情况。包括培训协议签署时间、培训费用情况、违约金情况等。

2. 员工签署保密协议和竞业限制协议的情况。包括签署时间、竞业限制是否有自动解除条款、竞业限制补偿金额、竞业限制补偿金支付方式、违约金情况等信息。

3. 员工签署股权认购协议、期权协议的情况。

4. 其他企业与员工签订的特殊协议。

（六）了解企业工会、职工代表的情况

1. 企业工会的情况。包括企业工会成立时间、工会领导班子构成、工会主席和工会委员等个人情况等信息。

2. 企业职工代表大会的情况。包括职工代表的组成和代表个人情况。

（七）了解企业特殊人群的情况

1. 了解拟裁员范围内是否有公司高管。包括董秘、监事、总经理、总监等。

2. 了解拟裁员范围内是否有财务人员或人力资源人员。

3. 了解拟裁员范围内是否有核心管理人员和技术人员等。

4. 了解拟裁员范围内是否有其他对企业可能有影响的人员。

（八）了解不可以被裁员的员工情况

1. 员工患职业病或因工负伤情况。包括职业病或工伤发生时间、有无认定为职业病或工伤、认定时间、认定结果、伤残等级、劳动能力鉴定结果、社保情况、工作待遇的支付主体以及支付情况等。

对于患职业病或因工负责并被确认已经丧失或部分丧失劳动能力的员工，企业不可以裁员。

2. 女员工的“三期”情况。包括怀孕时间、（预）生产时间以及哺乳期到期时间等信息。

对于在孕期、产期、哺乳期内的女员工，企业不可以裁员。对于在企业裁员决策期间“三期”快结束的女员工，企业要考虑裁员的可能性、裁员时间安排等要素。

3. 员工患病情况。包括员工的工作年限、医疗期期限、未休医疗期时长等信息。

对于尚在医疗期的员工,企业不可以裁员。对于在企业裁员决策期间医疗期快结束的员工,企业要考虑裁员的可能性、裁员时间安排等要素。

4. 员工在单位的工作年限。包括员工在本单位连续工作的年限以及具体法定退休年龄的年限,对于在本单位连续工作满 15 年,且距法定退休年龄不足 5 年的员工,企业不可以裁员。

(九)了解劳动仲裁或诉讼的情况

了解拟裁员范围内是否存在劳动仲裁或劳动诉讼的情况。

第二节　可以即时解除劳动合同的合规操作

依据《劳动合同法》第 39 条的规定,企业在裁员过程中可以即时解除劳动合同主要有以下 6 种情形,包括在试用期间被证明不符合录用条件的、劳动者严重违反用人单位规章制度的、劳动者不当行为给用人单位造成重大损害的、劳动者存在兼职情形对本单位工作任务造成严重影响的或者经本单位提出后拒不改正的、劳动者以欺诈、胁迫手段或乘人之危使对方在违背真实意思情况下订立或者变更劳动合同致使劳动合同无效的、劳动者被依法追究刑事责任的等。在不同情形下,企业即时解除劳动合同裁员的合规操作会有所不同,企业应当根据不同的具体情形采取不同的方式来履行相应的程序。虽然用人单位解除的情形会有不同,但只要是符合即时解除劳动合同的情形,有一项程序都是必不可少的,那就是用人单位应当向劳动者送达即时解除劳动合同的决定。用人单位在使用即时解除劳动合同条款时,对于即时解除的不同事由同样需要用人单位在操作过程中做到解除原因明确、证据收集充分以及劳动者本人认可(或不可反驳),缺少其中任何一个环节都有可能面临违规操作的风险。

一、劳动者在试用期不符合录用条件的可以即时解除劳动合同

劳动者在试用期被证明不符合录用条件，用人单位是可以即时解除劳动合同的。所以，合理地制定录用条件是企业对试用期员工合规管理的重要环节。

（一）如何规范地制定岗位的录用条件，需要做到以下三点：

第一，录用条件必须明确录用岗位所需的基本条件。包括学历、外语水平、职称等级、证书资质、工作经验、身体状况等。

第二，录用条件需针对具体岗位有针对性的设计考核指标。企业需要根据具体岗位的工作内容逐一提炼对应的考核指标（录用条件），切忌企业使用一套“全而泛”的录用条件适合于所有的岗位。“全而泛”的录用条件与员工岗位的关联性小，无法对特定岗位的试用期员工开展有效的考核。此外，考核指标需是具体的和可量化的，类似“具有团队精神”“工作要热情”“要有创造力”这些抽象主观的考核指标不宜使用。

第三，试用期的考核指标需包含考勤的内容。对员工在试用期的出勤时间提出要求，避免员工在试用期频繁请假导致企业没有充足时间判断员工是否符合岗位要求。当然，企业对员工的出勤要求要具有合理性，如要求员工100%的出勤率显然是不合理的。

（二）如何合法有效地证明员工在试用期不符合录用条件，企业在实际操作中还需把握好以下三点：

第一，试用期的界定必须是合法的。员工不符合录用条件企业可以即时解除劳动合同，仅是针对试用期员工而言的。如果企业对员工试用期的界定首先就不合法，那么以此法定情形解除劳动合同也就不合法。所以，企业要自查员工的试用期是否有问题，如试用期期限是否合法、是否有二次约定试用期、是否有单独签订试用期合同等。

第二，企业要能够证明有录用条件且员工已经知晓并认可了该录用条

件。企业可以在招聘公告、录用通知书、岗位说明书、试用期绩效考核里呈现岗位的录用条件。同时,企业在开展招聘工作、发送录用通知书、确定岗位工作、进行绩效考核工作时,需要与员工沟通录用条件并让员工签字确认。

第三,企业要能够证明试用期员工不符合录用条件。证明试用期员工不符合录用条件的最有效的方法,就是对试用期员工开展考核。企业需按照录用条件建立配套的试用期考核体系。此外,试用期考核需及时,需在试用期结束前将考核结果告知员工并双方签字确认。

(三)员工被证明不符合录用条件,企业解除员工劳动合同一般应当遵循以下程序操作:

第一,企业将试用期员工所在岗位的考核条件及考核程序告知员工,并经员工签字确认。

第二,企业按照试用期员工签字确认的考核条件与考核程序对员工进行考核,经过考核确认员工确实不符合企业的录用条件。

第三,企业将员工不符合录用条件的考核结论告知员工,员工签字确认相关事实。

第四,企业依据劳动者不符合录用条件的考核结论作出解除劳动合同的书面决定。

第五,企业将解除劳动合同的理由通知工会,工会经与企业沟通后对企业单方面解除劳动合同表示异议的,企业还应向工会提交书面意见。

第六,企业将解除劳动合同决定的书面材料送达给劳动者本人,劳动者拒绝签收的,企业应保存相应的已经送达的证据。

案例27　试用期员工存在不当行为　企业不能证明不符合录用条件被判败诉

2018年8月13日,奇安公司与王某签订《聘用函》,奇安公司聘用王某为大数据与态势感知公司项目管理经理职务,劳动合同期为3年,试用期为6

个月。工资为税前10,000元/月,年度目标奖金为税前20,000元/年。王某于2018年8月16日入职奇安公司,双方签订期限自2018年8月16日至2021年8月15日的劳动合同,约定试用期6个月,王某的职位为技术岗位。入职以后,王某曾在班车上辱骂同事,与同事沟通不畅,项目团队成员反映王某项目管理能力弱,沟通欠佳,不能胜任工作。《转正意见征集表》中直接上级意见为“不建议按期转正,解除劳动关系”,主要依据为:不能管控自己情绪,在日常项目管理过程中和日常工作期间与多人发生多次争吵;对于公司环境,以及项目管理这种目标不清晰和不确定性高工作,处理上经验不足,缺少应对手段;缺乏项目管理经验,不能独立推进项目,不能准确识别项目任何和目标并制定合理计划。

2019年1月11日,奇安公司以王某严重违反公司规章制度及试用期不符合录用条件为由解除了与王某的劳动合同,并向王某送达了《劳动合同解除通知书》,解除理由为:1. 存在以下严重违纪行为。(1)在公司班车无故辱骂其他员工,该行为属《员工手册》第6章第2节惩处管理办法惩处类型中的严重违纪行为。(2)多次遭部门内外同事投诉,该些行为均属《员工手册》第6章第2节惩处管理办法类型中的违纪行为。2. 试用期不符合录用条件。(1)根据《员工手册》第3章第3节试用与转正,如员工存在违反公司规章制度的行为,包括但不限于《员工手册》《劳动合同》以及公司其他的文件声明与承诺的,视为在试用期内不符合录用条件。(2)不能按时、按质、按量完成工作任务。根据《员工手册》及相关法律规定,员工严重违反公司规章制度,试用期不符合录用条件,公司有权解除劳动关系。故公司决定于2019年1月16日与王某解除劳动合同。安排2019年1月14日至16日休年假,在2019年1月11日办理完毕离职手续。

王某收到上述《解除劳动合同通知书》,对通知书载明的解除事实及依据不认可。王某提交的OKR文件、荣誉证书、电脑文件列表、软件列表、工作OA、出差申请、WIKI记录、电脑域账号、资产注册及磁盘序列号,证明其在职期间的工作内容、成果、出差情况、项目完成情况及不存在违反员工手册的行为。

王某曾申请劳动争议仲裁，认为奇安公司违法解除劳动合同，要求奇安公司继续履行合同。获得仲裁机构支持，但奇安公司不服起诉至法院。

法院审理后认为：奇安公司以王某严重违反公司规章制度及试用期不符合录用条件为由解除了与王某的劳动合同，故双方争议的焦点为王某是否严重违反了奇安公司的规章制度及王某是否存在试用期不符合录用条件的情形。关于王某是否严重违反了奇安公司的规章制度。第一，王某在班车上与其他员工发生口角的行为是否属于《员工手册》规定的严重违纪行为。奇安公司称王某"在公司班车无故辱骂其他员工"的行为属于《员工手册》第6章第2节惩处管理办法惩处类型中规定的严重违纪行为，即"存在严重不道德行为的，包括但不限于存在破坏婚姻家庭稳定与正常秩序等违反社会道德规范行为，散播谣言、恶语中伤、侮辱、骚扰、威胁、恐吓公司、员工或家属，或在工作区域煽动闹事、打架、斗殴、赌博，或以任何形式损害公司声誉、骚扰或伤害员工的"，其公司有权解除劳动合同。王某在班车上与他人发生争执时确实口出脏言，但对劳动者的违纪处罚必须以事实为依据，并视劳动者违纪性质、违纪程度等作相应处理。王某虽口出脏言，但奇安公司并未就"严重不道德行为"的"严重"程度作出明确界定，同时该《员工手册》中也约定了一般违纪行为包括对客户、员工态度或行为不当，包括言语生硬、推卸责任、不文明行为等，情节轻微或未造成损害的。员工在班车上因开窗关窗的琐事发生争议，其行为尚达不到严重违纪的程度。第二，奇安公司提交的证据显示员工与王某在工作沟通时有意见分歧，并非争吵，奇安公司以此认定王某违纪确有不妥，奇安公司提交的员工向公司反映的情况，未经公司相关部门的调查核实，也未提交相应的事实依据，不能以此作为王某违纪行为的依据。综上所述，奇安公司以王某严重违反公司规章制度及试用期不符合录用条件为由作出解除双方劳动关系的处理缺乏事实依据，应属于违法解除。①

---

① 参见(2019)京02民终12173号判决书。

二、劳动者严重违反企业规章制度的可以即时解除劳动合同

劳动者严重违反企业规章制度的,用人单位可以即时解除劳动合同。但企业应当在满足一定先决条件的基础上,并需履行一定的程序。

首先,企业应当事先通过法定途径制定本单位的规章制度,并将制定的规章制度进行公示,送达劳动者个人。其次,企业规章制度中应当有明确的规定劳动者严重违反企业规章制度的条款,并列明了劳动者严重违反企业规章制度的具体情况。最后,企业规章制度中规定关于劳动者严重违反企业规章制度的具体情况应当具有合理性,比如,违反规章制度行为的性质、违反次数、造成损失的金额大小等,应当符合通常认为的严重程度。

在规章制度满足合法合规先决条件的基础上,企业即时解除劳动合同的行为还应当履行法定的程序,才能作到解除行为的合法合规。一般应当遵循以下程序:

第一,企业应首先要确定劳动者具有严重违反规章制度的具体行为;

第二,企业已经收集并固定了劳动者严重违反规章制度的客观证据;

第三,企业将劳动者严重违反规章制度的事实告知了劳动者,劳动者明确认可违纪事实或虽然不予认可但并不能提供足以推翻上述事实的证据来;

第四,企业依据劳动者严重违反规章制度的事实作出解除劳动合同的书面决定;

第五,企业将解除劳动合同的理由通知工会,工会经与企业沟通后对企业单方面解除劳动合同表示异议的,企业还应向工会提交书面意见;

第六,企业将解除劳动合同决定的书面材料送达给劳动者本人,劳动者拒绝签收的,企业应保存相应的已经送达的证据。

三、劳动者不当行为给企业造成重大损害的劳动合同解除

劳动者因不当行为给用人单位造成重大损害,用人单位可以即时解除

劳动合同。对此企业需要把握住两个核心要素:一是劳动者的行为属于不当行为,二是劳动者的不当行为与企业的重大损害之间有因果关系。这两个核心要素,缺一不可。企业在运用此一规定即时解除劳动者劳动合同的时候,应当遵循以下程序合规操作。

第一,企业应首先确定劳动者存在不当行为,这一行为是企业规章制度所规定或劳动合同所约定的不当行为;

第二,企业应确定劳动者不当行为给企业造成了重大损害结果,重大损害结果通常指大额的金钱损失或者严重的名誉影响,达到了企业规章制度所规定或劳动合同所约定的重大损害的程度;

第三,企业应与劳动者进行沟通,让劳动者对其不当行为和重大损害结果予以确认;

第四,企业以劳动者不当行为给企业造成重大损害为由,作出解除劳动合同的书面决定;

第五,企业将解除劳动合同的理由通知工会,工会经与企业沟通后对企业单方面解除劳动合同表示异议的,企业应向工会提交书面意见;

第六,企业将解除劳动合同决定的书面材料送达给劳动者本人。

四、劳动者存在兼职情形的劳动合同解除

劳动者存在兼职情形,企业即时解除劳动合同的,企业应当依规操作,否则就会面临不当解除的法律风险。劳动者存在兼职情形的劳动合同解除又具体分为两种情况:一种是对完成本单位的工作任务造成严重影响的,另一种是经用人单位提出,拒不改正的。

当用人单位发现劳动者同时与其他用人单位建立劳动关系时,如果已经对完成本单位的工作任务造成了严重影响,此时用人单位应当先和劳动者确认劳动者存在同时与其他用人单位建立劳动关系以及因此对完成本单位的工作造成严重影响的事实,并要求劳动者书面签字确认。劳动者存在兼职对完成本单位的工作任务造成了严重影响,该严重影响应当是客观存

在,能够有证据予以证明的,而非用人单位主观臆断。用人单位可以直接向劳动者发出解除劳动合同通知,但同时应当在解除通知中说明用人单位发现劳动者同时存在与其他用人单位建立劳动关系并对完成本单位的工作任务造成严重影响的事实。

当用人单位发现劳动者同时与其他用人单位建立劳动关系,但尚未对完成本单位的工作任务造成严重影响时,用人单位应首先向劳动者发出通知,书面告知劳动者用人单位已了解其同时与其他用人单位建立劳动关系这一情况,并向劳动者提出要求在一定合理期限内解除与其他用人单位建立的兼职劳动关系。经用人单位提出,劳动者拒不改正的,用人单位可以向劳动者发送解除劳动合同通知书,告知劳动者即时解除劳动合同。企业在运用此一规定即时解除劳动者劳动合同的时候,应当遵循以下程序合规操作。

第一,企业应首先确定劳动者有与其他用人单位建立劳动关系(在其他单位兼职)的事实;

第二,企业确定劳动者的兼职行为对完成本单位的工作任务造成了严重影响;

第三,企业让劳动者对其兼职行为给本单位的工作任务造成了严重影响的事实予以确认;

第四,劳动者的兼职行为没有给其完成本单位的工作任务造成严重影响的,企业要求劳动者本人停止兼职行为但劳动者依旧保持兼职行为的,企业需要劳动者确认上述事实;

第五,企业以劳动者存在上述第 3 项行为或第 4 项行为的事实,作出解除劳动合同的书面决定;

第六,企业将解除劳动合同的理由通知工会,工会经与企业沟通后对企业单方面解除劳动合同表示异议的,企业应向工会提交书面意见;

第七,企业将解除劳动合同决定的书面材料送达给劳动者本人。

五、劳动者以不当违法手段订立或者变更劳动合同致使劳动合同无效的劳动合同解除

《劳动合同法》第26条第1项规定“以欺诈、胁迫的手段或者乘人之危，使对方在违背其真实意思的情况下订立或者变更劳动合同的”属于无效或部分无效劳动合同。所谓“欺诈”是指一方当事人故意告知对方当事人虚假的情况，或者故意隐瞒真实的情况，诱使对方当事人作出错误意思表示，并基于这种错误的认识而签订了劳动合同。“胁迫”是指以给公民及其亲友的生命健康、荣誉、名誉、财产等造成损害为要挟，迫使对方作出违背真实的意思表示的行为，并签订了劳动合同。“乘人之危”是指行为人利用他人的危难处境或紧迫需要，为牟取不正当利益，迫使对方违背自己的真实意愿而订立的合同。《劳动合同法》第3条规定：“订立劳动合同，应当遵循合法、公平、平等自愿、协商一致、诚实信用的原则。”劳动者利用不当手段而使用人单位在违背真实意思的情况下订立或者变更劳动合同，均违反了意思自治的基本原则，是被法律所禁止的，因此，对于利益受到损害的用人单位解除与劳动者之间的劳动合同关系是法律所支持的。在这一过程中，企业需要收集相应的证据，这些证据足够证明劳动者确实采取欺诈、胁迫的手段或者有乘人之危的行为，让企业在违背真实意思的情况下与其订立或者变更劳动合同致使劳动合同无效的事实。有两个关键事实需要证据予以确认：一是劳动者存在采取欺诈、胁迫的手段或者有乘人之危的行为，二是劳动者的行为导致其与企业签订或变更的劳动合同无效。在确认相关证据后，企业可以参照前述的合规程序，通知劳动者即时解除劳动合同。

六、劳动者被依法追究刑事责任的劳动合同解除

劳动者被依法追究刑事责任的，用人单位可以即时解除劳动合同，首先要明确的是劳动者“被依法追究刑事责任”的情况。

根据劳动部办公厅《关于〈劳动法〉若干条文的说明》第25条和劳动部

《关于贯彻执行〈中华人民共和国劳动法〉若干问题的意见》第29条的规定，“被依法追究刑事责任”具体是指:(1)被人民检察院免予起诉的;(2)被人民法院判处刑罚的,包括主刑(管制、拘役、有期徒刑、无期徒刑、死刑),也包括附加刑(罚金、剥夺政治权利、没收财产);(3)被人民法院依据《刑法》第37条免予刑事处分的。《刑法》第37条规定:“对于犯罪情节轻微不需要判处刑罚的,可以免予刑事处罚,但可以根据案件的不同情况,予以训诫或者责令具结悔过、赔礼道歉、赔偿损失,或者由主管部门予以行政处罚或者行政处分。”劳动者被人民法院依据《刑法》第37条免予刑事处罚的,用人单位是可以解除劳动合同的。因为免予刑事处罚的前提是该劳动者已经构成了犯罪,只不过犯罪情节轻微不需要判处刑罚,所以司法机关作出了免予刑事处罚的决定,但在法律上该名劳动者可以视为已经被追究了刑事责任。

劳动和社会保障部办公厅《关于职工被人民检察院作出不予起诉决定用人单位能否据此解除劳动合同问题的复函》中规定,人民检察院根据《刑事诉讼法》第142条第2款(对应修正后《刑事诉讼法》第177条)规定作出不起诉决定的,不属于《劳动法》第25条第4项规定的被依法追究刑事责任的情形。

在免予刑事处罚的情况下,企业要与劳动者解除劳动关系,首先,应当取得相关的法律文书,能够确认劳动者被依法追究刑事责任的具体事实。其次,在一定的合理期限内(如生效刑事判决书判处的刑罚执行完毕前),向劳动者发出书面解除劳动合同通知书,通知劳动者解除劳动关系。

案例28 员工被判刑企业未解除劳动合同 法院判决劳动关系存续有效

袁某某于1993年入职世知印务公司(前身为北京市世界知识印刷厂)并从事印刷工作。2011年7月1日,由于国企改制的原因,在与袁某某办理解除劳动关系手续并支付解除劳动关系经济补偿金之后,世知印务公司重新与袁某某签订劳动合同并缴纳社会保险。袁某某在世知印务公司工作至2014年5月6日,工资发放至2014年6月。2014年5月7日,袁某某因涉嫌失火罪被拘留，并于2016年1月11日被北京市怀柔区人民法院判处有期徒刑2年，刑期为2014年5月7日至2016年5月6日。世知印务公司为袁某某缴纳社会保险至2014年9月。2017年2月20日，袁某某申请仲裁。本案中，袁某某属于在职期间被依法追究刑事责任的情形。根据有关法律条文可以看出，劳动者被追究刑事责任，并不必然导致劳动关系的解除，只是劳动合同暂时不能履行。用人单位如果决定以此为由与劳动者解除劳动关系，应当书面通知劳动者并经合法送达，才能发生合法解除劳动关系的法律效力。劳动关系既然是依法建立，也应依法解除，我国劳动法律并无劳动关系自生自灭的规定。劳动者虽然被依法追究刑事责任未给用人单位提供劳动，但用人单位对此行为未做处理存在过错，也没有通过法定程序向劳动者送达相关处理结果，因此，法院判决认定双方劳动关系有效存续。

第三节　可以预告解除劳动合同的合规操作

用人单位在符合一定条件的情况下可以预告解除劳动合同，但解除劳动合同需要履行一定的前置程序。用人单位预告解除劳动合同的情况主要有三类：(1)劳动者不能胜任工作，经过培训或者调整工作岗位，仍不能胜任工作的；(2)劳动者患病或者非因工负伤，在规定的医疗期满后不能从事原工作，也不能从事由用人单位另行安排的工作的；(3)劳动合同订立时所依据的客观情况发生重大变化，致使劳动合同无法履行，经用人单位与劳动者协商，未能就变更劳动合同内容达成协议的。用人单位在预告解除的情况下，应当向劳动者履行预先告知程序，提前30日以书面形式通知劳动者本人或者额外支付劳动者1个月工资的代通知金后，可以解除劳动合同。

一、劳动者调岗或培训后仍然不胜任工作的劳动合同解除

劳动者调岗后仍然不胜任工作是指劳动者不能胜任工作，经过培训或

者调整工作岗位后,仍不能胜任工作的,用人单位可以采取提前30日以书面形式通知劳动者本人或者额外支付劳动者1个月工资的方式预告解除劳动合同。首先,用人单位应当对劳动者能否胜任工作进行考核。其次,当考核结果表明劳动者不能胜任工作时,用人单位应当将书面考核结果告知当事人,由当事人书面确认并结合用人单位实际情况和劳动者的个人意愿,选择对劳动提供相关的岗位培训或能力培训,或者采取对劳动者调整工作岗位的方式。再次,应当对劳动者经培训后或调整工作岗位后的工作情况进行考核,并将考核的书面结果送达劳动者。最后,考核结果仍然不合格的,用人单位可以采取提前30日以书面形式通知劳动者本人或者额外支付劳动者一个月工资的代通知金的方式,解除劳动合同。

案例29 企业未能举证员工调岗后不胜任工作　法院判决违法解除劳动合同

吴某于2018年5月14日入职卓众公司汽车二部,劳动合同期限为2018年5月14日至2021年5月13日。月工资标准为25,000元。卓众公司因推进媒体融合转型,调整公司组织架构,从2019年10月22日起,吴某所在汽车二部及相应岗位已经被取消不存在。双方由此发生劳动争议。本案中,用人单位提出解除劳动合同,应当对其作出的解除劳动合同的合法性和合理性提交充分证据证明。卓众公司主张吴某不能胜任岗位工作,为其变更安排新的岗位后仍无法胜任,故与其解除合同,卓众公司应举证证明其不能胜任工作,经过培训或者调整工作岗位,仍不能胜任工作。但卓众公司并未提交充分证据证明其制订了相应的业绩标准且经过考核后吴某未达到该业绩标准,亦未提交证据证明其曾对吴某进行过培训或调整工作岗位且仍不能胜任工作。因此二审法院认为卓众公司作出解除劳动合同的行为违反法律规定,属违法解除。

二、劳动者医疗期满仍然不能胜任工作的劳动合同解除

劳动者医疗期满仍然不能胜任工作是指劳动者患病或者非因工负伤，在规定的医疗期满后不能从事原工作，也不能从事由用人单位另行安排的工作的，用人单位可以采取提前30日以书面形式通知劳动者本人或者额外支付劳动者1个月工资的方式预告解除劳动合同。首先，用人单位应当计算清楚劳动者的医疗期，在劳动者医疗期满时，及时以书面形式告知劳动者医疗期届满的事实并要求劳动者返回原岗位上班。其次，当劳动者明确表明医疗期满后不能或无法从事原工作，用人单位应当给劳动者另行安排适当的工作，另行安排的工作应当根据其患病或者非因工负伤的情况、劳动者的意愿和用人单位的实际经营管理情况予以合理安排并由劳动者对另行安排的工作进行书面确认。最后，如果劳动者因实际患病或非因工负伤情况导致不能从事用人单位给劳动者另行安排的工作，则用人单位应当以书面形式向劳动者送达解除劳动合同通知书，予以解除劳动关系。用人单位给劳动者另行安排的工作应当尽可能具有合理性，如果另行安排的工作岗位完全不符合劳动者患病或非因工负伤医疗后的实际情况，则有可能面临法律风险。

案例30 员工医疗期满企业以违纪为由解除劳动合同 法院判决为违法解除

2006年3月1日，李某入职某公司北京办事处，担任北京大区办事处企划。双方签订了三次固定期限劳动合同，合同期限分别为自2007年12月31日至2010年12月30日、2010年12月31日至2013年12月30日以及2013年12月31日至2016年12月30日。李某自2016年6月13日起休病假，医疗期为2016年6月13日至2017年6月12日，李某在医疗期间均提交病假手续。李某最后一次向北京办事处提交的病假条日期为2017年6月

5 日。

2017 年 7 月 6 日，北京办事处向李某出具解除劳动关系通知书，内容为“李某女士，自 2017 年 6 月 19 日起，未收到您提供的病假证明或其他请假手续单据。依据公司制度，自 2017 年 6 月 19 日起视为旷工，至今累计旷工 15 个工作日。依据《NF03 - PR(09AO) - 01 员工奖惩条例》5.3.3.3、5.3.4 中规定，公司将于 2017 年 7 月 11 日起与您解除劳动关系。如对以上决定有异议，请于 7 月 10 日 17 时 30 分前提交相关申诉材料至大区人事部，否则以上决定生效”。李某于 2017 年 7 月 7 日收到该解除劳动关系通知书。李某于 2017 年 7 月 10 日向北京办事处递交《关于李某申请续签劳动合同的申述》，申述要求：(1)北京办事处书面撤销解除劳动关系通知书；(2)尽快书面回复其提出的和单位续签劳动合同的申请。北京办事处于 2017 年 7 月 10 日出具收条，认可收到上述书面申述意见。李某于 2017 年 7 月 10 日向北京办事处发电报载明，要求与北京办事处续签合同。2017 年 7 月 11 日，北京办事处再次向李某出具解除劳动关系通知书，载明：“因您严重违反公司制度，公司决定自 2017 年 7 月 11 日起与您解除劳动关系”。本案中，双方当事人均认可李某医疗期于 2017 年 6 月 12 日届满，但北京办事处在李某医疗期满后并未与李某沟通返岗复工问题，未对李某能否从事原工作及能否从事单位另行安排的工作的情况进行确认，而是径行以李某旷工为由解除劳动合同，缺乏法律依据，因此，二审法院判决用人单位违法解除劳动合同。

三、劳动合同订立时所依据的客观情况发生重大变化，用人单位与劳动者未能就变更劳动合同内容达成一致的劳动合同解除

现实中，由于经济、政治、自然环境在变化，企业运营战略在调整，市场竞争格局不断调整等情况不断发生，企业很可能会调整内部运营，作出组织机构调整、裁撤业务线和部门、搬迁单位办公地址等决定，以致企业与劳动者原来签订的劳动合同已经无法履行。但是，企业与劳动者协商未能就劳动合同的变更达成一致，此时，企业可以预告解除劳动合同。企业依据此种

情形解除劳动合同需要达到以下四个条件：

1. 劳动合同订立时所依据客观情况发生了重大变化。什么是客观情况发生了重大变化。劳动部办公厅《关于〈劳动法〉若干条文的说明》第26条第4款规定，本条中的“客观情况”指：发生不可抗力或出现致使劳动合同全部或部分条款无法履行的其他情况，如自然灾害、企业迁移、企业资产转移、企业改制、经营战略发生重大调整等，并且排除本法第27条所列的客观情况（《劳动合同法》第41条规定的因客观经济情况而裁员的情形）。

2. 该重大变化必须致使原劳动合同无法继续履行。有时客观情况确实发生了变化，但还没有达到致使劳动合同无法履行的程度时，也不属于此条款规定的情况。例如，用人单位变更名称或法人代表虽属于重大情况发生变化，但并不必然导致劳动合同无法履行。例如，企业分立、合并、被兼并等情况也属于重大情况变化，但也非常有可能并不影响员工的正常工作，所以，企业要就具体情况进行判断。

3. 企业必须履行了与劳动者协商变更劳动合同的程序。对于客观情况发生的重大变化，劳动者是没有过错的，企业不能将重大变化的后果转嫁给劳动者。因此，企业必须与劳动者就变更劳动合同进行充分的协商，协商的内容包括新岗位的确定、劳动合同期限、薪酬待遇等；如果双方就变更工作岗位可以达成一致，就应该继续履行劳动合同。有些企业不履行协商的程序，而是直接对劳动合同内容进行调整后由劳动者选择是否接受，这违背了协商程序的内在要求。

4. 企业与员工未能就劳动合同的变更协商达成一致的。

以上四个条件缺少任何一个，企业单方面解除员工的劳动合同都可能构成违法解除。

第四节 经济性裁员的合规操作

《劳动合同法》第41条是对经济性裁员的规定，对经济性裁员的适用条件、适用程序和限制情形进行了规定。要正确适用经济性裁员的规定,必须对这一制度的产生背景及发展历程有所了解。经济性裁员是企业行使解除劳动合同权的主要方式之一。凡是实行劳动合同制的国家,都或多或少允许企业在一定条件下解除劳动合同,其原因是法律赋予了企业经营自主权。我国《宪法》第16条、第17条规定了国有企业、集体经济组织在法律规定的范围内有权自主经营,第11条第2款规定国家保护个体经济、私营经济等非公有制经济的合法权利和利益,也就是说民营企业的自主经营权也同样受法律的保护。我国实行社会主义市场经济,与社会主义市场经济相适应的是现代企业制度,企业是独立经济主体,享有的经营自主权不仅包括生产自主权,也包括用人自主权。用人自主权是企业经营自主权的重要内容,企业可以根据企业的实际需要招用人员,也可以裁减人员。如果企业在生产经营困难等情况下不能裁减人员,那么企业的经营自主权就没有办法落实,也会使企业背上冗员的包袱,无法适应社会主义市场经济的要求,不利于进行公平竞争。

劳动法承认经济性裁员是各国的普遍做法。如英国《雇佣权利法》中规定,在企业关闭或者企业对其人员确需减少时,用人单位可以经济性裁员。我国《劳动法》第27条规定,用人单位濒临破产进行法定整顿期间或者生产经营状况发生严重困难,确需裁减人员的,可以裁减人员。关于经济性裁员主要的立法原则是既要保护用人单位合理调整企业结构的权利,也要防止用人单位随意进行经济性裁员。

确切地说,经济性裁员就是指企业由于经营不善等经济性原因,一次性解雇多个劳动者的情形。对经济性裁员应从以下几个方面进行理解:

第一,经济性裁员属于用人单位解除劳动合同的一种情形。在市场经济中,用人单位直接面对的是市场竞争,为更好地适应市场需求,使企业保持一定的活力,用人单位必须在用人方面形成“能上能下”“能进能出”的体制。为此,《劳动合同法》规定,在满足一定条件下,用人单位可以单方解除还未到期的固定期限劳动合同以及无固定期限劳动合同。经济性裁员是用人单位出于经营方面考虑，单方解除劳动合同的方式。尽管名为经济性裁员，其实质是用人单位单方解除劳动合同的一种方式。在经济性裁员中，由于是用人单位单方解除劳动合同，且劳动者并没有过错，因此用人单位应当依法向劳动者支付经济补偿。

第二，进行经济性裁员的主要原因是经济性原因，而不是劳动者个人原因。为保障劳动者的合法权益，平衡用人单位与劳动者的权利义务，促使劳动合同的正常履行，劳动合同法不允许用人单位随意单方解除劳动合同，包括经济性裁员在内也只有四种情况下用人单位才可以解除劳动合同，其他三种情况分别是前述的企业可以即时解除劳动合同的情形、企业可预告解除劳动合同的情形以及双方协商一致解除劳动合同的情形。与其他三种情形比，企业实施经济性裁员解除劳动合同的原因比较特殊，完全是经济性原因的考虑。具体包括三大类：一是企业因为经营发生严重困难或者依照破产法规定进行重整的；二是企业为了寻求生存和更大发展，进行转产、重大技术革新，经营方式调整的；三是因劳动合同订立时所依据的客观经济情况发生重大变化，致使劳动合同无法履行的。

第三，经济性裁员只发生在企业中。《劳动合同法》第 2 条规定了适用范围，用人单位的范围比较广，包括各类企业、个体经济组织、民办非企业单位等组织。但经济性裁员只能发生在企业中。

第四，构成经济性裁员必须要一次性解除法定数量的劳动合同。《劳动合同法》规定一次性裁减人员 20 人或者裁减不足 20 人但占企业职工总人数 10% 以上的，才是经济性裁员。

一、经济性裁员的适用条件

《劳动合同法》第 41 条对经济性裁员的适用条件进行了规定。

一是裁员必须符合法定情形，具体包括：(1) 依照《企业破产法》规定进行重整的；(2) 生产经营发生严重困难的；(3) 企业转产、重大技术革新或者经营方式调整，经变更劳动合同后，仍需裁减人员的；(4) 其他因劳动合同订立时所依据的客观经济情况发生重大变化，致使劳动合同无法履行的。只有符合上述法定情形之一的，才能采取经济性裁员的方式。

二是裁员人数必须达到法定标准，即裁减人员在20人以上或者裁减不足20人但占企业职工总数10%以上的。不符合法律规定的裁员人数条件的，不能适用经济性裁员的规定。

三是用人单位采用经济性裁员，需要征求工会或全体劳动者的意见，并向劳动行政部门报告。用人单位在符合经济性裁员的条件时，需提前30日向工会或者全体职工说明情况，听取工会或者职工的意见后，制定裁员方案，裁减人员方案经向劳动行政部门报告后才可以裁减人员。

用人单位只有同时符合以上三个条件时，才能够进行经济性裁员，否则要承担违法解除劳动合同的法律后果。

二、经济性裁员的适用程序

企业符合适用条件，使用经济性裁员的条款时，同样需要履行必要的法定程序。

1. 企业首先应提前30日向工会或者全体职工说明情况，并提供有关企业生产经营状况的资料。企业如果有工会，可以向工会说明情况，也可以向全体职工说明情况。企业没有工会的，就需要向全体职工说明情况。需要注意的是，这里要求的是向全体职工，而不是仅向职工代表说明情况。在实践操作中，听取全体职工意见可以有多种形式，如座谈会、设置意见箱、部门负责人收集意见等。

2. 提出裁减人员方案。内容包括：被裁减人员名单、裁减人员的具体时间及实施步骤，符合法律法规规定和集体合同约定的被裁减人员的经济补偿办法。

3. 将裁减人员方案征求工会或者全体职工的意见，收到反馈意见后对方案进行修改和完善。

4. 向当地劳动保障行政部门报告裁减人员方案以及工会或者全体职工

的意见，听取劳动保障行政部门的指导意见后办理备案手续。

5. 由用人单位正式公布裁减人员方案，与被裁减人员办理解除劳动合同手续，按照法律规定或协议约定向被裁减人员支付经济补偿金，并出具解除劳动合同证明书。

案例31 未经法定程序实施经济性裁员遭员工起诉　法院判决为违法解除

徐某于2018年5月14日入职纳诺基公司，任职人力行政总监，双方签订了期限自2018年5月14日至2021年5月14日的劳动合同。纳诺基公司出具的、经徐某签字确认的《薪资约定》载明："薪资标准：年薪250,000元，月工资占80%（月基本工资13,333元+月绩效工资3333元）；预留工资标准占20%，50,000元（该部分工资发放日期为2019年1月10日前，以此类推，若员工中途离职，按照实际工作的天数折算）。"徐某工作至2018年12月24日，纳诺基公司向其支付工资至2018年11月30日。2018年12月24日纳诺基公司作出《关于公司停业的通知》并在公司微信群中发送，载明"纳诺基公司长期处于亏损状态，在注册资本完全亏损之后，公司股东后续提供的大额借款也陆续亏完了。北京纳诺基实际上处于破产的状态。……股东们集体协商决定停止北京纳诺基的经营行为，已经明确承揽的业务除外所有。……请名单以外的员工，(1)向腾某和李某交接公司的各项资产和资料（包括公章、合同原件、项目资料等）；(2)与腾某和李某协商劳动赔偿事宜，北京纳诺基将基于相应的劳动合同和法律规定进行赔偿"。

本案中，纳诺基公司以公司停业为由将徐某辞退，但未能证明辞退事由具备事实与法律依据以及履行合法程序。根据《劳动合同法》第41条的规定，所谓经济性裁员，在裁减人员数量上有限制性规定，在裁员之前还需依法向工会或全体职工说明情况，听取其意见后将裁员方案经向劳动行政部门报告后，方可裁员。用人单位纳诺基公司打着经济性裁员之名，行违法解除之实。

三、经济性裁员的限制性情形

用人单位进行经济性裁员除了需要满足和符合上述适用条件和适用程序，还应当注意不得违反法律规定的经济性裁员的限制性和禁止性条款。

根据《劳动合同法》第 41 条的规定，有下列情形之一，需要裁减人员 20 人以上或者裁减不足 20 人但占企业职工总数 10% 以上的，用人单位提前 30 日向工会或者全体职工说明情况，听取工会或者职工的意见后，裁减人员方案经向劳动行政部门报告，可以裁减人员：(1)依照《企业破产法》规定进行重整的；(2)生产经营发生严重困难的；(3)企业转产、重大技术革新或者经营方式调整，经变更劳动合同后，仍需裁减人员的；(4)其他因劳动合同订立时所依据的客观经济情况发生重大变化，致使劳动合同无法履行的。裁减人员时，应当优先留用下列人员：(1)与本单位订立较长期限的固定期限劳动合同的；(2)与本单位订立无固定期限劳动合同的；(3)家庭无其他就业人员，有需要扶养的老人或者未成年人的。用人单位依照本条第 1 款规定裁减人员，在 6 个月内重新招用人员的，应当通知被裁减的人员，并在同等条件下优先招用被裁减的人员。

经济性裁员的限制性条件有两个：一是优先留用特殊人员。根据该条款第 2 款规定，裁减人员时，应当优先留用下列人员：(1)与本单位订立较长期限的固定期限劳动合同的；(2)与本单位订立无固定期限劳动合同的；(3)家庭无其他就业人员，有需要扶养的老人或者未成年人的。二是优先招用被裁减人员。《劳动合同法》第 41 条第 3 款规定，用人单位进行经济性裁减后，在 6 个月内重新招用人员的，应当通知被裁减的人员，并在同等条件下优先招用被裁减的人员。

可以看出，用人单位在经济性裁员的过程中，对于裁减的对象是有限制性规定的，符合特殊类条件的劳动者，企业在经济性裁员过程中应当优先留用并且用人单位如果在裁减人员后 6 个月内重新招用人员时，也应当在同等条件下优先招用被裁减人员。该条款属于法律强制性规范。显然，这是为了鼓励长期雇佣和照顾弱势劳动者的利益。当企业经济情况不好，不得不裁员时，在符合法律规定情况下允许企业裁撤符合条件的员工。但是当企业在裁员后经济情况好转，需要招用人员时，应当对非基于劳动者原因造成的被裁劳动者予以一定同等条件照顾，优先招用。

这两个限制性条件也事关企业经济性裁员的合法性与合理性，企业在确保经济性裁员实体要件和程序要件合规的前提下，亦应谨慎论证优先留用人员安置和优先招用被裁减人员方案的合法性。

案例32　企业实施经济性裁员裁减优先留用人员　法院判决违法解除

于某某于2006年7月入职军报印刷厂，从事设备动力部机修工岗位工作。双方于2011年7月签订了无固定期限的《劳动合同》。合同内容载有：实行定时工作制度，每天工作时间不超过8小时，每周工作时间不超过40小时，每周休息日为两天轮休，实行国家法定节假日、工厂职工休假办法。2018年9月25日，军报印刷厂做出《通知书》，内容载有“于某某同志：由于本厂经营情势发生重大变化，经本厂研究决定经济性裁员。现决定自2018年10月25日起解除与你的劳动关系，自接到本通知后30日内及时与我厂办理工作交接、档案转移、工资计算、补偿领取等一应手续”。于某某实际工作至该日。

本案中，企业进行经济型裁员法律明确规定有提前30日向工会或全体职工说明情况，提出裁减方案，征求工会或全体职工意见，向劳动行政部门报告裁员方案，并听取劳动行政部门意见，最后公布方案，办理解除劳动合同手续及支付经济补偿金等程序性事项的要求，且经济性裁员也要求优先留用与本单位订立无固定期限劳动合同的人员。于某某亦属于经济性裁员中要优先留用与本单位订立无固定期限劳动合同的人员，军报印刷厂在经济性裁员解除劳动合同时应当优先留用。军报印刷厂违反法律规定解除劳动合同，属于违法解除，应当支付于某某经济赔偿金。

案例33 企业裁撤经济性裁员中受保护对象 法院判处违法解除

牛某某于2002年5月24日入职乐金公司，双方自2015年1月1日起签订了无固定期限劳动合同，约定牛某某劳动报酬标准包括月基本工资税前12,092元、根据业绩考核结果以每月2672元为计算基数的绩效（提成）奖金。2018年3月26日，乐金公司向牛某某发出《解除劳动合同通知书》，写明："由于目前国内家电行业竞争越发激烈，人力及原材料成本不断上涨等因素，近三年均处于严重亏损状态，公司生产经营出现了严重困难，受此状况影响，依据《劳动合同法》第41条规定，决定自2018年3月26日解除与您的劳动合同……"并告知牛某某将在其办结工作交接后，按照N+1标准支付经济补偿金。2018年3月27日乐金公司向牛某某支付了解除劳动合同经济补偿金343,490元。本案中，关于乐金公司与牛某某解除劳动合同的合法性问题是焦点问题。首先，《最高人民法院关于民事诉讼证据的若干规定》第9条规定："下列事实，当事人无需举证证明：……（四）已为人民法院发生法律效力的裁判所确认的事实。"大连市西岗区人民法院（2018）辽0203民初2847号民事判决认定乐金公司2018年3月26日的经济性裁员符合法律规定，判决驳回了该案黄某某要求支付违法解除劳动合同赔偿金的诉讼请求，该判决现已发生法律效力。而黄某某亦与本案乐金公司签订有无固定期限劳动合同，与牛某某的情况相同。其次，乐金公司已提交的《乐金电子（中国）有限公司财务审计报告》（2014～2017年）、《董事会决议》、《对公司经济性裁员通报会的反馈意见》、《关于工会反馈意见的回复》、北京市朝阳区人力资源和社会保障局出具的《收悉证明》等证据可以证明乐金公司存在经营困难，已就经济性裁员向工会说明情况并听取了工会意见，并已将裁减人员方案向劳动行政部门报告，符合《劳动合同法》第41条第1款的规定。最后，乐金公司自2017年12月至2018年3月，因经营困难决定裁员，对于需裁减的员工，首先通过协商方式与其中109人解除了劳动关系，对于其余23名协商不成的需裁减员工才列入《被裁减职工花名册》并向劳动行政部门报告，其中最终以经济性裁员为由单方面解除劳动合同的员工共计为15人。虽然《被裁减职工花名册》显示的裁减员工绝大部分为无固定期限劳动合同员工,但从乐金公司此次裁减的全部人员考量,并非针对无固定期限劳动合同员工,而从2018年4月乐金公司的职工名册可以看出,乐金公司留用的员工大部分为无固定期限劳动合同员工。乐金公司与牛某某解除劳动合同符合法律规定。

除《劳动合同法》第41条规定的企业经济性裁员时的两种限制性条款外,《劳动合同法》第42条还对企业经济性裁员的禁止性情况进行了规定,劳动者有下列情形之一的,用人单位不得依照本法第40条、第41条的规定解除劳动合同:(1)从事接触职业病危害作业的劳动者未进行离岗前职业健康检查,或者疑似职业病病人在诊断或者医学观察期间的;(2)在本单位患职业病或者因工负伤并被确认丧失或者部分丧失劳动能力的;(3)患病或者非因工负伤,在规定的医疗期内的;(4)女职工在孕期、产期、哺乳期的;(5)在本单位连续工作满15年,且距法定退休年龄不足五年的;(6)法律、行政法规规定的其他情形。劳动者在符合《劳动合同法》第42条规定的情况下,用人单位在进行经济性裁员时不能依据经济性裁员条款裁减相关人员。一旦用人单位按照经济性裁员条款裁减符合相关禁止性法律规定条件的劳动者时,就是违法裁员,因此,二审法院判决乐金公司违法解除劳动合同成立。

四、经济性裁员的风险防控

企业进行经济性裁员需要符合严格的法定条件,履行严格的法定程序,并承担相应的法定义务。企业在经济性裁员过程中一旦处置不当,就会面临诸如违法解除劳动合同、支付高额经济补偿、赔偿失业救济金、支付竞业限制经济补偿、额外承担工资与社会保险费用等法律风险。

企业在经济性裁员过程中有可能面临违法解除劳动合同的法律风险。如果不符合经济性裁员的条件、没有严格履行经济性裁员的程序,或者违反《劳动合同法》关于限制性或者禁止性裁员的有关规定,企业行为很可能被司法机关认定为单方违法解除劳动合同而不是经济性裁员。一旦企业被认定为没有按照经济性裁员的法律规定操作，那就将面临“违法解除劳动合同”的法律后果，依据《劳动合同法》第47条、第87条的规定，被裁减的员工就可以选择要求企业承担不同的法律后果：一是继续履行劳动合同，并支付离岗期间（恢复工作之前）的工资；二是支付违法解除劳动合同的赔偿金，即2倍的经济补偿金。以上两种方式取决于员工的选择，企业只能被动应对。值得注意的是，因一个裁员案件处理失当可能产生的“多米诺骨牌”效应，导致企业陷入巨大危机的案例并不在少数。因此，企业裁员工作应重点防范此类法律风险。

案例34 未履行报告程序实施经济性裁员 法院判决违法解除

雷某于2016年6月12日入职慧道智远公司，双方约定工资标准为基本工资4000元、绩效工资1000元、饭补25元/天，另有提成（根据业绩发放）。雷某正常工作至2019年7月4日，慧道智远公司支付雷某工资至2019年4月30日。2019年7月4日，慧道智远公司向雷某发出《解除劳动合同通知书》，因公司经营困难，与雷某解除劳动关系。雷某认为慧道智远公司违法解除双方劳动关系，要求支付违法解除劳动关系赔偿金，慧道智远公司主张因经营困难进行裁员，但未向劳动行政部门报告。雷某向北京市劳动人事争议仲裁委员会（以下简称市仲裁委）申请劳动仲裁，市仲裁委作出京劳人仲字[2019]第994号裁决书，裁决：一、慧道智远公司支付雷某违法解除劳动合同赔偿金54,733元；二、慧道智远公司支付雷某2019年3月1日至4月30日工资差额5087元；三、慧道智远公司支付雷某2019年5月1日至7月4日工资16,998元；四、慧道智远公司支付雷某2019年1月至6月报销款9000元；五、慧道智远公司支付雷某生育保险报销款4200元；六、驳回雷某的其他仲裁请求。慧道智远公司不服，诉至法院。

本案中，根据《劳动合同法》第41条第1款第2项之规定，生产经营发生严重困难，需要裁减人员20人以上或者裁减不足20人但占企业职工总数10%以上的，用人单位提前30日向工会或者全体职工说明情况，听取工会或者职工的意见后，裁减人员方案经向劳动行政部门报告，可以裁减人员；同时，根据该法第87条之规定，用人单位违反本法规定解除或者终止劳动合同的，应当依照本法第47条规定的经济补偿标准的2倍向劳动者支付赔偿金。慧道智远公司虽主张其解除与雷某之间的劳动合同，系因公司经营陷入困难而导致的经济性裁员，但慧道智远公司既未举证证明其所称的经济性裁员事由符合法律规定，又未举证证明其裁员程序符合法律规定，因经济性裁员解除劳动合同理由不能成立。因慧道智远公司未就解除劳动合同的合法性提交证据，属于违法解除劳动合同，因此，雷某可以选择要求支付违法解除劳动关系赔偿金或者要求继续履行劳动合同。雷某要求用人单位支付违法解除劳动关系赔偿金符合有关法律的规定。

可能导致企业在经济性裁员过程中面临违法解除劳动合同法律风险的原因主要有四种：一是企业提出的裁员理由超出或不构成《劳动合同法》第41条第1款规定的四种情形；二是未履行或未完全履行《劳动合同法》第41条规定的“向工会或全体职工说明情况”“向劳动行政部门报告”等程序性要求；三是混淆了《劳动合同法》第40条中的“客观情况发生重大变化”及第41条规定的“客观经济情况发生重大变化”，基于错误的认知适用了错误的解除程序；四是企业在经济性裁员解除劳动合同的通知没有有效地送达给被裁减的员工或没有证据能够证明裁员通知已送达。案例35，应该是给外企的HR管理人员好好地上了一课，不能举证证明企业实施经济性裁员的行为正当，只能接受违法解除劳动合同的法律后果。

案例35　未能举证证明经济性裁员行为合法　外企被判违法解除劳动合同

朱某于2015年1月19日入职阿克瑟夫公司，岗位为高级测试工程师，离职前基本工资为22,618.62元，离职前12个月平均工资为24,282.99元，双方于2015年5月1日签订了无固定期限的《劳动合同》。

朱某最后工作至2018年4月20日，当日阿克瑟夫公司以其公司总部在全球范围实施组织结构调整计划，根据该组织结构调整计划，其公司将在印度设立测试工程师职位，需要裁撤中国测试工程师职位为由，依据《劳动合同法》第41条的规定，与朱某解除劳动关系，向其发送了《劳动关系解除通知书》，并向朱某支付了解除劳动关系经济补偿152,846.33元（税前）及未休年休假工资24,188.92元（税前）。朱某认为其属医疗期内，且组织架构调整不属于客观情况发生重大变化，阿克瑟夫公司违法解除劳动关系，申请劳动争议仲裁。2018年11月20日，北京市朝阳区劳动人事争议仲裁委员会作出京朝劳人仲字[2018]第10342号裁决书，裁决：（1）撤销阿克瑟夫公司于2018年4月20日向朱某作出的《劳动关系解除通知书》，继续履行与朱某于2015年5月1日签订的《劳动合同》；（2）驳回朱某的其他仲裁请求。阿克瑟夫公司不服仲裁裁决，向法院提起诉讼。经两审终审，法院最终判决撤销阿克瑟夫公司于2018年4月20日向朱某作出的《劳动关系解除通知书》，继续履行与朱某于2015年5月1日签订的《劳动合同》；驳回阿克瑟夫公司的诉讼请求。

本案中，用人单位阿克瑟夫公司以经济性裁员为由与朱某解除劳动合同，因此，阿克瑟夫公司应就解除劳动关系的合法性负有举证责任，进行经济性裁员应当举证证明符合进行经济性裁员的情形且履行法定裁员程序。阿克瑟夫公司虽就劳动关系解除原因提交了电子邮件及翻译件欲以证明，但该证据系电子资料，无其他有力证据证明，且劳动者朱某对该证据不予认可，因此，法院没有支持阿克瑟夫公司关于劳动关系解除原因的说法。阿克瑟夫公司主张依据《劳动合同法》第41条第1款第4项解除劳动合同，但该条款解除需满足的条件除实质要件外，还应当包括说明情况、听取意见、报告等程序要件，阿克瑟夫公司同样没有举证证明完整履行了上述程序事项。阿克瑟夫公司就劳动关系解除原因提交的电子邮件及翻译件证明等证据，并不足以证明其解除与朱某的劳动关系符合法律规定的实质要件，亦不足以证明符合法律规定的程序要件。法院最终采纳了朱某提出的关于阿克瑟夫公司违法解除劳动合同的主张。阿克瑟夫公司虽然认为与朱某签订的劳动合同已不具备继续履行的条件，但并没有提供证据加以举证证明，应承担不利后果，法院最终认定，依据《劳动合同法》第48条“用人单位违反本法规定解除或者终止劳动合同，劳动者要求继续履行劳动合同的，用人单位应当继续履行”之规定，阿克瑟夫公司应撤销2018年4月20日向朱某作出的《劳动关系解除通知书》，继续履行与朱某于2015年5月1日签订的《劳动合同》。

企业在裁员过程中有可能面临拖欠经济补偿金的法律风险。企业在进行经济性裁员时需要向员工支付经济补偿金，给予员工的经济补偿金通常包括“法定的经济补偿金”以及“额外补偿金”，通常法定的经济补偿金就是N+1(离职前12个月的月平均工资)，超出N+1部分的就是额外补偿金，额外的经济补偿由企业与劳动者双方协商确定，没有固定的标准。一些企业对经济补偿金法定计算标准理解不当，导致企业实际支付的经济补偿金低于法定标准。表面看来这是给企业节约了成本，但也可能加大了法律风险，甚至可能引发群体性劳动争议。这是企业需要特别警惕的。尤其是有企业管理者认为在经济性裁员过程中，是由于劳动者的原因而解除的劳动合同，企业依法无须支付经济补偿金。如果劳动者依据《劳动合同法》第85条规定向企业主张支付经济补偿金的，企业将面临如下法律后果：一是会有劳动保障行政部门责令裁员企业限期向劳动者支付经济补偿金或其差额；二是逾期不支付的，劳动保障行政部门将责令裁员企业按应付金额50%～100%的标准向员工加付赔偿金。

案例36　企业解除劳动合同程序违法　法院判决企业给予赔偿

2013年12月23日，原告徐某和被告艾尔多汽车动力总成(大连)有限责任公司之间签订《聘用合同》，约定被告聘用原告担任注塑设备维修助理工程师，合同期自2013年12月23日至2016年12月22日，每月税前工资5500元，雇员按照不定时工作制的工作时间进行工作；在每年12月，从当月政策工资之外，公司还将根据当月全额工资基数发放半年奖，如果工作不满一年,年终奖将按照实际工作天数折算。在本合同终止后12个月内,雇员将不得以做生意为目的接近公司客户、消费者及联系人等,在雇员离职后12个月内,每月支付雇员1100元作为对雇员遵守上述合同关系终止后不竞争义务的补偿金,如公司不支付或者停止支付上述补偿金,则视为公司放弃不竞争约定,雇员无须再承担不竞争义务。2016年双方续签合同至2019年12月22日,约定其他内容与原劳动合同一致。2015年7月1日,被告将原告工资加薪至6600元;2016年7月1日,被告将原告职位自设备维修工程师升职至设备维修主管,工资调至7300元/月;2017年7月1日,被告将原告调整至7850元/月;2018年7月1日,被告将原告工资调整至8300元/月。2019年5月7日,被告以原告存在未经批准缺勤为由向原告送达三份书面警告(警告书记载日期分别为2019年4月16日、17日,5月6日)。同日,被告以原告严重违反用人单位的规章制度为由与原告解除劳动合同。原告解除劳动合同前12个月平均工资为12,540.34元,基本工资8300元/月。2018年11月7日,被告被批准实行不定时工作制和综合计算工时工作制,有效期2018年11月至2019年10月,实行不定时工作制的岗位包括原告所在岗位。被告公司制定的《公司文化手册》经民主程序制定,并已经进行公示,并已告知原告。该《公司文化手册》第111条规定,三次口头警告将升级为一次书面警告,按此书面警告,员工将被直接解雇。第117条规定,不可以在没有批准的情况下缺勤,否则将给予书面警告。2019年5月9日,原告向大连金普新区劳动人事争议仲裁委员会提起申请,要求被告支付经济赔偿金148,298.48元;支付2014年1月至2019年4月的加班工资差额67,654.86元;支付自2019年6月起至2020年5月离职后竞业限制补偿金4044.5元;支付年终奖8300元。2019年6月14日,该委作出大金劳人仲裁字[2018]第1289号仲裁裁决,裁决被告一次性支付加班工资差额39,406.74元;竞业限制补偿金1100元;年终奖3458.33元;驳回原告的其他诉讼请求。原告对该裁决不服向一审法院提起诉讼。

结合本案,当事人在劳动合同或者保密协议中约定了竞业限制和经济补偿，当事人解除劳动合同时，除另有约定外，用人单位要求劳动者履行竞业限制义务，或者劳动者履行了竞业限制义务后要求用人单位支付经济补偿的，人民法院应予支持。本案被告于2019年5月7日解除劳动合同后，并未向原告支付竞业限制补偿金，按照原被告双方劳动合同的约定，应视为被告解除竞业限制的约定，原告无须再履行该条约定。但原告最早也是自解除劳动合同1个月后，在被告未向其支付竞业限制经济补偿时才能后得知此事，故被告应向原告支付5～6月的经济补偿。依照法律规定“在竞业限制期限内，用人单位请求解除竞业限制协议时，人民法院应予支持。在解除竞业限制协议时，劳动者请求用人单位额外支付劳动者3个月的竞业限制经济补偿的，人民法院应予支持。”因此，被告应按照约定1100元/月，向原告支付4个月的竞业限制经济补偿共计4400元（1100元/月×4月）。原告主张按照最低工资标准1620元/月支付竞业限制补偿金。依照法律规定在原告、被告双方约定竞业限制条款，但没有约定解除或者终止劳动合同后给予劳动者经济补偿的情况下才适用最低工资标准，本案中原告、被告双方应依照约定计算，故原告的该意见没有获得法院支持。

企业在开展经济性裁员工作时，应当从经济性裁员的正当事由、经济性裁员的法定程序及准确计发经济补偿金等方面入手防范法律风险。

第一，经济性裁员应当确定正当事由。企业裁员有经营性裁员、结构性裁员以及优化性裁员等多种类型，但并非所有的裁员事由都符合“经济性裁员”的法定理由。《劳动合同法》第41条规定明确了企业经济性裁员的法定事由：一是依照企业破产法规定进行重整的；二是生产经营发生严重困难的；三是企业转产、重大技术革新或者经营方式调整，经变更劳动合同后，仍需裁减人员的；四是其他因劳动合同订立时所依据的客观经济情况发生重大变化，致使劳动合同无法履行的。在确定裁员事由时，企业需要明确：一是裁员事由应当体现客观性、正当性、非惩罚性的原则。一定要让员工理解企业并非主观上规避法律规定或有意采取修理员工的手段，而实在是客观形势下不得已做出的最后选择。二是企业裁员时应当严格审核被裁减人员的实际情况，一定要避免违反法律限制性规定的情况发生。三是一定要及时与劳动保障行政部门沟通、听取其指导意见，依法办理相关审批备案手续，并争取他们的支持。

第二，严格按照法律的规定履行裁员程序。主要包括以下几个步骤：(1)企业首先应提前30日向工会或者全体职工说明情况，并提供有关企业生产经营状况的资料。(2)提出裁减人员方案。内容包括：被裁减人员名单、裁减人员的具体时间及实施步骤，符合法律法规规定和集体合同约定的被裁减人员的经济补偿办法。(3)将裁减人员方案征求工会或者全体职工的意见，收到反馈意见后对方案进行修改和完善。(4)向当地劳动保障行政部门报告裁减人员方案以及工会或者全体职工的意见，听取劳动保障行政部门的指导意见后办理备案手续。(5)由用人单位正式公布裁减人员方案。(6)与被裁减人员办理解除劳动合同手续，按照法律规定或协议约定向被裁减人员本人支付经济补偿金，并出具解除劳动合同证明书，同时办理员工社会保险关系、住房公积金账户关系及人事档案的转移手续。

第三，依法正确计发经济补偿金。经济补偿金的计算标准是对于员工2008年1月1日之后(含当日)的工作年限对应的经济补偿金的计算标准为：根据员工在企业工作的年限，按每满1年支付1个月工资的标准向员工支付。6个月以上不满1年的，按1年计算；不满6个月的，向员工支付半个月工资的经济补偿。员工的月工资标准为该员工在劳动合同解除或者终止前12个月的平均工资。员工月平均工资高于企业注册地上一年度职工月平均工资3倍的，月工资标准按当地职工月平均工资3倍的数额计算，在这种情况下向其支付经济补偿的年限最高不超过12年。经济补偿金应当在员工办结工作交接之日发放。对于2008年1月1日之前的工作年限对应的经济补偿，按当时的规定计算。

关于员工经济补偿金的计算有一个非常重要的问题，就是员工经济补偿金的计算基数即“前12个月的月平均工资”包括哪些内容，一般来说员工的每月工资应当包括其正常工作时间工资、加班工资以及奖金、津贴和补贴等工资性收入，只要是员工劳动合同解除或者终止前12个月内的工资性收入，均应当计算在被平均的总额内。但是，用人单位支付的股票、期权、红利等不属于工资性收入的投资性收益，不应纳入“月工资”的计算范围内。计算经济补偿金的工作年限时，员工的工作年限是指员工在裁员企业工作的期间。但是，员工非下列原因由原用人单位被安排到裁员企业工作的，依据《劳动合同法》第10条、《最高人民法院关于审理劳动争议案件适用法律若干问题的解释（四）》第5条的规定，员工在原用人单位的工作年限应当合并计算为其在裁员企业的工作年限：（1）员工仍在原工作场所、工作岗位工作，劳动合同主体由原用人单位变更为裁员企业；（2）用人单位以组织委派或任命形式对员工进行工作调动；（3）因用人单位合并、分立等原因导致员工工作调动；（4）用人单位及其关联企业与员工轮流订立劳动合同；（5）其他合理的、非因员工本人原因转移劳动关系的情形。

第四，企业在经济性裁员过程中，也应注意是否存在竞业限制补偿问题。如果用人单位在劳动合同中约定了解除劳动合同之后期间的竞业限制条款或者与劳动者签订过竞业限制协议，那么在企业和劳动者解除劳动关系时，应当以明确的书面形式将是否履行竞业限制协议的决定通知劳动者。尤其是企业不需要劳动者履行竞业限制协议时，务必在劳动者离职前以书面形式通知给劳动者，否则企业将因此白白承担支付竞业限制补偿金的损失。

第五节 协商性裁员的合规操作

“协商性裁员”是一个通俗的说法，实际上是指企业（用人单位）一方提出动议，在与劳动者协商一致的情况下，双方解除劳动合同的做法。协商性裁员相对于前述的几种企业单方解除劳动合同的做法，难度更大，因为劳动者不同意就不可能取得成功，因此对企业的能力、技巧与投入的要求要更高。知己知彼,百战不殆,企业在正式启动协商裁员的工作之前需要做大量的功课。开弓没有回头箭,一旦启动协商性裁员工作,如果未能取得如期的结果,那企业特别是人力资源管理部门将面临非常困难的工作局面。所以企业都高度重视相应的准备工作。在与员工协商裁员前,企业应该做足的功课包括两方面:一方面是确定与员工协商裁员时企业能够拿出的最高条件(企业补偿的上限),另一方面是事先预估员工接受协商裁员的最低条件(员工能够接受补偿的下限)。如果员工能够接受补偿的下限高于企业能够给予补偿的上限,那就没有任何操作性可言。一般而言,企业与员工协商裁员唯一存在可行性,是双方对于协商裁员的条件存在一定的交集,即企业给予补偿的上限高于员工所能接受的下限,双方才有协商的空间。企业应该考虑三个因素:法律法规;公司制度与文化;过往协商处理的先例。不得低于法定标准是企业协商的底线,否则不具有实现的可能性。

企业在启动协商裁员工作之前,还需要准备好工作预案。一般来说需要准备三套方案,至少需要准备两套预案。如果只有一套工作预案,一旦协商受阻,企业手足无措,协商大概率会无疾而终。多套工作预案不只是补偿方案有多套,也包括参与协商的人员组合有多套,因为协商过程中各种状况都可能出现,有时候员工就是对企业派出的协商代表不满,谈什么都不同意,这时候就需要调整协商代表,既可以根据员工意愿指派协商代表,也可以根据协商出现的僵局指派合适的代表。

一、标准补偿下的协商离职

通俗地说,标准补偿就是N+1的补偿加上企业拖欠员工的其他法定待遇,这主要是针对普通劳动者而言的,不适用于如工伤职工,患病职工以及产假期间、哺乳期间的女职工等特殊劳动者。要实现标准补偿下的协商离职需要满足其中至少两个条件:一是企业经营状况并不是很好,员工继续留在企业很难获得涨薪或发展的空间;二是员工对留在企业已经是意兴阑珊,如员工本身就有离职想法或跳槽打算;三是企业具有较好的团队文化,企业与员工有协商对话的良好基础,双方都有好聚好散的共识。

在标准补偿下协商离职,对于企业而言难度很大,即使是与那些已经具有离职意愿的员工协商,也是一个巨大的挑战。因为急于离职的员工一般不会因为没有拿到经济补偿金而不离职,他们早就主动解除劳动合同“另觅高枝”了,留在企业还没有走的说明还没有急迫性,相对企业而言在时间方面员工占据主动性。所以,企业与员工协商时应该是法律牌 + 文化牌 + 情感牌。

二、压力机制下的协商离职

压力机制下的协商离职,是指企业与员工协商离职时遭遇员工抵制,但企业对于员工离职具有迫切性并且企业掌握员工存在某些违纪线索的情形下所采用的一种协商离职方式。压力机制下的协商离职的逻辑是,不接受A,那就要面临比A更糟糕的结果B,并且实现B结果的概率很高。作为经济人,通常情况下都会作出利益最大化的选择。选择压力机制下的协商离职,对于企业而言具有较高的风险。因为一旦施压不成,就要面临强烈的反弹,甚至有可能让企业付出更大的经济损失。所以,企业在选择压力机制下的协商离职方式之前,必须做足功课,确定企业有足够的把握对协商对象施加压力。这就要求必须在协商之前充分掌握该员工存在(严重)违纪事实或严重损害企业利益的行为,这些事实已经有充分的证据可以作为证明,并且企业可以做到,根据现有法律规定、企业制度规定或者劳动合同的约定,企业完全可以单方面解除员工的劳动合同或者是有充分的理由向员工主张必要的经济赔偿。

压力机制下的协商离职,需要把握几个操作要领:一是切忌用力过猛,引发员工反弹;二是协商要保持隐秘性,协商信息必须控制在一定范围,不宜让参与协商及决外以外的人知情;三是要坚持换位思考、有共赢的理念,让协商对象有台阶下。

三、特殊情形下的协商离职

特殊情形下的协商离职是指对于依法不能由企业主动解除劳动合同（裁员）的员工，企业在通过与员工协商后，在给予员工必要的经济补偿及相应的福利支持的基础上，双方在不违反法律规定的前提上达成一致，实现员工的顺利离职的一种做法。此处的特殊性包括两层含义：一是这些员工本身具有特殊性，受到法律的特别保护，如工伤、职业病员工、罹患疾病而医疗期未满的员工以及处于三期（孕期、产期与哺乳期）时间段的女性职工；二是正常情况下这些员工是不允许企业单方面解除劳动合同的，一旦被认定为违法解除劳动合同，企业不只是面临经济上的损失，处理不当还会受到社会舆论抨击、企业商誉会受到严重损害。因此，一般情况下，企业不到万不得已不会轻启特殊情形下的协商离职。

企业一旦决定启动特殊情形下与员工协商离职，就需要慎之又慎，重点需要打好文化牌与情感牌。企业需要做好以下几点：一是充分尊重员工的个人意愿，不得给员工施压强迫员工离职，这是前提；二是充分保障员工的劳动权益，在企业承诺给予员工的经济补偿及其他福利条件，应该严格按照法律规定的标准予以落实，最终补偿的水平只能高于法定标准而不得低于法定标准；三是对员工的合理诉求要予以充分尊重，对于法律没有明文规定但是属于合理范围内的诉求应该予以支持；四是要换位思考，充分尊重员工的感受，让员工感到与企业协商离职是在有尊严、体面的情况下离职的。

案例37 多方案谈判 哺乳期职工顺利协商解除劳动合同

李某某2011年12月13日入职某上市科技公司，并于同日签订书面劳动合同，约定劳动合同期限为3年，即2011年12月13日至2014年12月12日，其中试用期3个月，在投融资部担任职员，根据劳动合同约定，李某某执行标准工时制，工资标准为4000元/月（试用期内工资标准为3200元/月），后期工资调整至5500元/月，另有部分通讯补贴等，2013年11月1日至

2014年10月31日,李某某实得税费前工资总额为114,450.28元。2013年11月26日李某某生育,其哺乳期将于2014年11月25日结束。2014年10月,由于该科技公司战略转型的需求,需要尽快与一批员工解除劳动合同,李某某属于被裁员对象,但鉴于裁员条件不成熟并且李某某仍处于哺乳期,故该公司希望与李某某协商解除劳动合同,并按照协商解除劳动合同经济补偿金的标准予以一定补偿。对企业解除与李某某合同比较有利的情况是,李某某有多次迟到早退的行为,绩效考评不佳,并且有给公司造成重大损失的行为(具体情形是,李某某在科技公司与客户的买卖合同纠纷中为客户出庭作证给公司造成上百万元的损失)。但对企业解除与李某某合同不利的情况是,李某某尚处于哺乳期,科技公司对于迟到早退行为的处罚并没有健全的规章制度,李某某是通过公司前任总经理的关系来就职的(前任总经理已经上调至集团公司总部)等。科技公司裁员的工作是由负责人力资源和法务的副总经理张女士负责的,张女士之前是律师。李某某对张女士非常反感,几次协商都以吵架结束。最后该科技公司找到义贤律师团队,经过与公司高层反复沟通,最后确定三个协商方案与三类补偿方案。三个协商方案分别是张女士出面协商、律师出面协商、公司法定谈判人亲自出面协商。三类补偿方案则是法定标准补偿、法定标准补偿的2倍以及满足李某某要求的补偿标准。在张女士与李某某再次协商受阻后,笔者与另一合伙人出面与李某某协商,由于彼此是同龄人,在充分听取并肯定李某某的诉求后,也将科技公司作为上市公司所面临的难处向其做了解释与说明,经过两次见面沟通即达成一致,李某某同意离职,补偿标准基本上相当于法定补偿标准。

2014年11月3日,李某某与科技公司签署了《离职协议》,约定双方劳动关系于2014年11月3日解除,协议约定按照法定标准支付李某某经济补偿金28,612.57元,社会保险及住房公积金缴纳至2014年11月,同时,鉴于李某某仍处于哺乳期并配合公司解除劳动合同,放弃2014年度年终奖以及2014年12月社保和住房公积金,该科技公司按照李某某基础工资5500

元/月标准支付李某某工资至2014年12月12日,2014年11月3日至12月12日的工资共计7522.98元(税前),扣除社保和住房公积金个人承担部分以及个人所得税,实际支付数额为5518.45元。上述款项于李某某办理完毕离职手续后3日内支付。此后该科技公司按照协议约定支付了李某某的所有待遇,双方没有发生任何劳动争议。

关于本案的处理,有两个焦点问题。

一是科技公司与李某某解除劳动合同的行为是否合法?根据《劳动合同法》第36条的规定,用人单位与劳动者协商一致,可以解除劳动合同。根据科技公司与李某某签署《离职协议》第1条的约定,科技公司与李某某的劳动关系是经过双方协商而解除的,解除的方式属于协商解除。虽然李某某仍处于哺乳期,但《劳动合同法》并没有禁止用人单位不能与“三期”女职工协商解除劳动合同,并且科技公司在与李某某签署《离职协议》时并不存在胁迫、欺诈以及违反法律强制性规定的情况,因此,科技公司与李某某解除的行为合法有效。

二是科技公司与李某某解除劳动合同的补偿标准是否合法?根据《劳动合同法》第46条以及第47条的规定,用人单位依照《劳动合同法》第36条规定向劳动者提出解除劳动合同并与劳动者协商一致解除劳动合同的,用人单位应当向劳动者支付经济补偿。经济补偿按劳动者在本单位工作的年限,每满1年支付1个月工资的标准向劳动者支付。6个月以上不满1年的,按1年计算;不满6个月的,向劳动者支付半个月工资的经济补偿。月工资是指劳动者在劳动合同解除或者终止前12个月的平均工资。科技公司与李某某系协商解除劳动合同,并且系科技公司主动提出,因此,根据上述规定,科技公司应当向李某某支付经济补偿金。由于李某某自2011年12月13日入职科技公司,至2014年11月3日,工作年限将近2年11个月,根据上述规定,科技公司应按照李某某离职前12个月平均工资标准支付3个月工资作为补偿,而李某某2013年11月1日至2014年10月31日工资总额为114,450.24元,因此,科技公司应支付给李某某的经济补偿金为

28,612.57元(114,450.24元÷12×3=28,612.57元)。而科技公司实际按照上述标准为李某某核算的经济补偿金,因此,科技公司支付给李某某的解除劳动合同补偿符合法定标准,不违反法律规定。

根据《离职协议》科技公司需按照李某某基础工资5500元/月的标准支付李某某2014年11月3日至12月12日的工资7522.98元(扣除社保和住房公积金个人承担部分以及个人所得税,实际支付数额为5518.45元),是在尚处于哺乳期的李某某积极配合科技公司的裁员计划,并且放弃2014年度年终奖和2014年12月的社会保险和住房公积金的情况下,科技公司给予的补助,虽然该补助低于李某某在正常劳动合同终止情况下可获得的相关利益,但李某某本人同意接受该方案,应属合法有效。

第六节　企业辞退无过错员工的限制

如前所述,根据《劳动合同法》第39~41条的规定,只要出现这些法定情形,用人单位就可以单方解除劳动合同,而不需要与劳动者协商一致,这是法律对用人单位用工自主权的一种保护。

但是,为了平衡用人单位和劳动者的权利,保护特殊劳动者的合法权益,法律还对用人单位解除劳动合同作了一些限制性的规定,即《劳动合同法》第42条规定的六种限制解除劳动合同的情形,分别为:(1)从事接触职业病危害作业的劳动者未进行离岗前职业健康检查,或者疑似职业病病人在诊断或者医学观察期间的;(2)在本单位患职业病或者因工负伤并被确认丧失或者部分丧失劳动能力的;(3)患病或者非因工负伤,在规定的医疗期内的;(4)女职工在孕期、产期、哺乳期的;(5)在本单位连续工作满15年,且距法定退休年龄不足5年的;(6)法律、行政法规规定的其他情形。

由于上述第六种情形属于兜底条款,接下来对前面五种情形进行逐一分析。

一、从事接触职业病危害作业的劳动者未进行离岗前职业健康检查，或者疑似职业病病人在诊断或者医学观察期间的

根据《职业病防治法》第35条的规定，对从事接触职业病危害的作业的劳动者，用人单位应当按照国务院安全生产监督管理部门、卫生行政部门的规定组织上岗前、在岗期间和离岗时的职业健康检查，并将检查结果书面告知劳动者。职业健康检查费用由用人单位承担。对未进行离岗前职业健康检查的劳动者不得解除或者终止与其订立的劳动合同。

根据该法第56条的规定，用人单位应当及时安排对疑似职业病病人进行诊断；在疑似职业病病人诊断或者医学观察期间，不得解除或者终止与其订立的劳动合同。不过，对于这两类情况，从《职业病防治法》的精神来看，不鼓励用人单位单方解除劳动合同，对此，企业应该慎重。

二、在本单位患职业病或者因工负伤并被确认丧失或者部分丧失劳动能力的

不管是职业病还是因工负伤，都与用人单位有关工作条件、安全制度、劳动保护等不尽完善有关，发生职业病和因工负伤，用人单位作为用工组织应该承担相应的责任。而且，一旦发生职业病或者因工负伤，都可能能造成劳动者丧失或者部分丧失劳动能力，出于对劳动者的保护，法律规定用人单位不得解除劳动合同。

职业病是指劳动者在职业活动中，因接触粉尘、放射性物质和其他有毒、有害物质等因素而引起的疾病。最常见的职业病有尘肺、职业中毒、职业性皮肤病等。一般来说，凡是符合法律规定的疾病才能称为职业病。因工负伤，顾名思义是因工作遭受事故伤害的情形。职业病和工伤，均需要专业的机构来进行鉴定。

三、患病或者非因工负伤，在规定的医疗期内的

医疗期的概念在前文已有介绍，这里不再赘述。

《关于贯彻执行〈中华人民共和国劳动法〉若干问题的意见》规定，职工患病或非因工负伤治疗期间，在规定的医疗期间内由企业按有关规定支付其病假工资或疾病救济费，病假工资或疾病救济费可以低于当地最低工资标准支付，但不能低于最低工资标准的80%。

四、女职工在孕期、产期、哺乳期的

孕期、产期、哺乳期是俗称的女职工"三期"。女职工在"三期"期间难免会在一定程度上影响其正常的工作，但是生育权是女职工的基本权利，任何人不得以任何理由剥夺或者变相剥夺妇女的该项基本权利，为了对女职工进行特殊的法律保护，法律作了详细的规定。

根据本条法律规定，妇女只要在孕期、产期、哺乳期的，用人单位就不得根据《劳动合同法》第40条、第41条的规定单方解除劳动合同。《妇女权益保障法》第27条规定，任何单位不得因结婚、怀孕、产假、哺乳等情形，降低女职工的工资，辞退女职工，单方解除劳动（聘用）合同或者服务协议。

但是，女职工要求终止劳动（聘用）合同或者服务协议的除外。

五、在本单位连续工作满15年，且距法定退休年龄不足5年的

由于老职工再就业能力较低，因此，法律对老职工进行了特殊的保护，包括规定用人单位初次实行劳动合同制度或者国有企业改制重新订立劳动合同时，劳动者在该用人单位连续工作满10年且距法定退休年龄不足10年的，应订立无固定期限劳动合同；在本单位连续工作满15年，且距法定退休年龄不足5年的，用人单位不得根据《劳动合同法》第40条、第41条的规定单方解除劳动合同。

需要指出的是，正确理解《劳动合同法》第42条的规定，关于企业不能辞退无过错员工的限制一定要把握两点：第一，本条禁止的是用人单位单方解除劳动合同，并不禁止劳动者与用人单位协商一致解除劳动合同；第二，本条的前提是用人单位不得根据《劳动合同法》第40条、第41条解除劳

动合同，如果劳动者出现《劳动合同法》第 39 条的规定，也就是劳动者有严重的过失，则用人单位仍然可以和劳动者解除劳动合同，而不受本条的限制。

第五章

离职补偿金的计算

第一节 经济补偿金的计算

经济补偿金是在劳动合同解除或终止后，用人单位依法一次性支付给劳动者的经济上的补偿。根据我国现行《劳动法》《劳动合同法》的相关规定及司法实践，只有在符合法律规定的情况下，企业在劳动合同解除或终止的时才需要向劳动者支付经济补偿金。

一、经济补偿金的适用条件

经济补偿金是用人单位对劳动者在用人单位所做贡献给予的补偿。在解除或者终止劳动合同时，在符合法定条件的情况下，用人单位应当向劳动者支付经济补偿金。《劳动合同法》第46条作了一般性的规定，凡具有下列情形之一者，用人单位应当向劳动者支付经济补偿：(1)劳动者依照本法第38条规定解除劳动合同的；(2)用人单位依照本法第36条规定向劳动者提出解除劳动合同并与劳动者协商一致解除劳动合同的；(3)用人单位依照本法第40条规定解除劳动合同的；(4)用人单位依照本法第41条第1款规定解除劳动合同的；(5)除用人单位维持或者提高劳动合同约定条件续订劳动合同，劳动者不同意续订的情形外，依照本法第44条第1项规定终止固定期限劳动合同的;(6)依照本法第 44 条第 4 项、第 5 项规定终止劳动合同的;(7)法律、行政法规规定的其他情形。具体情形见表 5－1。

表 5－1 需要向劳动者支付经济补偿的情形

<table>
<tr><th colspan="2">劳动合同解除（或终止）</th><th>前提条件</th><th>期限</th><th>是否需要支付经济补偿金</th></tr>
<tr><td>协商解除</td><td>单位提出</td><td>任何一方均可提出,经协商一致,可解除合同</td><td>无要求</td><td>需支付</td></tr>
<tr><td rowspan="8">员工解除</td><td rowspan="8">【用人单位有过失】员工可即时解除</td><td>未按劳动合同约定提供劳动保护或者劳动条件</td><td rowspan="5">随时通知</td><td rowspan="8">需支付</td></tr>
<tr><td>未及时足额支付劳动报酬</td></tr>
<tr><td>未依法缴纳社会保险费</td></tr>
<tr><td>规章制度违反法律、法规的规定,损害劳动者权益</td></tr>
<tr><td>利用欺诈、胁迫或乘人之危手段,订立或变更劳动合同,致使合同无效</td></tr>
<tr><td>以暴力、威胁或者非法限制人身自由的手段强迫劳动者劳动</td><td rowspan="2">无须通知,立即解除</td></tr>
<tr><td>用人单位违章指挥、强令冒险作业危及劳动者人身安全</td></tr>
<tr><td>法律法规规定其他情形</td><td>随时通知</td></tr>
<tr><td rowspan="4">单位解除</td><td rowspan="3">【劳动者无过失】用人单位可预告解除</td><td>患病或者非因工负伤,医疗期满后不能从事原工作,也不能从事另行安排的工作</td><td rowspan="3">提前 30 日书面通知或额外支付 1 个月工资</td><td rowspan="3">需支付</td></tr>
<tr><td>不能胜任工作,经培训或者调岗,仍不能胜任工作</td></tr>
<tr><td>劳动合同订立时所依据的客观情况发生重大变化,致使劳动合同无法履行,经用人单位与劳动者协商,未能就变更劳动合同内容达成协议</td></tr>
<tr><td>裁员解除</td><td>企业破产重整、生产经营严重困难、转产、重大技术革新、经营方式调整、客观经济情况发生重大变化</td><td>履行法定程序后方可裁员</td><td>需支付</td></tr>
</table>

续表

劳动合同解除（或终止）		前提条件	期限	是否需要支付经济补偿金
合同终止	劳动合同期限届满	单位不同意续订劳动合同		需支付
		单位降低劳动报酬或条件，劳动者不同意续订		需支付
	其他合同终止情形	单位被宣告破产		需支付
		单位被吊销执照、责令关闭、撤销或用人单位决定提前解散		需支付

案例 38　员工以企业欠薪为由解除劳动合同　法院判决企业支付经济补偿金

周某某于2013年5月13日入职北京天首投资管理有限公司。天首投资公司于2019年3月支付了周某某2018年10月的工资，尚有2018年9月、11月、12月，2019年1月、2月的工资没有支付。周某某于2019年2月28日从公司离职，离职前工资标准为12,000元。天首投资公司曾于2018年11月8日为周某某出具在职证明，记载周某某入职时间为2013年5月13日。天首投资公司为周某某缴纳社会保险至2019年2月，每月住房公积金扣缴金额为1022元，社会保险扣缴金额为871.33元。天首投资公司与周某某于劳动仲裁期间确认2018年12月因迟到需扣款50元。周某某于2019年2月28日填写员工辞职申请书，辞职原因书写为"拖欠工资6个月"。周某某曾就本案诉争事项申请劳动仲裁，北京市朝阳区劳动人事争议仲裁委员会作出京朝劳人仲字[2019]第12677号裁决书，裁决：天首投资公司支付周某某2018年9月1日至30日、2018年11月1日至2019年2月28日工资50,483.35元、解除劳动关系经济补偿72,000元，驳回周某某的其他仲裁请求。

本案中，天首投资公司未支付周某某2018年9月、2018年11月至2019年2月的税前工资。按照周某某离职前月工资标准，扣除每月住房公积金、社会保险及2018年12月迟到扣款50元,一审法院判决用人单位向劳动者支付税前工资共计50,483.35元。根据法律规定,因用人单位作出的开除、除名、辞退、解除劳动合同、减少劳动报酬、计算劳动者工作年限等决定而发生的劳动争议,用人单位负举证责任。天首投资公司应对周某某的劳动关系存续期间负有举证责任,但用人单位未能提供足够的证据加以证明。根据本案其他证据,法院认定周某某的入职时间为2013年5月13日。根据《劳动合同法》第38条的规定,对于用人单位未及时足额支付劳动报酬的情况,法律赋予劳动者预告解除权,劳动者可以通知用人单位解除劳动合同,并且用人单位应当向劳动者支付经济补偿金。

1. 劳动者行使单方解除劳动合同权,用人单位需支付经济补偿金

《劳动合同法》第38条规定的内容是劳动者的单方解除权,包括单方告知解除和单方立即解除两种情况。《劳动合同法》第38条规定的是用人单位在特定的违法情况下劳动者有权行使单方解除权,并且依据该条款解除了劳动合同后,劳动者也仍然有权要求用人单位支付经济补偿金。该条第1款规定,用人单位有下列情形之一的,劳动者可以解除劳动合同:(1)未按照劳动合同约定提供劳动保护或者劳动条件的;(2)未及时足额支付劳动报酬的;(3)未依法为劳动者缴纳社会保险费的;(4)用人单位的规章制度违反法律、法规的规定,损害劳动者权益的;(5)因劳动合同法第26条第1款规定的情形致使劳动合同无效的;(6)法律、行政法规规定劳动者可以解除劳动合同的其他情形。符合上述法条列举情况的,劳动者可以单方告知用人单位解除劳动合同。该条第2款规定,用人单位以暴力、威胁或者非法限制人身自由的手段强迫劳动者劳动的,或者用人单位违章指挥、强令冒险作业危及劳动者人身安全的,劳动者可以立即解除劳动合同,不需事先告知用人单位。该条款针对用人单位的更严重违法行为,赋予了劳动者即时解除劳动合同权。在此种情况下,因为该解除劳动合同的原因在于用人单位的重大违法且危及劳动者的人身安全,因此,劳动者无须预先提前通知用人单位,即可当场解除劳动合同。

案例39 司机拒绝公司用客车拉货 主动解除劳动合同获经济补偿

纵横盛大公司成立于2010年3月16日，王某某于2010年4月入职纵横盛大公司，岗位为司机，月平均工资数额3500元，工资一开始通过打卡发放，后改为现金发放。双方于2015年7月1日签订劳动合同，纵横盛大公司为王某某缴纳社会保险。2017年3月6日，王某某提交了书面的辞职报告，载明因纵横盛大公司违反《劳动合同法》第38条规定而提出辞职。2017年3月6日，王某某向北京市大兴区劳动人事争议仲裁委员会（以下简称大兴区仲裁委）申请仲裁，要求纵横盛大公司支付其解除劳动合同经济补偿金24,500元。2017年5月16日，大兴区仲裁委作出京兴劳人仲字［2017］第1854号裁决书，裁决：纵横盛大公司支付王某某解除劳动关系经济补偿金24,500元。纵横盛大公司不同意大兴区仲裁委的裁决，诉至法院。本案中，王某某提交了内容为装满打印纸的车厢及纵横盛大公司提货单的照片，证明横盛大公司让其用客车拉货，危及其人身安全。还提交了简易程序处罚决定书，载明：2016年7月13日，2017年2月13日、14日王某某驾驶公路客运车辆以外的载客汽车违反规定载货，各被处以罚款100元，证明纵横盛大公司安排其用客车拉货导致其被罚款。通过王某某提交的照片和简易程序处罚决定书，能够判断纵横盛大公司安排王某某使用改装过的客车载货，直接违反了《道路交通安全法实施条例》第54条第2款中“载客汽车除车身外部的行李架和内置的行李箱外，不得载货”的规定，纵横盛大公司使用改装过的客车载货对王某某的人身安全也必然造成了威胁。王某某以《劳动合同法》第38条第2款“用人单位以暴力、威胁或者非法限制人身自由的手段强迫劳动者劳动的，或者用人单位违章指挥、强令冒险作业危及劳动者人身安全的，劳动者可以立即解除劳动合同，不需事先告知用人单位”的规定，解除和纵横盛大公司之间的劳动合同有事实依据且符合法律的规定。在此种情况下，用人单位应当支付王某某经济补偿金。

2. 用人单位提出动议,协商解除劳动合同

《劳动合同法》第36条规定的是用人单位与劳动者协商一致解除劳动合同的情况。该条规定,用人单位与劳动者协商一致,可以解除劳动合同。在劳动合同协商解除时,有两种不同的情况:一种是由用人单位向劳动者主动提出的解除劳动合同,经劳动者同意的协商一致解除。另一种是由劳动者本人向用人单位主动提出的解除劳动合同,经用人单位同意的协商一致解除。同是协商一致解除劳动合同,是不是劳动者都可以获得经济补偿金呢?《劳动合同法》作了明确的规定。结合《劳动合同法》第46条和第36条的法律规定,只有在由用人单位主动向劳动者提出解除劳动合同并经协商达成一致的情况下,用人单位才需要向劳动者支付经济补偿金。而如果是劳动者主动向用人单位提出解除劳动合同并与用人单位协商达成一致的情况下,依照法律规定用人单位无须向劳动者支付经济补偿金。

案例40 企业与员工协商调薪不成解除劳动合同　法院判决支付经济补偿金

张某某于2010年4月5日入职哈特酒店公司,担任厨师岗位工作,双方签订有书面劳动合同。张某某称,其每月应发工资为8000元,后调整为每月应发工资11,600元,2019年6月28日哈特酒店公司口头对其进行降薪处理,变更为每月应发工资8000元,并按该标准核发其2019年6月至8月工资,其中2019年8月实发工资为2151元,其不认可,并要求哈特酒店公司按原工资标准为其补足上述期间工资;其工作至2019年8月8日,2019年8月实际出勤7天,哈特酒店公司于2019年8月8日口头告知因已安排其他员工从事其工作,故与其解除劳动关系。张某某出具与哈特酒店公司副总经理房某某及法定代表人杜某某的录音。张某某在录音中多次提及其工资每月11,600元,房某某、杜某某未提出异议,且双方多次商谈如何补足工资事宜。房某某提出厨房人员要调整,工资调整为7000元或8000元,张某某表

示不同意留下,房某某让张某某配合交接。

本案中,根据录音内容反映房某某提出厨房人员要调整,工资要调整,张某某表示不同意留下,房某某让张某某配合交接,应视为双方就工作岗位及工资标准的调整未达成一致,并协商一致解除劳动关系。因哈特酒店公司提出的解除劳动合同且与张某某协商达成一致,符合《劳动合同法》第36条的规定,哈特酒店公司依法应向张某某支付解除劳动经济补偿,并支付张某某工资的差额部分。

3. 用人单位无过失性辞退劳动者,应支付经济补偿金

《劳动合同法》第40条规定的是用人单位辞退无过失劳动者的法定情形。该条规定,有下列情形之一的,用人单位提前30日以书面形式通知劳动者本人或者额外支付劳动者1个月工资后,可以解除劳动合同:(1)劳动者患病或者非因工负伤,在规定的医疗期满后不能从事原工作,也不能从事由用人单位另行安排的工作的;(2)劳动者不能胜任工作,经过培训或者调整工作岗位,仍不能胜任工作的;(3)劳动合同订立时所依据的客观情况发生重大变化,致使劳动合同无法履行,经用人单位与劳动者协商,未能就变更劳动合同内容达成协议的。因为在以上三种情况下,劳动者和用人单位对解除劳动合同的原因本身均不存在过失或者过错,但用人单位从企业使用劳动力和经营管理的角度考虑确实有必要行使用工自主权解除劳动合同。从保护劳动者的角度出发,法律规定在这三种情况下,用人单位虽然可以合法解除劳动合同,但是应当支付劳动者相应的经济补偿金,对劳动者的工作经历予以补偿。

4. 用人单位经济性裁员,应支付经济补偿金

《劳动合同法》第41条第1款规定的是用人单位经济性裁员情况下的劳动合同的解除。根据该条规定,有下列情形之一,需要裁减人员20人以上或者裁减不足20人但占企业职工总数10%以上的,用人单位提前30日向工会或者全体职工说明情况,听取工会或者职工的意见后,裁减人员方案经向劳动行政部门报告,可以裁减人员:(1)依照企业破产法规定进行重整的;

(2)生产经营发生严重困难的;(3)企业转产、重大技术革新或者经营方式调整,经变更劳动合同后,仍需裁减人员的;(4)其他因劳动合同订立时所依据的客观经济情况发生重大变化,致使劳动合同无法履行的。在企业符合经济性裁员条件的情况下,企业可以按照经济性裁员的规定依法解除劳动合同。但由于用人单位进行经济性裁员并非劳动者的过错或者过失,因此法律规定即使用人单位依法进行经济性裁员,也应当按照法律规定向劳动者支付经济补偿金。

5. 劳动合同期满用人单位不同意续约,应支付经济补偿金

《劳动合同法》第 44 条第 1 项规定的是固定期限劳动合同期满自然终止的情况。在固定期限的劳动合同期满终止的情况下,用人单位维持或者提高固定期限劳动合同约定的条件续订劳动合同,劳动者不同意续订的情况下,用人单位无须支付经济补偿金。因此,用人单位依据《劳动合同法》第 44 条第 1 项规定的固定期限劳动合同期满不再准备同劳动者续签劳动合同的,用人单位就应当支付劳动者经济补偿金。

6. 用人单位破产或终止营业的,应支付经济补偿金

《劳动合同法》第 44 条第 4 项和第 5 项分别规定的是用人单位被依法宣告破产的和用人单位被吊销营业执照、责令关闭、撤销或者用人单位决定提前解散的。用人单位在符合该条第 4 项被依法宣告破产或者被吊销营业执照、责令关闭、撤销或者用人单位决定提前解散条件的情况下,均不是劳动者的原因导致的劳动合同解除和劳动关系终止。因此,劳动者在用人单位的工作经历和所做贡献应当予以补偿,用人单位应当向劳动者支付经济补偿金。

案例 41 企业撤销分公司 依法支付员工经济补偿金

2015 年 9 月 9 日,马某某作为乙方与甲方海信北京分公司签订有效期为 2015 年 9 月 9 日至 2018 年 9 月 8 日的《劳动合同书》。该合同约定:乙方同意根据甲方的工作需要,从事销售岗位工作;经双方协商确定,乙方同意

甲方之安排执行综合工时工作制;乙方加班需经过甲方审批确认同意,否则不视为加班;甲方根据乙方所在的生产(工作)岗位,在不低于乙方工作所在地最低工资标准规定的基础上,实行公司内部结构工资制度,按照按劳分配的原则和有关规定,及时足额按月向乙方支付劳动报酬;甲方有权定期和不定期制定和修订其规章制度,甲方的各项规章制度均已向乙方告知,乙方已了解其内容,并同意遵守。乙方应当主动阅读、理解并遵守甲方规章制度。乙方同意并认可甲方通过多种渠道向其共公布规章制度,包括但不限于培训、通知、员工手册、内部网站、公告栏、会议、职代会等形式均有效。乙方有义务每星期至少一次通过上述渠道充分了解甲方定期或不定期更新的各项规章制度。乙方承诺不以不知情为由拒绝履行,否则,乙方一旦违反相关规章制度,甲方有权依照公司相关规章制度及本合同约定进行处理。乙方未履行上述义务的,不影响甲方对规章制度的公示效力。该合同到期后,双方续签至2023年8月31日。马某某主张其入职时间为2014年5月1日,马某某的社保缴费记录显示,2014年5月至2015年9月,其养老保险的缴费单位为北京易才人力资源顾问有限公司,2015年10月起缴费单位为海信北京分公司。

2018年9月13日青岛海信公司作出《关于撤销海信北京分公司的通知》,其内容为:"公司各部门、各分支机构:海信北京分公司自成立以来,规模增长缓慢,渠道没有根本性变化,没有达到机构设立的初衷和目的。2018年1~8月累计销售收入仅440万元,计划完成率仅18%且同比下降67%,累计亏损289万元,累计利润率为-66%;且其他客户类和效率类指标表现均不好。为精简机构、提高效率、根据工作需要,经公司办公会研究决定:撤销海信北京分公司,海信北京分公司所辖区域后续业务由总部管理。"2018年11月5日,海信北京分公司向青岛海信公司工会委员会发出《告知函》,告知海信北京分公司因经营不善,处于长期亏损状态,公司决定依法解散,正在行政部门办理相关注销手续。海信北京分公司将于2018年11月30日与包括马某某在内的8名员工终止劳动关系,终止原因为用人单位被吊销营业执照、责令关闭、撤销或者用人单位决定提前解散的。青岛海信公司工会委员会于当日收到该《告知函》,并在左下方注明“已收悉,请按法律规定与员工办理手续”同时加盖有工会委员会印章。2018年11月19日海信北京分公司向马某某作出了《终止劳动关系通知书》,内容大致为鉴于用人单位被吊销营业执照、责令关闭、撤销或者用人单位决定提前解散的原因,决定于2018年11月30日终止双方的劳动关系,收到通知之日起5日内办理离职手续及工作交接手续,交接手续完成后结算工资和其他待遇,领取离职证明。马某某称海信北京分公司在2018年9月12日左右找到包括马某某在内的所有员工谈话,表示因战略调整需要裁员,没有适合马某某的岗位,要求9月离职解除双方的劳动合同,双方就补偿事宜未能达成一致,海信北京分公司的说法又反复说要正常经营并告知员工正常出勤。2019年1月21日,马某某向西城区仲裁委提起仲裁,2019年4月23日该委作出裁决:海信北京分公司支付终止劳动合同经济补偿金15,244.74元、未休年假工资3604.67元,驳回了马某某的其他仲裁请求,马某某不服仲裁裁决于法定期限内起诉至法院。

本案中,海信北京分公司是青岛海信公司依法设立的分支机构,因海信北京分公司不具备法人资格,其从事民事活动产生的责任应由开办机构青岛海信公司承担。青岛海信公司有权依据生产经营的需要决定其分支机构的设立与撤销。2018年9月13日,青岛海信公司发布通知决议撤销海信北京分公司,据此作为下属分支机构的海信北京分公司已不再具备继续经营的条件,亦无法继续履行与马爱方签订的劳动合同,在对企业员工进行协商补偿和清理债权债务后,海信北京分公司最终于2019年5月6日办理完毕注销登记并无不妥。海信北京分公司的情形符合《劳动合同法》第44条第5项规定的用人单位被吊销营业执照、责令关闭、撤销或者用人单位决定提前解散,属于用人单位与劳动者之间劳动合同终止的法定情形之一。海信北京分公司因被开办机构撤销后解散的原因,决定与马某某终止劳动合同是合法行为,并无不妥,但根据《劳动合同法》第44条第5项和第46条的规定，青岛海信通信有限公司应当向马某某支付终止劳动合同的经济补偿金。

二、经济补偿金的计算方式

我国法律规定的经济补偿金采取的是分段计算的方式，在具体计算问题上，既涉及中央层面的法律规定，也涉及地方层面的法律规定。

1. 中央层面的法律规定

在《劳动合同法》公布施行前，用人单位需要依据《劳动法》的规定向劳动者支付经济补偿金。《劳动法》是在1995年1月1日起施行的，但是根据劳动部办公厅《对〈关于终止或解除劳动合同计发经济补偿金有关问题的请示〉的复函》第3条规定，劳动合同制度实行以前原固定工在本单位的工作年限应当作为计发经济补偿金的年限。劳动者如果在1995年《劳动法》施行前就入职用人单位的，用人单位在需要支付经济补偿金的情况下，经济补偿金的年限应当从劳动者入职之日起算，而不是《劳动法》施行之日起计算。2008年1月1日，《劳动合同法》开始施行。《劳动合同法》第47条规定，经济补偿按劳动者在本单位工作的年限，每满1年支付1个月工资的标准向劳动者支付。6个月以上不满1年的，按1年计算；不满6个月的，向劳动者支付半个月工资的经济补偿。劳动者月工资高于用人单位所在直辖市、设区的市级人民政府公布的本地区上年度职工月平均工资3倍的，向其支付经济补偿的标准按职工月平均工资3倍的数额支付，向其支付经济补偿的年限最高不超过12年。本条所称月工资是指劳动者在劳动合同解除或者终止前12个月的平均工资。因此，在2008年1月1日以后的经济补偿金的计算，按照《劳动合同法》第47条的规定计算，劳动者的月工资基数不得超过本地区上年度社平工资3倍的，经济补偿金的年限最多不能超过12个月。根据《劳动合同法》第97条第3款的规定，2008年1月1日以前的经济补偿金的计算按照《劳动法》及其配套制度的规定执行；2008年1月1日以后的经济补偿金的计算按照《劳动合同法》及其配套制度的规定执行。

案例42 北京地区经济补偿金计算基数不分段 企业计算没有错

何某某于2006年5月1日入职博世力士乐公司,双方签订了劳动合同。博世力士乐公司与何某某签订的最后一份劳动合同的起止日期为2012年5月1日至2017年4月30日,何某某的工作岗位为热处理工艺工程师。2015年10月21日,博世力士乐公司的相关人员与何某某进行谈话,称"经济情况很不好,连年亏损,我们已跟劳动部门作了减员的申请,这是一个迫不得已的决定,您也在这次的名单上。在跟劳动局申请的时候,他们也是希望尽可能通过协商一致的方式与员工解决这个问题,并且尽可能多地给员工一些补偿。今天请您过来商量一下是否能有这样一个协商一致的可能",并告知何某某大致方案为:如果同意协商一致解除劳动关系,会给予10个月再额外加2个月工资的补偿,也就是给予N+2的补偿;如果不同意协商一致解除的话,公司将最后工作日定在10月30日,只能按N+1的方式补偿。何某某表示"这个字我不想签,少一个月工资也无所谓,因为我的权利我还不太清楚。但是原则上我现在没什么意见,如果从将来看符合国家政策,我可以接受"。博世力士乐公司回复何某某称"您可以考虑一下,月底前给个回复。如果同意,还可以用这样的方式补偿。如果不同意的话,我们就单方面地通知您工作就到本月底,今天实际上也是正式通知您,如果双方不能协商一致的话,只能按N+1的方式补偿"。何某某于当日下班前在《协商解除协议》上签了字,博世力士乐公司于次日在《协商解除协议》上盖了章,协议中载明"双方将于2015年11月18日营业时间结束时起依法解除劳动合同;公司将按中国法律及本协议之约定向何某某支付解除劳动合同的经济补偿费为人民币120,970.92(净值)……"博世力士乐公司已向何某某支付了上述经济补偿费。何某某离职前12个月的平均工资为10,080元。之后,何某某申请劳动仲裁,要求博世力士乐公司向其支付违法解除劳动合同赔偿金差额。2016年5月19日,北京经济技术开发区劳动争议仲裁委员会作出京开劳仲字[2016]第98号裁决书,裁决:驳回何某某的申请请求。何某某不服该裁决,提起诉讼。

本案中,博世力士乐公司在与何某某协商解除劳动合同过程中对不同的解除劳动合同方式对何某某的影响进行了解释,何某某也认可在《协商解除协议》上签字是考虑在没有工作情况下,多得1个月工资对其很重要的因素。用人单位出现法律规定的需要裁员的情况时,通过与员工协商一致的方式解除劳动合同法律并未禁止,但博世力士乐公司应当支付何某某经济补偿金。虽然何某某的开始工作的时间早于2008年1月1日,但经济补偿金的计算基数不用分段计算。博世力士乐公司向何某某支付解除劳动合同的经济补偿费120,970.92元高于法定标准并不违反法律规定,并无不妥。

(1)关于《劳动合同法》的规定

《劳动合同法》第97条第3款规定,本法施行之日存续的劳动合同在本法施行后解除或者终止,依照本法第46条规定应当支付经济补偿的,经济补偿年限自本法施行之日(2008年1月1日)起计算;本法施行前按照当时有关规定,用人单位应当向劳动者支付经济补偿的,按照当时有关规定执行。

根据《劳动合同法》第97条第3款的规定,用人单位在计算经济补偿金时,应当根据劳动者入职时间、离职原因、工作年限等实际情况分段计算。用人单位在计算劳动者在2008年1月1日之前的经济补偿金年限时,应当适用《劳动合同法》施行之前的有关规定,在计算劳动者在2008年1月1日之后的经济补偿金年限时,应当适用《劳动合同法》施行之后的有关规定。在2008年《劳动合同法》公布施行之前,用人单位在计算经济补偿金时适用的应当是当时的规定,主要依据是《劳动法》第28条。

(2)关于《劳动法》的规定

《劳动法》第28条规定,用人单位依据《劳动法》第24条、第26条、第27条的规定解除劳动合同的,应当依照国家有关规定给予经济补偿。《劳动法》第24条规定的是用人单位协商与劳动者协商一致解除劳动合同;《劳动法》第26条规定的是用人单位无过失解除劳动合同;《劳动法》第27条规定的是经济性裁员解除劳动合同。《劳动法》第24条规定,经劳动合同当事人协商一致,劳动合同可以解除。《劳动法》第26条规定,有下列情形之一的,用人单位可以解除劳动合同,但是应当提前30日以书面形式通知劳动者本人:(1)劳动者患病或者非因工负伤,医疗期满后,不能从事原工作也不能从事由用人单位另行安排的工作的;(2)劳动者不能胜任工作,经过培训或者调整工作岗位,仍不能胜任工作的;(3)劳动合同订立时所依据的客观情况发生重大变化,致使原劳动合同无法履行,经当事人协商不能就变更劳动合同达成协议的。《劳动法》第27条规定,用人单位濒临破产进行法定整顿期间或者生产经营状况发生严重困难,确需裁减人员的,应当提前30日向工会或者全体职工说明情况,听取工会或者职工的意见,经向劳动行政部门报告后,可以裁减人员。用人单位依据本条规定裁减人员,在6个月内录用人员的,应当优先录用被裁减的人员。

(3)《劳动合同法实施条例》的规定

《劳动合同法实施条例》第27条规定,《劳动合同法》第47条规定的经济补偿的月工资按照劳动者应得工资计算,包括计时工资或者计件工资以及奖金、津贴和补贴等货币性收入。劳动者在劳动合同解除或者终止前12个月的平均工资低于当地最低工资标准的,按照当地最低工资标准计算。劳动者工作不满12个月的,按照实际工作的月数计算平均工资。根据这一条款的规定可得知,在计算劳动者的经济补偿金计算基数时不得低于当地最低工资标准(劳动者月工资低于用人单位所在地的最低工资标准,以最低工资标准作为经济补偿金的基数)。

(4)关于有关部门规章的规定

《关于贯彻执行〈中华人民共和国劳动法〉若干问题的意见》(劳部发〔1995〕309号)第36条规定,用人单位依据《劳动法》第24条、第26条、第27条的规定解除劳动合同,应当按照劳动法和劳动部《违反和解除劳动合同的经济补偿办法》(劳部发〔1994〕481号)支付劳动者经济补偿金。

《违反和解除劳动合同的经济补偿办法》第5条规定,经劳动合同当事人协商一致,由用人单位解除劳动合同的,用人单位应根据劳动者在本单位工作年限,每满1年发给相当于1个月工资的经济补偿金,最多不超过12个月。工作时间不满 1 年的按 1 年的标准发给经济补偿金。第 8 条规定，劳动合同订立时所依据的客观情况发生重大变化，致使原劳动合同无法履行，经当事人协商不能就变更劳动合同达成协议，由用人单位解除劳动合同的，用人单位按劳动者在本单位工作的年限，工作时间每满 1 年发给相当于 1 个月工资的经济补偿金。

（5）司法解释的有关规定

《最高人民法院关于审理劳动争议案件适用法律若干问题的解释》第 15 条规定，用人单位有下列情形之一，迫使劳动者提出解除劳动合同的，用人单位应当支付劳动者的劳动报酬和经济补偿，并可支付赔偿金：（1）以暴力、威胁或者非法限制人身自由的手段强迫劳动的；（2）未按照劳动合同约定支付劳动报酬或者提供劳动条件的；（3）克扣或者无故拖欠劳动者工资的；（4）拒不支付劳动者延长工作时间工资报酬的；（5）低于当地最低工资标准支付劳动者工资的。

《最高人民法院关于审理劳动争议案件适用法律若干司法解释（四）》第 5 条规定，劳动者非因本人原因从原用人单位被安排到新用人单位工作，原用人单位未支付经济补偿，劳动者依照《劳动合同法》第 38 条规定与新用人单位解除劳动合同，或者新用人单位向劳动者提出解除、终止劳动合同，在计算支付经济补偿或赔偿金的工作年限时，劳动者请求把在原用人单位的工作年限合并计算为新用人单位工作年限的，人民法院应予支持。用人单位符合下列情形之一的，应当认定属于“劳动者非因本人原因从原用人单位被安排到新用人单位工作”：（1）劳动者仍在原工作场所、工作岗位工作，劳动合同主体由原用人单位变更为新用人单位；（2）用人单位以组织委派或任命形式对劳动者进行工作调动；（3）因用人单位合并、分立等原因导致劳动者工作调动；（4）用人单位及其关联企业与劳动者轮流订立劳动合同；（5）其他合理情形。

2. 地方性规定

各省市地方在司法实践中对于经济补偿金的分段计算方式也存在很大

的差异，这里简要介绍几个有代表性的省份的相关规定。

(1)北京

北京地区的经济补偿金分段计算方式是计算年限分段而计算基数不分段。《北京市劳动局、北京市高级人民法院关于劳动争议案件法律适用问题研讨会会议纪要》第25条规定，《劳动合同法》施行之日存续的劳动合同，在《劳动合同法》施行后解除或者终止，依照《劳动合同法》第46条的规定应当支付经济补偿的，2007年12月31日前的经济补偿依照《劳动法》及其配套规定计算，2008年1月1日后的经济补偿依照《劳动合同法》的规定计算。经济补偿金的基数为劳动者在劳动合同解除或者终止前20个月的平均工资，不再分段计算。根据该规定，北京地区用人单位在支付劳动者经济补偿金时，计算支付年限依据2008年1月1日为分界点，前后期间分别计算，但经济补偿金的计算基数均按照劳动合同解除或者终止前12个月的平均工资统一计算，不分段。

案例43 员工入职年限超过17年 经济补偿金应分段计算

2001年5月28日李某某入职国际商业公司，2017年11月30日国际商业公司以订立劳动合同时所依据的客观情况发生重大变化，致使原劳动合同无法履行，就变更劳动合同事宜未能达成协议为由，依据《劳动合同法》第40条的规定与李某某解除劳动合同。离职前12个月李某某的平均工资为26,014.59元。后李某某向北京市劳动争议仲裁委员会申请仲裁，该仲裁委裁决国际商业公司支付李某某解除劳动合同经济补偿金393,006元(23,118元/月×17月)，支付奖金39,247.42元，驳回了李某某的其他仲裁请求。国际商业公司不服裁决诉至一审法院。本案中，《劳动合同法》第97条第3款规定："本法施行之日存续的劳动合同在本法施行后解除或者终止，依照本法第四十六条规定应当支付经济补偿的，经济补偿年限自本法施行之日起计算；本法施行前按照当时有关规定，用人单位应当向劳动者支付经济补偿的，按照当时有关规定执行。"该法第98条规定，"本法自2008年1月1日起施行”。根据《劳动合同法》以及《劳动合同法》施行之前的相关规定，本案均属应当支付解除劳动合同经济补偿的情形。《劳动合同法》第47条第2款规定：“劳动者月工资高于用人单位所在直辖市、设区的市级人民政府公布的本地区上年度职工月平均工资三倍的，向其支付经济补偿的标准按职工月平均工资三倍的数额支付，向其支付经济补偿的年限最高不超过十二年。”结合《劳动合同法》第97条第3款及第98条规定，支付解除劳动合同的经济补偿的最高年限12年应当自2008年1月1日起算。李某某离职前12个月平均工资为26,014.59元，超过北京市2016年度职工社会平均工资的3倍(23,118元)，故解除劳动合同的经济补偿为393,006元(23,118元/月×17月)。

(2)广东

广东地区的经济补偿金分段计算方式是计算基数不分段，但是计算年限在有些情况下分段计算，有些情况下不分段计算。

《广东省高级人民法院、广东省劳动人事争议仲裁委员会关于审理劳动人事争议案件若干问题的座谈会纪要》第31条规定，用人单位支付劳动者解除或终止劳动合同经济补偿或赔偿金时，经济补偿或赔偿金的基数为劳动者在劳动合同解除或者终止前12个月的平均工资，不再以《劳动合同法》施行之日为界分段计算。劳动者月工资高于用人单位所在地上年度职工月平均工资3倍的，经济补偿或赔偿金的基数按用人单位所在地上年度职工月平均工资的3倍计算。第32条规定，劳动关系建立于《劳动合同法》实施以前，但在《劳动合同法》实施后解除或终止的，经济补偿按以下方式计算：(1)按《劳动合同法》实施以前的有关规定，用人单位无须支付经济补偿的，劳动者工作年限自《劳动合同法》实施之日起计算。(2)按《劳动合同法》实施前后的有关规定，用人单位均需支付经济补偿的，劳动者的工作年限自用工之日起计算。用人单位与劳动者协商一致解除劳动合同或因劳动者不能胜任工作、经培训及调整岗位仍不能胜任工作为由解除劳动合同的，劳动者在《劳动合同法》实施以前计发经济补偿的工作年限最多不超过12年。劳动者月工资高于用人单位所在地上年度职工月平均工资的3倍,非因协商一致或劳动者不能胜任工作为由解除劳动合同的,劳动者在《劳动合同法》实施以前计发经济补偿的工作年限自用工之日起计算,不受最多不超过12年的限制。第33条规定,《劳动合同法》实施后,用人单位违法解除或终止劳动合同,劳动者不要求继续履行劳动合同或劳动合同已经不能继续履行的,用人单位应按《劳动合同法》的规定向劳动者支付赔偿金,但无须另行支付经济补偿。赔偿金的计算年限自实际用工之日起计算,应包括劳动者在《劳动合同法》实施前的工作年限。

根据上述规定,广东地区用人单位支付经济补偿金时,如果新旧规则均需要支付经济补偿金,那么支付经济补偿金的工作年限从用人单位用工之日起计算,不再分段。如果用人单位提出协商一致解除劳动合同或者不能胜任工作解除劳动合同,且2008年1月1日之前劳动者的工作年限超过12年的,就需要分段计算经济补偿金。如果劳动者的月工资超过上年度用人单位所在地社平工资3倍且2008年后的工作年限超过12年的,也应分段计算经济补偿金。

案例44 广东经济补偿金计算:工资基数相同标准+工作年限分段计算

谢某某于1996年5月入职中山市化工机械厂。1999年5月4日中山市化工机械厂变更为中化工程有限公司(以下简称中化公司),与谢某某签订过两次固定期限劳动合同。2009年4月7日,谢某某与中泽公司签订无固定期限劳动合同。2012年7月2日,中泽公司向谢某某发出员工调动通知单,称因工作需要将谢某某从质检无损检测部门调入生产部八车间,薪资由160元/天调整至120元/天,生效日期为2012年7月2日。同日,中泽公司通过内网向谢某某发出交接工作的通知。谢某某于2012年7月3日至7月5日休带薪年休假,该3天的工资,中泽公司并未支付。后谢某某分三次向中泽公司请假,请假期限为同年7月6日到8月13日。2012年7月4日,谢某某委托律师向中泽公司发出律师函,要求中泽公司在收到律师函之日立即恢复谢某某的工作部门、工作内容及薪资标准,若公司逾期不作出回应,谢某某将解除与公司的劳动合同,并且要求公司按劳动法律法规的规定支付经济补偿金及代通知金。谢某某于2012年8月13日回到中泽公司,找主管人事的副总经理刘某某要求恢复其工作,但遭到拒绝,故提出解除与公司的劳动合同。

2012年7月19日,谢某某向中山市劳动争议仲裁委员会申请仲裁,2012年11月28日,该会作出了中劳仲案字(2012)3024号仲裁裁决:"一、中泽公司安排谢某某进行离岗前职业健康检查;二、中泽公司无偿复印职业健康监护档案给谢某某;三、中泽公司须于本裁决生效后即支付谢某某:(一)2011年和2012年带薪年休假工资3266.83元;(二)解除劳动合同的经济补偿金27,795元;以上两项合计31,061.83元;四、驳回谢某某其余的仲裁请求。"中泽公司和谢某某均不服该仲裁裁决,向本院提起诉讼。双方一致确认谢某某离职前12个月的平均工资为5629.14元/月。

本案中,谢某某离职前12个月的平均工资高于中山市2011年全市职工月平均工资的三倍即5559元(1853元/月×3月)。在计算谢某某离职的经济补偿金数额时。根据《劳动合同法》第36条、第38条、第46条、第47条、第97条等相关规定,用人单位支付劳动者解除劳动合同经济补偿金时,经济补偿金的基数为劳动者在劳动合同解除前12个月的平均工资,不再以《劳动合同法》施行之日为界分段计算;劳动者月工资高于用人单位所在地上年度职工月平均工资3倍的,经济补偿金按用人单位所在地上年度职工平均工资的3倍计算;劳动关系建立于《劳动合同法》实施以前而在《劳动合同法》实施后解除,按《劳动合同法》实施前后的有关规定用人单位均需支付经济补偿的,劳动者的工作年限自用工之日起计算。用人单位与劳动者协商一致解除劳动合同的,劳动者在《劳动合同法》实施以前计发经济补偿的工作年限最多不超过12年。根据谢某某的工龄和实际情况,法院判决中泽公司应向谢某某支付解除劳动合同的经济补偿金88,944元(5559元/月×16月)。

(3)上海

上海地区的经济补偿金分段计算方式是计算基数分段，但是计算年限在有些情况下分段计算，有些情况下不分段计算。

《上海市高级人民法院关于适用〈劳动合同法〉若干问题的意见》第21条规定，关于经济补偿金“分段计算”的问题，根据《劳动合同法》第97条的规定，《劳动合同法》施行之日存续的劳动合同，在《劳动合同法》施行后解除或终止的，其经济补偿金的具体计算方法如下：(1)《劳动合同法》与2008年1月1日之前施行的相关法律法规规定(以下简称“以前规定”)均规定应当支付经济补偿金的情况，且劳动者的平均工资不高于上年度本市职工月平均工资3倍的，经济补偿金的计算基数按劳动者在劳动合同解除或终止前12个月的月平均工资确定。(2)《劳动合同法》规定应当支付经济补偿金的情形，且不属于以前规定中“经济补偿金总额不超过劳动者12个月的工资收入”情形的，经济补偿年限自用工之日起计算。《劳动合同法》规定应当支付经济补偿金的情形，但属于以前规定中“经济补偿金总额不超过劳动者12个月的工资收入”情形的，劳动者在《劳动合同法》施行前的经济补偿年限按照以前规定计算；劳动者在《劳动合同法》施行后的工作年限在计算经济补偿年限时并入计算。(3)符合《劳动合同法》规定3倍封顶的情形，实施封顶计算经济补偿年限自《劳动合同法》施行之日起计算，《劳动合同法》施行之前的工作年限仍按以前规定的标准计算经济补偿金。(4)根据《劳动合同法实施条例》第25条的规定，用人单位违反《劳动合同法》的规定解除或终止劳动合同，依法支付劳动者赔偿金，赔偿金的计算年限自用工之日起计算。如劳动者在劳动合同被违法解除或终止前12个月的月平均工资高与上年度本市职工月平均工资3倍的，根据《劳动合同法》第87条规定，应当按照第47条第2款规定的经济补偿标准计算。

案例45 上海经济补偿金计算：工资基数分段计算＋工作年限分段计算

朱某某于2011年5月1日至宝信公司处工作，双方签订的最后一期劳动合同期限自2015年11月1日至2017年10月31日，合同约定朱某某担任副总裁,每月工资70,000元。2016年9月1日,朱某某与闵行开隆公司签订了期限自2016年9月1日至2017年10月31日的劳动合同,合同约定朱某某担任宝信汽车副总裁,每月基础工资70,000元,实行不定时工作制。闵行开隆公司每月通过银行转账形式发放上月工资。朱某某每周做五休二,每天工作时间为8:30~17:30,中间1小时用餐休息时间,闵行开隆公司不对其考勤。闵行开隆公司支付其工资至2016年12月31日。宝信公司为朱某某办理了终止日期为2016年8月31日的退工登记备案手续。2017年9月21日,朱某某以拖欠2017年1月至8月工资、车贴、年终奖等为由书面提出离职。闵行开隆公司为朱某某正常缴纳了2017年1月至9月的社会保险费。此后,朱某某向上海市闵行区劳动人事争议仲裁委员会申请仲裁,要求宝信公司支付拖欠的工资与经济补偿金,由于仲裁机构没有支持朱某某的主要请求,朱某某不满起诉至人民法院。庭审中查明,朱某某自2000年2月至2017年9月连续在闵行开隆公司的关联公司工作,工龄是连续计算的。根据我国《劳动合同法》第38条的规定,用人单位未及时足额支付劳动报酬的,劳动者可以解除劳动合同;《劳动合同法》第46条规定,劳动者依照本法第38条规定解除劳动合同的,用人单位应当向劳动者支付经济补偿。朱某某于2017年9月21日以闵行开隆公司拖欠2017年1月至8月工资等为由书面提出离职,而实际上闵行开隆公司确未发放朱某某该期间的工资,故朱某某以此为由提出解除与闵行开隆公司之间的劳动合同,并据此主张经济补偿金,符合法律规定。关于经济补偿年限的计算,朱某某的劳动关系自2000年2月至××公司始,之后用人单位分别记载为D公司、F公司、宝信公司、闵行开隆公司,该期间朱某某工作一直是连续的,且从查明的事实看,各用人单位的股东均有交叉,控股股东存在联系,可以认定为关联企业,在此情况下,在原用人单位的工作年限应当合并计算为新用人单位的工作年限即自2000年2月至2017年9月20日。此外,根据《劳动合同法》第97条第3款的规定,本法施行之日存续的劳动合同在本法施行后解除或者终止,依照本法第46条规定应当支付经济补偿的,经济补偿年限自本法施行之日起计算;本法施行前按照当时有关规定,用人单位应当向劳动者支付经济补偿的,按照当时有关规定执行。因此,符合《劳动合同法》规定3倍封顶的情形,实施封顶计算经济补偿年限自《劳动合同法》施行之日起计算,《劳动合同法》施行之前的工作年限仍按以前规定的标准计算经济补偿金。本案中,朱某某的经济补偿应以2008年1月1日为时间界点进行分段计算,根据朱某某的银行交易明细及劳动合同,可以确认朱某某的月工资标准为70,000元,经计算,闵行开隆公司应支付朱某某解除劳动合同的经济补偿755,120元(70,000元/月×8月+6504元/月×3×10月)。

第二节 经济赔偿金的计算

经济赔偿金是承担违约责任的一种重要方式,合同当事人一方违反合同约定,给合同相对人造成损失的,应给予一定数量货币进行赔偿。是针对用人单位违反法律规定解除或终止劳动合同时的一种惩罚性的赔偿,是违法行为所要付出的对价,带有一定的惩罚性。我国2008年1月1日开始施行的《劳动合同法》第48条规定,用人单位违反本法规定解除或者终止劳动合同,劳动者要求继续履行劳动合同的,用人单位应当继续履行;劳动者不要求继续履行劳动合同或者劳动合同已经不能继续履行的,用人单位应当依照本法第87条规定支付赔偿金。《劳动合同法》第87条规定,用人单位违反本法规定解除或者终止劳动合同的,应当依照本法第47条规定的经济补偿标准的2倍向劳动者支付赔偿金。

在《劳动合同法》出台之前,只有经济补偿金制度而没有经济赔偿金制度。经济补偿金依据的是《劳动法》和《违反和解除劳动合同的经济补偿办法》中的有关规定。经济赔偿金具有惩罚性,因此用人单位需要向劳动者支付2倍的经济补偿金,这也是在《劳动法》的基础上提高了用人单位的违法成本。

2008年《劳动合同法》虽然规定了经济赔偿金制度,但是没有明确对经济补偿金与经济赔偿金二者是否可以用时适用具体规定,以至于支付赔偿金后,是否还人支付经济补偿金一直存在争议。但结合《劳动合同法》规定的立法意图,也不难看出立法者的用意,经济赔偿金仅适用于用人单位违法解除劳动合同,而经济补偿金适用于用人单位依法解除劳动合同,二者性质与目的是不同,不能同时适用。《劳动合同法实施条例》第 25 条规定,用人单位违反劳动合同法的规定解除或者终止劳动合同,依照《劳动合同法》第 87 条的规定支付了赔偿金的,不再支付经济补偿。赔偿金的计算年限自用工之日起计算。该条例第 32 条规定,劳务派遣单位违法解除或者终止被派遣劳动者的劳动合同的,依照《劳动合同法》第 48 条的规定执行。

一、经济赔偿金的适用条件

《劳动合同法》第 87 条是经济赔偿金条款,规定了劳动者向用人单位主张经济赔偿金的适用条件。该条规定,用人单位违反本法规定解除或者终止劳动合同的,应当依照本法第 47 条规定的经济补偿标准的 2 倍向劳动者支付赔偿金。

根据《劳动合同法》第 87 条的规定,劳动者向用人单位主张经济赔偿金的关键要素在于用人单位解除劳动合同的行为违反法律的规定。在实践中,由于用人单位在劳动关系中有对劳动者的管理权,在劳动关系中有一定的主动地位,因此,用人单位很可能出于主观的故意作出一定的违法行为,比如,单方调岗调薪,单方变更劳动者的工作地点,拖欠劳动者劳动报酬等。同时,由于实践中的复杂性的,用人单位同样可能在管理劳动者和使用劳动力的过程中因为程序违法或者主观认识错误最终造成一些客观违法行为。无论是出于主观故意还是认识错误,只要用人单位存在解除劳动合同行为并且解除原因不符合法律的规定,就是违法解除。那么根据法律规定,用人单位就应当向劳动者支付劳动者经济赔偿金。

企业应当向劳动者支付经济补偿金还是经济赔偿金,区分的关键点在于企业是否主动违法解除劳动合同。如果企业存在违法行为,但是企业并没有主动解除劳动合同而是劳动者以用人单位违法为由主动提出解除劳动合同的，作为用人单位的企业就是不用支付经济赔偿金的，最多是在符合法律规定的情况下向劳动者支付经济补偿金，甚至在劳动者认识错误或者证据不足的情况下连经济补偿金都无须支付。尽管企业对于解除劳动合同享有一定的主动权，但是在解除劳动合同前，应当对解除劳动合同是否合法还是违法作出正确判断，否则一旦解除行为违法，就要承担经济赔偿金的较重惩罚，会给用人单位造成较大的经济损失。

二、经济赔偿金的计算方式及计算基数

《劳动合同法》第 87 条明确规定了经济赔偿金的计算方式及计算基数。用人单位违反本法规定解除或者终止劳动合同的，应当依照本法第 47 条规定的经济补偿标准的 2 倍向劳动者支付赔偿金。《劳动合同法》第 47 条规定，经济补偿按劳动者在本单位工作的年限，每满 1 年支付 1 个月工资的标准向劳动者支付。6 个月以上不满 1 年的，按 1 年计算；不满 6 个月的，向劳动者支付半个月工资的经济补偿。劳动者月工资高于用人单位所在直辖市、设区的市级人民政府公布的本地区上年度职工月平均工资 3 倍的，向其支付经济补偿的标准按职工月平均工资 3 倍的数额支付，向其支付经济补偿的年限最高不超过 12 年。本条所称月工资是指劳动者在劳动合同解除或者终止前 12 个月的平均工资。

用人单位在向劳动者支付经济赔偿金时，应当直接适用经济补偿金的计算方式。经济赔偿金的计算基数是以经济补偿金的计算基数作为基数，计算得出经济补偿金的金额后，再以经济补偿金的金额作为经济赔偿金的计算基数。

第三节　拖欠工资及福利的计算

用人单位或者劳动者在解除或者终止劳动合同时，用人单位应当及时

支付拖欠劳动者的工资报酬及福利。在计算拖欠工资及福利时,工资和福利待遇标准的确定也是一个非常重要的问题。一般而言,用人单位和劳动者在劳动合同及相关附件中会对劳动者在本单位享有的劳动报酬和福利待遇标准进行明确的约定。当解除或者终止劳动合同时,对照劳动合同约定的工资报酬和福利待遇标准,确定尚未支付的工资及福利。用人单位应当将拖欠劳动者的工资报酬和福利待遇支付给劳动者。

但是,实践中很可能存在用人单位与劳动者在劳动合同中对于工资报酬及福利待遇约定不明确或者劳动合同中无法反映劳动者工资报酬和福利待遇的真实情况。根据《劳动合同法》第 18 条的规定,劳动合同对劳动报酬和劳动条件等标准约定不明确,引发争议的,用人单位与劳动者可以重新协商;协商不成的,适用集体合同规定;没有集体合同或者集体合同未规定劳动报酬的,实行同工同酬;没有集体合同或者集体合同未规定劳动条件等标准的,适用国家有关规定。因此,在劳动合同中对劳动报酬和福利待遇约定不明时,用人单位可以和劳动者协商确定。双方无法重新协商确定时,有集体合同的,适用集体合同中的具体规定。如果连集体合同也没有或者集体合同也没有规定劳动报酬和福利待遇问题时,对于劳动者的劳动报酬和福利待遇则实行同工同酬。

因此,在劳动合同约定不明且没有签订集体合同,无法重新协商达成一致时,就要适用同工同酬的标准认定劳动者的工资报酬和福利待遇。采用同工同酬标准确定劳动者的工资报酬和福利待遇实践中有两种操作方式,并且互相补充使用。一种情况是参照用人单位发放给其他同岗位同工种劳动者的工资及福利待遇。如果没有同岗位同工种其他劳动者的情况下则可以参考用人单位支付给类似岗位和类似工种下其他劳动者的工资及福利待遇。另一种更常见的处理方式是参考劳动者本人在该岗位上,过去向用人单位提供正常劳动情况下每月实际发放的劳动报酬和福利待遇,确定其工资标准和福利待遇,从而支付用人单位尚未支付的拖欠劳动者的工资和福利待遇。

在劳动合同约定不明,为确定劳动者的工资报酬和福利待遇标准需要参考劳动者过去月份向用人单位提供正常劳动情况下取得的工资报酬和福利待遇时,对用人单位过去实际支付给劳动者的款项的审查就非常重要。

一是款项名称及性质问题。在确定劳动者的劳动报酬和福利待遇标准时,尤其是参考劳动者过去每月实际取得的工资及福利待遇为依据的情况下,用人单位支付给劳动者的款项性质的确定就显得非常重要。用人单位每月发放给劳动者的各种款项和方式应当明确具体,且发放的无论是奖金、工资还是其他福利费用,都应当能够从名称上体现其所对应的金额款项性质。有些单位在发放给劳动者款项时,款项名称错误或者没有准确的款项名称,导致解除或者终止劳动合同时与劳动者之间就工资款项和福利费的发放标准及是否实际发放等发生争议,存在一定的证明难度。尤其是在劳动合同没有明确约定或者约定不明时,甚至有些内容是劳动关系过程中口头约定的情况,用人单位会承担一些不必要的法律风险,比如福利待遇费用和工资一起通过工资卡在一笔款项中予以发放,没有单独列明款项明细;发放的奖金没有写明奖金性质,而备注成工资。这些实际操作中的问题做法都会加重用人单位在诉讼过程中的举证证明责任,增加法律风险。

二是福利待遇发放的条件和对象。在有些情况下,用人单位的福利政策针对的人群是不一样的。有些福利待遇是对某位劳动者单独适用的,有福利费标准及支付条件;有些福利待遇却是用人单位对劳动者开展集体活动或特定事项而支付的福利经费,并非发放给劳动者个人的款项也没有支付给劳动者个人的规定。比如,组织团建活动、工会活动、外出春游、集体旅行活动等集体福利活动的经费。当然,如果用人单位规章制度或者员工手册中有明确规定,福利活动或其他福利经费开支在一定条件下可以直接支付给劳动者本人的,用人单位在劳动者符合条件时就应当将相应的福利费予以支付。

三是款项发放的时间及频次问题。在确定劳动者工资报酬和福利待遇标准时,用人单位实际发放款项的时间及频次也很关键。有些情况下,劳动者主张每月有固定的福利待遇费用,而用人单位并不认可劳动者的说法。

在这种以及其他相类似情况下，司法实践会根据款项发放的时间，劳动者是否实际取得过某项福利费用以及实际取得款项的频次等因素，综合审查款项的众多要素来判断用人单位是否确实有某项福利待遇政策，款项的发放是固定常态还是不确定月份发放等，最终推断款项性质。结合用人单位对劳动者工资、福利待遇的实际支付情况，要求用人单位支付拖欠的工资和未给予的福利待遇。

案例46 员工主张集体福利费用 法院判决败诉

2015年9月1日，朱某入职华润超市，担任食品部采购经理，双方签订无固定期限劳动合同。2014年华润万家收购包括朱某所在分公司在内的乐购公司，华润超市系华润万家的子公司。

2016年7月22日，华润超市要求朱某2016年8月1日调岗至华润超市北京德胜门店，担任商品部副总经理，朱某不同意，亦未到新岗位报到。朱某2016年8月到原岗位上班，但是自2016年8月2日起无法进入公司。2016年8月26日，华润超市向朱某发出解除劳动合同通知书，称因朱某自2016年8月1日其连续旷工超过3天，按员工自动离职处理，双方劳动关系于2018年8月26日解除，朱某需于2016年8月31日办理离职手续。朱某于2016年8月31日收到上述解除劳动合同通知书。

本案中，朱某要求华润公司支付其2015年10月至2016年8月的季度福利费，但并未证明员工福利曾经发放过季度福利费。华润超市认可福利费，但表示员工福利费是员工团队建设福利基金，用于集体活动，不向员工发放。朱某前后所述是否向员工发放过员工福利自相矛盾，因此，发放福利费没有事实及制度依据。朱某要求的华润公司支付2015年11月15日至2016年3月15日的取暖费320元但没有证明，且双方也没有任何约定。朱某要的异地交通补助，但其提交《跨业务单元（城市）异动福利财务部门备案表》显示异动福利科目为探亲交通费报销，但并无未证明此项福利事先有约定。最终，法院没有支持朱某关于以上福利费用的请求。

第四节 社会保险及住房公积金缴费不足的处理

《社会保险法》第57条规定,用人单位应当自成立之日起30日内凭营业执照、登记证书或者单位印章,向当地社会保险经办机构申请办理社会保险登记。《住房公积金管理条例》第13条规定,单位应当向住房公积金管理中心办理住房公积金缴存登记,并为本单位职工办理住房公积金账户设立手续。第15条规定,单位录用职工的,应当自录用之日起30日内向住房公积金管理中心办理缴存登记,并办理职工住房公积金账户的设立或者转移手续。第20条规定,单位应当按时、足额缴存住房公积金,不得逾期缴存或者少缴。

根据上述法律规定,用人单位为劳动者缴纳社会保险和住房公积金是法定义务。但是实践中,用人单位普遍存在社会保险和住房公积金缴纳方面存在缴费不足的问题,以至于经常发生劳动者在离职时,会要求没有足额缴费的用人单位进行补缴,或者向社保经办机构和公积金管理部门举报投诉。如果用人单位没有按照规定给劳动者缴纳社会保险或者住房公积金,用人单位将会面临有关机构要求补缴社会保险或者住房公积金的法律风险。

一、社会保险缴费不足的处理

《社会保险法》第62条规定,用人单位未按规定申报应当缴纳的社会保险费数额的,按照该单位上月缴费额的110%确定应当缴纳数额;缴费单位补办申报手续后,由社会保险费征收机构按照规定结算。第84条规定,用人单位不办理社会保险登记的,由社会保险行政部门责令限期改正;逾期不改正的,对用人单位处应缴社会保险费数额1倍以上3倍以下的罚款,对其直接负责的主管人员和其他直接责任人员处500元以上3000元以下的罚款。

第86条规定,用人单位未按时足额缴纳社会保险费的,由社会保险费征收机构责令限期缴纳或者补足,并自欠缴之日起,按日加收5‱的滞纳金;逾期仍不缴纳的,由有关行政部门处欠缴数额1倍以上3倍以下的罚款。

用人单位自劳动者入职之日起,给劳动者缴纳社会保险,是法律规定的用人单位的强制性义务。用人单位不能通过与劳动者私下协商达成一致不向社会保险费征收机构缴纳社会保险费用的方式免除缴纳社会保险费的义务。如果用人单位与劳动者之间以协议或者承诺的形式免除用人单位的社会保险费缴纳义务,这类约定或者承诺无效。因此,用人单位未给劳动者缴纳社会保险的,应当及时向社会保险费征收机构申请补缴,或者在劳动者向社会保险费征收机构投诉举报后,根据社会保险费征收机构的要求,补缴社会保险费。如果用人单位逾期仍未缴纳或者补足社会保险费,则会被县级以上人力资源保障部门通过向银行或者金融机构送达书面决定的方式,划拨社会保险费。若用人单位账户余额确实不足以支付其应当支付的社会保险费用,用人单位可以向社会保险费征收机构提供担保并签订延期缴费协议。如果用人单位既未足额缴纳社会保险费也未提供担保,则社会保险费征收机构可以申请人民法院扣押、查封、拍卖其价值相当于应当缴纳社会保险费的财产,用以抵缴社会保险费。

根据《社会保险费征缴暂行条例》和《社会保险法》的规定,用人单位不办理社会保险登记、不缴纳社会保险费的,由行政部门进行行政处罚、申请人民法院依法强制征缴。因社会保险费的征收征缴属于行政部门的行政职责,所以劳动者与用人单位关于社会保险费的纠纷属于行政管理范畴,不属于人民法院民事诉讼受案范围。当用人单位未给劳动者缴纳社会保险时,劳动者只能向社会保险费征收机构投诉举报,由社会保险费征收机构依法审查、核定、追缴。

在实践中,劳动者提起诉讼程序主张由用人单位补缴社会保险费、支付劳动者应当缴纳的社会保险费用或者赔偿损失,人民法院一般会以不属于劳动争议案件的受案范围为由驳回劳动者关于社会保险的诉求,但会告知劳动者向社会保险征收部门举报投诉，由社会保险征收机构履行行政职责，追缴用人单位欠缴的社会保险费用。另外，虽然社会保险费补缴的诉讼请求不属于人民法院的受案审理范围，但用人单位在劳动争议诉讼过程中，可以通过诉讼调解的方式在调解程序中与劳动者协商处理社会保险费未缴纳或者少缴、欠缴的问题。用人单位与劳动者就社会保险费的补偿方式协商达成一致后，可以在调解书中对调解金额适当增加，并在调解书中表明再无任何劳动争议纠纷，从而彻底解决社会保险费缴纳的问题。农民工养老保险的缴纳存在特殊情况。《社会保险法》于 2011 年 7 月 1 日起施行。在实施前，用人单位未为农民工缴纳养老保险的，因社会保险经办机构实际无法办理补缴手续，仲裁委、法院可以判令用人单位以金钱方式赔偿农民工未缴养老保险损失。而《社会保险法》施行后已允许农民工补缴养老保险，因此，2011 年 7 月 1 日后农民工的养老保险问题应由社会保险经办机构和劳动行政部门依法处理，仲裁委、法院不再判决赔偿损失。

案例 47 劳动者要求补缴社会保险费 法院驳回起诉

原告黄某某系农业户口。2019 年 1 月，黄某某向北京市石景山区劳动人事争议仲裁委员会提出申请，要求实兴金海中心：一、补缴 2002 年 5 月 23 日至 2012 年 4 月 1 日未缴纳的社会保险费；二、补缴 2002 年 5 月 23 日至 2019 年 4 月 1 日的住房公积金。仲裁委员会于 2019 年 1 月 15 日出具不予受理通知书，决定不予受理。黄某某提起本次诉讼。案件审理过程中，经法院释明，黄某某坚持上述诉讼请求。本案中，黄某某只针对社会保险费和住房公积金要求单位予以补缴。仲裁委员会不予受理。法院同样也以劳动者与用人单位因住房公积金的缴纳发生的争议，不属于劳动争议案件受理范围，驳回黄某某的起诉。

二、住房公积金缴费不足的处理

《住房公积金管理条例》第 37 条规定，违反本条例的规定，单位不办理住房公积金缴存登记或者不为本单位职工办理住房公积金账户设立手续的,由住房公积金管理中心责令限期办理;逾期不办理的,处1万元以上5万元以下的罚款。第38条规定,违反本条例的规定,单位逾期不缴或者少缴住房公积金的,由住房公积金管理中心责令限期缴存;逾期仍不缴存的,可以申请人民法院强制执行。因此,用人单位应当积极履行缴纳住房公积金的法定义务,配合住房公积金管理中心办理缴存。用人单位经催缴后仍然逾期不缴存的,则会面临住房公积金管理中心申请法院强制执行的不利后果。住房公积金的缴纳问题与社会保险费的缴纳一样,属于住房公积金管理中心履行行政职责,进行行政征缴的法律范畴。因此,实践中对于用人单位未缴纳住房公积金,劳动者申请劳动争议诉讼,法院一般会以不属于人民法院劳动争议审查范围予以驳回,但会告知劳动者可以向住房公积金管理局举报投诉,由行政管理机构进行向用人单位追缴。

案例48　劳动者起诉主张补缴住房公积金　法院不予处理

2017年7月5日,万古恒信公司与董某签订期限至2019年7月4日的2年期劳动合同,约定试用期2个月,董某担任客服主管岗位,工作地点为杭州,工资标准6000元(试用期4800元),病假工资按照当地最低工资的80%发放。当日,董某在试用期考核准则(载明试用期内迟到脱岗视为不符合录用条件)、入职资料确认单(确认收到员工手册、试用期考核准则等文件且无异议)、承诺书(载明与万古恒信公司签订劳动合同时与其他任何公司不存在劳动关系)上签字确认。董某员工信息登记表显示其具有本科学历、在职研究生学历以及一级人力资源管理师资质并曾在多家公司担任人力资源管理岗。万古恒信公司员工手册中劳动关系解除一节载明未请假或请假未获批准而擅自不到岗上班的,视为旷工;连续旷工3天或1年以内累计旷工5天的,公司有权解除劳动合同,且不支付任何赔偿。2017年8月21日起董某未再到岗工作。2017年8月24日万古恒信公司以董某8月21日至24日未到岗上班,也未提交病假证明为由,认定董某试用期不合格,解除劳动合同,并向董某邮寄了解除劳动合同通知书。2017年9月1日,董某向万古恒信公司杭州分公司邮寄了武汉医疗机构为董某开具的2017年8月21日至2017年9月4日的病假诊断证明。万古恒信公司于2018年9月5日收到了上述假条,确认之前属于病假情形并于2018年9月22日向董某发出《限期返岗通知书》,表示公司9月5日收到董某8月21日至9月4日的病假条,但之后董某仍未到岗也未续办任何手续,严重违反规章制度,要求董某9月25日前报到,逾期按照旷工处理。万古恒信公司于2017年9月22日将上述返岗通知同时向董某武汉、杭州地址进行了邮寄,其中杭州地址邮寄显示于9月24日12时22分妥投。2017年9月26日万古恒信公司以董某病假到期后,虽经9月22日催促返岗,但截至9月25日仍未到岗的事实,认定董某构成旷工并以违反员工手册相关规定为由,与董某解除劳动合同,并再次同时向董某武汉、杭州地址进行了邮寄,其中杭州地址邮件显示9月30日12时43分妥投。

本案中,人民法院以董某要求用人单位补缴住房公积金的诉讼请求不属于劳动争议案件的受案范围为由,不予处理。

第五节 离职补偿金的计算基数与个人所得税

员工离职的时候,非常在意能从用人单位拿到多少经济补偿金。离职补偿金的多少,取决于三个因素:一是员工在用人单位工作的年限;二是员工离职补偿金的计算基数,也就是员工离职前12个月的月平均工资;三是需要交多少个人所得税。相对而言,员工的工作年限是一个相对客观的数据。但是如何正确处理经济补偿金的计算基数及个人所得税的问题,却是用人单位与员工谁都不能马虎的事情。

一、经济补偿金的计算基数

《劳动合同法》第47条规定,经济补偿按劳动者在本单位工作的年限,每满1年支付1个月工资的标准向劳动者支付。6个月以上不满1年的，按1年计算；不满6个月的，向劳动者支付半个月工资的经济补偿。劳动者月工资高于用人单位所在直辖市、设区的市级人民政府公布的本地区上年度职工月平均工资3倍的，向其支付经济补偿的标准按职工月平均工资3倍的数额支付，向其支付经济补偿的年限最高不超过12年。本条所称月工资是指劳动者在劳动合同解除或者终止前12个月的平均工资。

实践中用人单位支付给劳动者的工资项目五花八门，劳动者所取得的劳动报酬时，哪些项目属于最终构成“月工资”的组成部分，由于《劳动合同法》并未对月工资进行明确细化的规定，因此不要说一般员工，就连很多企业的HR也都未必能说准确。例如，加班工资是否应当计入月工资，个人缴纳的社保部分是否应当计入月工资，个人缴纳的税款又是否应当计入月工资，还有个人的公积金是否应当计入月工资呢？简言之，经济补偿金的计算基数是劳动者的应得工资还是劳动者的实得工资？

根据《劳动合同法实施条例》第27条的规定，《劳动合同法》第47条所确定的经济补偿金的基数，即“月工资”是应当按照劳动者取得的应得工资进行计算，且劳动者的应得工资应当包括计时工资或者计件工资以及奖金、津贴和补贴等货币性收入。

在实践中，劳动者每月会有一个实际拿到手的工资数额，这个实际拿到手的工资是劳动者的实得工资。劳动者每月应得工资与实得工资的主要差别在于用人单位所负责的代扣代缴款项，包括社保个人部分、个人所得税及公积金个人部分等项目。用人单位每月会在劳动者应得工资的基础上，将法定代扣代缴部分的金额扣除后的剩余部分支付给劳动者。因此，劳动者的实得工资一般都比劳动者的应得工资低。虽然劳动者到手的实得工资较应得工资而言低，从形式上看劳动者真正到手的只有实得工资部分，但是实质上，劳动者的应得工资和到手的实得工资之间的社保个人部分、个人所得税及公积金个人部分等项目的差额款项也是劳动者的个人劳动所得的组成部分，用人单位只不过是基于法律规定的负责履行代缴的义务而已。从性质上来说,这些款项也是劳动者的工资性收入,同样是劳动者应得工资的组成部分。因此,用人单位在计算劳动者经济补偿金的基数时,一定要按照将劳动者社保个人部分、个人所得税及公积金个人部分等代扣代缴的项目加上后的劳动者应得工资计算,不能按照实际发到劳动者手里的劳动者实得工资计算,否则就会因理解错误最终造成劳动者经济补偿金的计算错误。

此外,实践中还存在一些特殊情况。有些用人单位的福利待遇较好,对于劳动者个人应承担的社保、所得税及公积金部分,在劳动合同中约定属于福利待遇,并且也明确由用人单位承担。在实际制作发放的工资条或者工资单中工资构成部分同样对这部分款项注明为单位福利。对于这部分款项在性质上究竟是属于用人单位给劳动者的福利待遇,还是属于劳动者税前工资的一部分呢？在司法实践中,除用人单位与劳动者约定这部分费用属于福利待遇外,用人单位在财务上也不得将其列支为劳动者的个人收入事项,否则还是将其列为劳动者的税前工资较为合适。也就是说,计算劳动者经济补偿金基数时应该将作为福利待遇的个人社保、个税及个人公积金计算在内为原则,不计算在内为例外。

经济补偿金的计算基数是否包含加班工资？

根据《国家统计局关于工资总额组成部分的规定》第 6 条规定,工资总额由下列六个部分组成:(1)计时工资;(2)计件工资;(3)奖金;(4)津贴和补贴;(5)加班加点工资;(6)特殊情况下支付的工资。根据该规定,劳动者的工资总额应当包括加班工资。《劳动合同法实施条例》第 27 条规定,“经济补偿的月工资按照劳动者应得工资计算,包括计时工资或者计件工资以及奖金、津贴和补贴等货币性收入。”加班工资也属于劳动者的货币性收入,所以加班工资理所当然地应该包含在计算基数之内。但也因为《关于工资总额组成部分的规定》第 6 条和《劳动合同法实施条例》第 27 条并未明确规定加班工资作为计算劳动者经济补偿金的计算基数,导致各地区劳动审判口径出现了一些分歧。

1. 以北京为代表的地区将加班工资纳入经济补偿金的计算基数中

北京、深圳、江苏、杭州等地区在计算劳动者经济补偿金的月工资标准时，将加班工资纳入计算基数中。

《北京市高级人民法院、北京市劳动人事争议仲裁委员会关于审理劳动争议案件法律适用问题的解答》第 21 条第 4 款规定，在计算劳动者解除劳动合同前 12 个月平均工资时，应当包括计时工资或者计件工资以及奖金、津贴和补贴等货币性收入。其中包括正常工作时间的工资，还包括劳动者延长工作时间的加班费。劳动者应得的年终奖或年终双薪，计入工资基数时应按每年 12 个月平均分摊。《劳动合同法》第 47 条规定的计算经济补偿的月工资标准应依照《劳动合同法实施条例》第 27 条规定予以确定；《劳动合同法实施条例》第 27 条中的“应得工资”包含由个人缴纳的社会保险和住房公积金以及所得税。

《深圳市中级人民法院关于审理劳动争议案件的裁判指引》第 97 条规定，在计算经济补偿或赔偿金时，劳动者解除劳动合同前 12 个月平均工资，除包括正常工作时间的工资外，还包括劳动者的加班工资。劳动者已领取的年终奖或年终双薪，计入工资基数时应按每年 12 个月平均分摊。用人单位因未在用工之日起 1 个月内签订劳动合同而按月向劳动者支付的 2 倍工资，其中加付的一倍工资不纳入经济补偿或赔偿金的计算基数。

《江苏省劳动人事争议疑难问题研讨会纪要》第 10 条规定，劳动者在解除或终止劳动合同前 12 个月内的加班工资、年终奖、季度奖应当作为计算平均工资内容。但年终奖、季度奖应当分摊计算至相应的月份，分摊计算后，如果不在劳动合同解除或终止前 12 个月内的，不宜作为计发数额。

《杭州地区法院审理劳动争议案件若干实务问题的处理意见（试行）》第 14 条规定，劳动者解除劳动合同前 12 个月的平均工资水平应按照劳动者每月应发工资数额计算。个人应负担而由用人单位代扣代缴的个人所得税、社会保险费等不予扣除。加班工资等不固定的收入不予扣除。

2. 以上海为代表的地区将加班工资排除在经济补偿金的计算基数中

相较于北京等地区规定加班工资应当计入经济补偿金的计算基数，四川、上海地区的规定将加班工资排除在经济补偿金之外，计算经济补偿金时不包含加班工资。

《四川省关于审理劳动争议案件若干疑难问题的解答》第29条规定，《劳动合同法》中规定的经济补偿金及2倍工资计算基数按照劳动者正常工作状态下12个月的应得工资计算，即未扣除社会保险费、税费等之前的当月工资总额，但不应包括：(1)加班工资；(2)非常规性奖金、津补贴、福利。

上海市高级人民法院《民事法律适用问答》(2013年第1期)第5条规定，有的法院反映，一些用人单位加班已成为常态，劳动者的劳动报酬一般由最低工资和加班费组成，如在确定经济补偿金计算基数时不将加班费计算在内，则可能导致用人单位支付的经济补偿金过低的问题。我们认为，第一，经济补偿从性质上看系用人单位与劳动者解除或终止劳动关系后，为弥补劳动者损失或基于用人单位所承担的社会责任而给予劳动者的补偿，故经济补偿金应以劳动者的正常工作时间工资为计算基数。第二，加班工资系劳动者提供额外劳动所获得的报酬，不属于正常工作时间内的劳动报酬。第三，从原劳动部《关于贯彻执行〈中华人民共和国劳动法〉若干问题的意见》第55条和《劳动合同法实施条例》第27条规定来看，也应认为经济补偿金不包含加班费。综上，我们认为在计算经济补偿金计算基数时不应将加班工资包括在内。

如有证据证明用人单位恶意将本应计入正常工作时间工资的项目计入加班工资，以达到减少正常工作时间工资和经济补偿金计算标准的，则应将该部分"加班工资"计入经济补偿金的计算基数。

用人单位在考察加班工资是否应当计算到经济补偿金的计算基数时，应当结合受理劳动争议案件的仲裁和审判法院所属的地区，准确适用各地区的具体相关规定。用人单位在计算经济补偿金的计算基数时，是否应当包括劳动者取得的提成？

《劳动合同法实施条例》第 27 条规定,《劳动合同法》第 47 条规定的经济补偿的月工资按照劳动者应得工资计算,包括计时工资或者计件工资以及奖金、津贴和补贴等货币性收入。提成属于劳动者因提供劳动取得的货币性收入,是劳动者工资的一部分。因此,在计算劳动者解除或者终止劳动合同前 12 个月平均工资时,应当将劳动者的基本工资和提成奖金全部纳入其中。公司在解除或者终止劳动合同时,如果只按照基本工资计算经济补偿金的基数,不符合法律的规定。

3. 年底 13 薪及年终奖是否应纳入在经济补偿金的计算基数?

13 薪和年终奖从性质上说,属于用人单位支付给劳动者的奖金范畴。根据《国家统计局关于工资总额组成的规定》第 6 条的规定,计算劳动者经济补偿金的计算基数时,应当将 13 薪及年终奖包含在内。各地区的司法审判实践在这一问题上是一致的。在实践中,存在单位年终奖发放不固定的问题。用人单位在有的年份效益好,发放了年终奖,而有的年份并没有发放年终奖。除个别法院的司法判决认为非常态性发放的年终奖与劳动者工作量、工作效果并无直接关联,没有将年终奖纳入经济补偿金的计算基数外,绝大多数法院均将年终奖及 13 薪纳入劳动者经济补偿金的计算范围。虽然用人单位是否发放年终奖一般和单位的当年效益有关,对用人单位和劳动者而言,年终奖不一定是每年都发放,有可能存在一年有一年无的非常态发放情况,但是年终奖及 13 薪的奖金性质并不会因年终奖和 13 薪是否是常态每年连续发放而发生变化。同样,已经实际发放或者按照用人单位规章制度或劳动合同约定应当发放的年终奖即是对员工工作表现的奖励和回报,应当视为员工的劳动报酬,不能因为该笔年终奖为非常态性的或者支付期限的不同,就将其认定为非工资性收入,把年终奖及 13 薪排除在劳动者经济补偿金计算基数之外。

用人单位支付给劳动者的年终奖或者 13 薪,一般都是在当年的年尾或者次年年初发放给劳动者。个别单位也会存在次年年末发放上年年终奖的情况。极个别单位甚至有可能已经确定某年应当发放年终奖而尚未予以发放的情况。实践中，将用人单位支付给劳动者的年终奖纳入经济补偿金的计算基数中，同样面临着年终奖是否分摊的问题。

年终奖的发放是对员工全年的工作业绩和表现进行嘉奖和鼓励，将年终奖纳入工资范畴也应当是针对整个年度而非年终奖的发放月份，不能因为在某个月发放就认为是当月的工资性收入。基于用人单位向劳动者发放年终奖是对其某一年份的全年工作的奖励性质，年终奖在计算经济补偿金时，应当分摊到对应年份的每个月中。

实践中，很可能存在劳动者离职当年既发放了当年的年终奖，也发放了上一个年度的年终奖的情况。将上一年度年终奖全部纳入经济补偿金的计算或者全部予以排除，都不能准确反映劳动者的劳动所得，也可能造成经济补偿金的计算结果过大或者过小，最终加重企业的负担或者侵害了劳动者的权益。

在司法实践中，北京、江苏、深圳等地已经通过解释的形式明确了在计算劳动者的经济补偿金时，年终奖应当进行分摊计算。在广东佛山中级人民法院、广东中山中级人民法院，南京中级人民法院、浙江温州中级人民法院等多地的法院判决案例中也采纳了分摊计算的方式：

《北京市高级人民法院、北京市劳动人事争议仲裁委员会关于审理劳动争议案件法律适用问题的解答》第21条第4款规定，劳动者应得的年终奖或年终双薪，计入工资基数时应按每年12个月平均分摊。

《江苏省劳动人事争议疑难问题研讨会纪要》第10条规定，劳动者在解除或终止劳动合同前12个月内的加班工资、年终奖、季度奖应当作为计算平均工资内容。但年终奖、季度奖应当分摊计算至相应的月份，分摊计算后，如果不在劳动合同解除或终止前12个月内的，不宜作为计发数额。

《深圳市中级人民法院关于审理劳动争议案件的裁判指引》第97条规定，在计算经济补偿或赔偿金时，劳动者解除劳动合同前12个月平均工资，除包括正常工作时间的工资外，还包括劳动者的加班工资。劳动者已领取的年终奖或年终双薪，计入工资基数时应按每年12个月平均分摊。

二、个人所得税的缴纳

1. 个人所得税谁来交

《国家税务总局个人所得税扣缴申报管理办法(试行)》第2条规定,“扣缴义务人,是指向个人支付所得的单位或者个人。扣缴义务人应当依法办理全员全额扣缴申报。”如果用人单位与劳动者双方对于解除或终止劳动合同与支付经济补偿金没有异议,那么用人单位在向劳动者支付经济补偿金的同时,负有代扣代缴个人所得税的义务。但如果用人单位与劳动者因为解除或终止劳动合同而发生争议,双方对簿公堂,通过劳动争议仲裁乃至民事诉讼处理的劳动争议,最后用人单位通过人民法院履行了支付经济补偿金的义务。则此时用人单位可以行使代扣代缴的义务后将税后的经济补偿金支付劳动者本人;或者是用人单位直接将税前的经济补偿金一次性全部支付给人民法院,由人民法院通过执行程序将全部税前经济补偿金支付给劳动者本人,那么劳动者在收到人民法院执行款项后由本人向税务机关申报纳税事项,交纳相应的个人所得税。

2. 个人所得税怎么交

《财政部、税务总局关于个人所得税法修改后有关优惠政策衔接问题的通知》(财税〔2018〕164号)第5条第1款规定,个人与用人单位解除劳动关系取得一次性补偿收入(包括用人单位发放的经济补偿金、生活补助费和其他补助费),在当地上年职工平均工资3倍数额以内的部分,免征个人所得税;超过3倍数额的部分,不并入当年综合所得,单独适用综合所得税率表,计算纳税。

根据上述规定,离职经济补偿金或者赔偿金(包括用人单位发放的经济补偿金、生活补助费和其他补助费)的纳税与当地上年职工平均工资3倍的数额有关。离职经济补偿金或赔偿金(包括用人单位发放的经济补偿金、生活补助费和其他补助费)等不超过当地上年职工平均工资3倍数额的部分,免征个人所得税;超过当地上年职工平均工资3倍数额的部分,不并入当年综合所得,而是单独适用综合所得税率表,计算纳税。

第六章

调岗调薪及裁员的规章制度设计与风险防控

用人单位根据其行业特点和运营需求制定约束劳动者行为的规章制度。《劳动法》第4条规定,“用人单位应当依法建立和完善规章制度,保障劳动者享有劳动权利并履行劳动义务”。因而,建立规章制度既是企业应尽的义务,也是法律赋予企业管理劳动者的权利,一定程度上体现了企业的用工权和管理权。规章制度中关于调岗、调薪以及裁员等的规定为企业的日常人事管理变动提供了依据,但规章制度的内容应当合法且变更的程序也合法。

第一节 调岗制度的设计

劳动者岗位的调整既涉及用人单位用工自主权,又涉及劳动者的利益保障。因此,企业调整员工的工作岗位需要特别慎重,应当坚持必要性、合理性及协商处理等基本原则。企业应在规章制度中明确在什么样的情况下调整劳动者的岗位,如何合理地调整劳动者的岗位,以及调岗应坚持的程序等事项。

一、企业调岗的基本原则

劳动者岗位的变动属于劳动合同内容的重大变更,与劳动者的权益息息相关。因而,企业制定的调岗制度应当遵循以下几项基本原则:

必要性原则。调岗的必要性,即发生了法定事由或企业出现了重大变化导致劳动合同无法继续履行,如企业经营困难导致机构撤销,员工身体状况或工作能力实在无法胜任现有工作岗位等原因,致使企业不得不对劳动者进行调岗。

合理性原则。用人单位在对劳动者的岗位进行调整时,不能随意调整,还应遵循合理性原则。这里的"合理"是指工作内容的合理,衡量调岗内容合理与否的指标主要包括调岗前后的工作岗位是否有关联、工资薪酬是否降低、工作地点是否明显不便、工作时间是否有明显差异等。企业所调整的岗位应符合员工本身的教育背景、技能、薪或职级,不具有惩罚性或者侮辱性。用人单位与劳动者依据规章制度或劳动合同约定调岗应当符合劳动法的规定。这要求企业调整岗位必须具有充分的合理性,调整后的岗位与调整前的岗位应有一定的关联。在员工不能胜任岗位的情形时,可以将其调整到相近的岗位,按照专业技术、职业能力要求的等级调整其岗位。例如,将销售经理调整为销售主管可以认定为合理的,但把财务经理调整到销售岗位则可能欠缺合理性。实务中,劳动合同或企业规章制度中通常规定了"用人单位可以根据工作需要和规章制度调整岗位,劳动者应当服从"的调岗条款。企业设置此类条款的目的是免去与劳动者协商程序,即在未经劳动者同意的情形下可以强制调岗,但用人单位如果不能合理调岗就会面临调岗行为是否合法有效的问题。

协商处理的原则。即使具有法定事由,企业单方调整岗位前,也应该先与员工进行协商,充分听取员工意见。《劳动合同法》第 35 条规定,用人单位与劳动者协商一致,可以变更劳动合同约定的内容。企业根据生产经营情况的需要可以与员工约定调整工作岗位,尤其是在发生严重影响企业经营状况的事件时,依据规章制度启动调岗制度。协商一致原则不仅明确了企业在调岗时提前与员工沟通的义务,也从制度上避免了劳动者拒绝与用人单位协商调岗事项的尴尬。值得注意的是,“用人单位与劳动者协商一致,可以变更劳动合同约定的内容”是针对一般的劳动合同变更行为而言,对于劳动者不胜任岗位、患病或非因工负伤的法定调岗情形,法律上并没有要求用人单位必须与劳动者协商一致。《劳动部关于职工因岗位变更与企业发生争议等有关问题的复函》(劳办发〔1996〕100 号)规定,按照《劳动法》第 17 条、第 26 条、第 31 条的规定精神,因劳动合同订立时所依据的客观情况发生重大变化,致使原劳动合同无法履行而变更劳动合同,须经双方当事人协商一致,若不能达成协议,则可按法定程序解除劳动合同;因劳动者不能胜任工作而变更、调整职工工作岗位,则属于用人单位的自主权。但从实践案例来看,即使是具有法定调岗情形,如果用人单位未与劳动者协商就单方面调岗,因此引发劳动争议纠纷的案不在少数。如果双方能就调岗事宜协商一致,也有助于避免劳动争议的发生。所以,企业在设计调岗制度时,还是应尽量坚持协商处理调岗的原则。

案例 49 未经协商擅自调岗 法院认定企业调岗行为不当

2008 年 5 月 13 日,曾某与某物业管理公司签订了期限为 3 年的劳动合同,约定曾某的工作地点为重庆市,工作岗位为物管员,公司有权根据工作需要调整曾某的工作地点等。合同期满后,曾某与公司两次续签劳动合同,约定延续原劳动合同内容。2014 年 10 月 1 日起,曾某的劳动合同变更为无固定期限的劳动合同,工作岗位为客服部客服助理。曾某的工作地、居住地一直在重庆市渝北区。2018 年 7 月,某物业管理公司通知曾某,将其调整到重庆市奉节县某项目协助开展物管工作。曾某当天向公司提交说明,恳请公司考虑其家庭特殊情况,收回调整通知。8 月 12 日,某物业管理公司再次要求曾某到奉节县某项目报到。曾某认为公司的调岗不合理,仍到之前工作处上班。2018 年 8 月 17 日,某物业管理公司以曾某不服从安排和旷工为由解除了与曾某的劳动合同。曾某以某物业管理公司违法解除劳动合同为由，向重庆市渝北区人民法院提起诉讼，要求支付违法解除劳动合同的赔偿金。

法院经审理认为，虽然劳动合同约定了某物业管理公司有权对于曾某的工作地点进行调整，但不代表该公司可以任意调整，仍需审查公司调整工作地点行为的正当性。该案中，曾某自入职以来一直在重庆市渝北区工作。某物业管理公司在渝北区的项目并未取消，公司也没有举示证据证明曾某工作地点的调整系出于公司生产经营之必需。虽然渝北区与奉节县同属于重庆市管辖区域，但二者相距数百公里。曾某一直在重庆市渝北区居住，某物业管理公司的调整行为将显著增加曾某的工作、生活成本，对曾某的工作、生活有重大不利影响。因此，该调整不属于企业用工自主权的合理调整，不具有正当性。曾某在知晓调整通知后，第一时间向公司反映了工作地点调整对生活的影响，希望公司能够撤销通知。在公司坚持不正当调整的情况下，曾某仍准时到原工作岗位上班，以积极的方式对待公司的调整。某物业管理公司以曾某不服从安排和旷工为由，解除与曾某的劳动合同，属于违法解除。

本案中，劳动合同虽然约定用人单位有权单方调整劳动者的工作地点、工作岗位，但不代表用人单位可以滥用该权利。人民法院仍应审查用人单位调整行为的正当性，如岗位调整并非生产经营之必需，将显著降低劳动者的劳动报酬和劳动条件，对劳动者的工作、生活有重大影响，对劳动者具有侮辱性、歧视性等。需要特别注意的是，对于用人单位的不当调整行为，劳动者切莫采取旷工等消极方式对待，而应采取向用人单位递交意见书、坚持到岗等积极方式反映自己的意见，促使用人单位纠正之前的不当调整行为。

二、企业调岗的基本情形

企业调岗的基本情形大致可以分为两类，第一类是由于企业自身的原因，如在经营发生严重困难，转产、重大技术革新或经营方式调整，客观情形发生重大变化等情形;第二类是员工的原因,如工伤、患病或非因公负伤、不能胜任工作等。这是企业调岗制度赖以依托的基础,必须高度重视。

1. 由于企业原因需要调岗的情形

企业在遭遇经济危机、公共危机等突发事件时,可能会停产停工,甚至倒闭。在经营严重困难的情况下,企业无法为员工提供正常的劳动条件和劳动保障,因而可以与员工协商调整岗位,从而渡过危机。与此类似,企业在经历转产、技术革新、调整经营时,可能会重设部门或岗位。上海市、江苏省、浙江省、安徽省人力资源和社会保障厅(局)、高级人民法院、劳动人事争议仲裁院于 2019 年 11 月,在《长三角区域"三省一市"劳动人事争议疑难问题审理意见研讨会纪要》中明确,用人单位可以按劳动合同约定或者规章制度规定对劳动者工作岗位进行调整。如劳动合同无约定或者规章制度未规定,但确属用人单位生产经营所必需,可以认定用人单位调整劳动者工作岗位有效。但其前提是不得违反《劳动合同法》第 40 条的规定,且对劳动者的劳动报酬以及其他劳动条件未作不利变更。同样,《北京市高级人民法院、北京市劳动人事争议仲裁委员会关于审理劳动争议案件法律适用问题的解答》第 5 条也明确,用人单位与劳动者在劳动合同中未约定工作岗位或约定不明的,用人单位有正当理由,根据生产经营需要,合理地调整劳动者工作岗位属于用人单位自主用工行为。判断合理性应参考以下因素:用人单位经营必要性、目的正当性,调整后的岗位为劳动者所能胜任、工资待遇等劳动条件无不利变更。由此可见,企业根据生产经营需要调整员工的岗位,劳动报酬和劳动条件不得低于原有的标准,否则欠缺调岗的合理性。

因客观情况发生重大变化调岗。《劳动合同法》第 40 条进一步明确,劳动合同订立时所依据的客观情况发生重大变化,致使劳动合同无法履行,经用人单位与劳动者协商,未能就变更劳动合同内容达成协议的,用人单位提前 30 日以书面形式通知劳动者本人或者额外支付劳动者 1 个月工资后,可以解除劳动合同。这给企业进行强制调岗的合法性提供了依据。但是,原劳动部办公厅印发的《关于〈劳动法〉若干条文的说明的通知》(劳办发

〔1994〕289号)明确限定“客观情况”是指:发生不可抗力或出现致使劳动合同全部或部分条款无法履行的其他情况,如企业迁移、被兼并、企业资产转移等,并且排除“用人单位濒临破产进行法定整顿期间或者生产经营状况发生严重困难”的客观情况。关于部门取消,得根据取消之原因界定,如企业合并、分立等,此类情形非企业主观方面原因造成,取消当属客观情况;而若是管理层单方决定取消部门,则应当理解为“企业自主管理”范畴,不属于客观情况。因而,相关法规对“客观条件”进行了严格的范围限制,企业通过《劳动法》第26条和《劳动合同法》第40条规避调岗风险须谨慎。

根据《北京市高级人民法院关于劳动争议案件法律适用问题研讨会会议纪要(三)(征求意见稿)》和2017年4月24日出台的《北京市高级人民法院、北京市劳动人事争议仲裁委员会关于审理劳动争议案件法律适用问题的解答》的规定,“劳动合同订立时所依据的客观情况发生重大变化”是指劳动合同订立后发生了用人单位和劳动者订立合同时无法预见的变化,致使双方订立的劳动合同全部或者主要条款无法履行,或者若继续履行将出现成本过高等显失公平的状况,致使劳动合同目的难以实现。下列情形一般属于“劳动合同订立时所依据的客观情况发生重大变化”:(1)地震、火灾、水灾等自然灾害形成的不可抗力;(2)企业迁移或者停产、转产、转(改)制、企业资产转移等;(3)所依据的法律、政策等发生重大变化的;(4)特许经营性质的企业经营范围等发生变化的。实务中更普遍的情形是因用人单位自身经济情况发生重大变化、主动或者被动适应市场变化采取的调整产业结构、战略调整等经济行为,比如,主攻市场转移、老产品线停产新产品线上马、基于成本考虑的自营转外包导致的机构裁撤等。这种情况下,仲裁诉讼机构会考虑对劳动者的生活影响,以及用人单位是否采取了合理的弥补措施(提供交通补助、班车)等。工作地点的变更不能过分增大劳动者的劳动成本,不能给劳动者生活、工作造成更大的负担。值得注意的是,有的用人单位与劳动者在劳动合同中明确约定用人单位可以变更工作地点的,裁判机关仍会对工作地点的变更进行必要性和合理性审查。因而,企业迁移、劳动合同约定的履行地的变更，应该根据个案情况，综合考量是否为生产经营所必需的变化、对劳动者工作成本有否增加，采取相应的弥补措施（如提供交通补助、班车等）等。

案例50 临时变更工作地点有配套弥补措施　法院认定调岗有效

压力公司于2013年8月14日通知庄某某到宜兴短期工作。庄某某接到通知后，并未前往宜兴工作。2013年9月4日，压力公司以庄某某违反单位劳动纪律管理规定解除其与公司的劳动合同。

法院认为，压力公司因公司生产需要变更庄某某等职工的工作地点具有合理性，亦未显著增加变更后职工的工作负担，未违反劳动合同的约定。首先，压力公司因公司生产任务严重不足调整包含庄某某在内的数名公司职工到宜兴公司短期工作系公司生产经营的需要，具有一定的合理性。其次，庄某某一审陈述“工资报酬每月3000元，包吃住，工作3个月”，公司承诺提供住宿及报销车费。可见，工作地点的调整是短期的，而且压力公司通过包吃住及报销车费的方式抵消职工异地工作产生的部分负担。再次，压力公司前后两次书面通知庄某某到公司总部宜兴短期工作，庄某某均在书面通知上签名。最后，庄某某申诉中所称经与压力公司协商后，公司同意其暂时还在原址工作，无证据支持。且该陈述与压力公司向一审法院提交的考勤表、员工收入分配表等证据所反映出在压力公司通知其到宜兴工作至通知解除其劳动关系期间庄某某在原址非正常工作状态的事实不符。综上所述，原判认定压力公司安排庄某某到宜兴短期工作未违反双方劳动合同的约定，并无不当。

2. 由于员工的原因需要调岗的情形

员工在患病或非因工负伤医疗期满，怀孕或不能生仍工作等情形下，企业也可以调整其的岗位。首先，《劳动合同法》第40条第1款规定，用人单位在可以在劳动者患病、负伤等情形下解除劳动合同，但需要满足“不能从事用人单位另行安排的工作”“调整工作岗位”等要求,这也隐含用人单位可以单方变更劳动合同的法定权利。换句话说,劳动者经罹患职业病、非因公负伤医疗期满,用人单位有权根据其健康状况调整其岗位,安排其从事与其劳动能力相符的工作。同时,《职业病防治法》第36条的规定,劳动者患有职业禁忌,用人单位不得安排其从事其所禁忌的作业,应当调整劳动者的工作岗位,并妥善安置;《工伤保险条例》(国务院第586号令)等规定明确,保留劳动关系的五级至六级伤残的工伤劳动者以及对有特殊要求的高温岗位等情形下,用人单位必须调整劳动者的工作岗位。因而,劳动者的身体素质、心理素质等条件不符合相关岗位的要求时,用人单位应当调整其岗位。

《女职工劳动保护特别规定》(国务院第619号令)、《女职工禁忌劳动范围的规定》(劳安字〔1990〕2号)规定明确,女职工在禁忌岗位工作。职工在孕期或哺乳期不适应工作岗位的,用人单位应当调整其工作岗位或者相应的工作条件。女职工处于三期,劳动能力会有一定程度的下降。首先,如果女职工不能完成其怀孕前能够完成的工作量,不能当然认定女职工不能胜任工作,用人单位应当减轻女职工的工作量。比如,女职工在孕期可以要求减轻工作量、哺乳期可以减少1个小时工作时间,患有更年期综合征的可以要求减轻工作量。其次,在减轻女职工合理工作量之后,如果女职工仍然不能胜任工作,用人单位才可以调岗。值得注意的是,《女职工劳动保护特别规定》第6条对此进行了明确,女职工在孕期不能适应原劳动的,用人单位应当根据医疗机构的证明,予以减轻劳动量或者安排其他能够适应的劳动。这里的“不能适应”工作和劳动法中的“不能胜任”工作是有区别的。“不能适应”应理解为因怀孕引起的对原劳动的短期不适应,主要是生理原因导致,当孕期过后,可以恢复适应。而“不能胜任”更多的是指劳动者工作能力达不到岗位的要求。

由于劳动者不能胜任工作,用人单位调整劳动者工作岗位的,不属双方协商一致变更劳动合同的范畴,用人单位可单方作出调整。员工不能胜任岗位的举证责任也有企业承担,企业需要根据具体的考核标准证明员工的工作能力不满足岗位职责的要求。根据《关于〈中华人民共和国劳动法〉若干条文的说明》(劳办发〔1994〕289号)的规定,所谓"不能胜任工作",是指不能按要求完成劳动合同中约定的任务或者同工种、同岗位人员的工作量。用人单位不得故意提高定额标准,使劳动者无法完成。但实际上不能胜任工作的判断可能并不限于工作定额,还可能涉及团队合作、工作态度等等方面,这里需用人单位事先依法制定考核制度,明确考核指标,对劳动者的工作表现进行全面的考核,得出不能胜任工作的结论。值得注意的是,如果企业纯粹是因为员工不能胜任工作而调整岗位时,需要对员工进行培训学习之后,仍不能胜任,才符合调岗的情形。当确定了劳动者不能胜任工作的结论后,可向劳动者发出书面通知,书面通知中告知劳动者因不能胜任工作,公司决定调整其工作岗位,从原工作岗位调整至某某工作岗位,调岗通知需送达劳动者,由劳动者签收。在实务中,这种书面通知并不限于固定的格式,公司制作的《工作岗位异动表》《调动通知单》也属书面方式,但员工在表单上签名是非常关键的。

案例51 员工产后遭遇不当调岗 法院判决企业补发工资

王某某于2011年12月19日入职公司,担任总经理秘书,平均工资为4037.98元。2013年4月1日至2013年9月10日王某某休产假,产假工资每月为1169.62元。公司认为根据王某某签字同意的规章制度所规定的产假期间发放最低工资的规定发放的工资数额合法有效。产假回来后,公司将王某某岗位调整为工程管理中心资料员,工资降为2013年9月2887.30元,2013年10月2351.98元。王某某以QQ邮件以及与公司管理层2013年9月17日、9月22日、10月16日的谈话记录证明自己不同意调整。公司对QQ邮件和谈话予以确认,但表示邮件和谈话都发生在2013年11月之前,2013年11月之后王某某同意了岗位调整,理由是王某某2013年11月提交的请假单上部门信息注明的是"工程监控中心",表明王某某认可了新的工作岗位。2013年11月13日王某某离开公司,于2013年12月5日申请仲裁请求:(1)2013 年 4 月 1 日至 2013 年 9 月 10 日产假期间未足额支付工资报酬 14,371.56 元;(2)2013 年 9 月 11 日至 2013 年 12 月 31 日擅自减少的工资报酬 4037.98 元;(3)2013 年 11 月工资 4037.98 元;(4)支付违法解除劳动合同赔偿金 20,189.9 元。

法院最终认为,关于调岗是否合法有效。王某某提交请假单的目的是请假,在王某某未对工作岗位明确予以确认的情况下,填写的部门信息不能视为王某某同意岗位的调整。公司未能提交证据证明其总经理秘书岗位取消,且公司调整王某某工作岗位后工资水平与原岗位相比下降幅度较大(高达 42%),与原岗位工作水平并不基本相当,因此,法院认为公司调整王某某的工作岗位不属于合法行使用工自主权。由于公司单方调整王某某的工作岗位和工资无效,公司应按产假前工资标准支付申请人产假后工资。公司应补发王某某 2013 年 9 月 11 日至 2013 年 11 月 12 日的工资差额。

三、企业调岗的程序

用人单位在调岗制度设计中应保障劳动者的知情权、表达权及调岗程序的公正。企业在与员工更岗位的过程中,也容易发生法律纠纷。若产生调岗争议,用人单位要承担证明劳动者不能胜任工作,对劳动者进行岗位调整的合理性、恰当性的举证责任,比如劳动者所在岗位的职责要求,日常工作业绩,考核标准考核结果等。因而,企业应当遵循变更岗位的程序,固定和员工协商以及调岗具有合理性的证据,防范法律风险。

第一,提前告知员工,充分沟通。调岗属于与员工切身利益相关的重大事项,员工对调岗的各个方面都有知情权,因此企业在行使单方调岗权之前有义务就相关事项向员工进行告知。用人单位调整员工岗位的,应当积极主动地与员工多沟通,将岗位调整的理由、新岗位职责和待遇等解释清楚,并如实告知劳动者新岗位的工作内容、工作条件、工作地点、职业危害、安全生产状况、劳动报酬,以及详细解答职工要求了解的其他情况。同时,从证据保存的角度出发,企业至少要有一份书面通知。

第二，给予员工考虑期限，听取其意见。企业调岗时，可以给予员工3～5天的考虑期限。同时，企业可以结合自身实际对员工的意见进行一一回应，包括被采纳的意见及未被采纳意见的合理解释。听取员工意见是单方调岗程序的核心内容，但是并不等于企业必须按照员工的意见作出决定，譬如员工意见是坚决不同意调岗时，企业仍可以在调岗具有充分合理性之时实行单方调岗。

第三，签订书面协议。劳动者岗位的变更属于劳动合同内容的重大变更，用人单位与劳动者就岗位变更达成一致后，应当签订《劳动合同变更书》，或者《变更工作岗位确认书》等书面文书，明确调整薪资、工作岗位情况。变更岗位的协议可以由用人单位拟定，也可以由双方当事人共同拟定，内容经双方协商一致即可，且协议中应对新岗位的工作内容、劳动报酬等涉及劳动者基本权利的事项作出明确规定。2020年3月4日，人力资源社会保障部办公厅发布《人力资源社会保障部办公厅关于订立电子劳动合同有关问题的函》（人社厅函〔2020〕33号，以下简称《复函》）。《复函》规定："用人单位与劳动者协商一致，可以采用电子形式订立书面劳动合同。"因而，签订变更岗位的协议也可以采用电子的形式，但是用人单位应保证电子劳动合同的生成、形式、传递、储存等满足电子签名法等法律法规的要求，确保其完整、准确、不被篡改。变更岗位后的劳动合同文本由企业和员工各执一份。

第四，给予适应期并提供相应协助。从诚实信用原则出发，企业应当给予员工一定的适应期，如开展新岗位所需技能的培训、在员工的交通成本增加时提交一定的补贴等。

案例52 调岗依据充分程序合理 法院判定企业调岗行为合法有效

2015年，员工肖某与大某大公司签订了劳动合同，担任开发中心岗位工作，工作地点在北京。未明确约定肖某的工作内容。2016年肖某生育第三胎，肖某未提交第三胎为合法生育的证据。产假结束后到公司总部嘉里中心从事人事方面的工作。也就是从北京市海淀区西三旗的工作地点改成了朝阳区光华路的工作地点，同时从开发中心岗位工作变成了人事方面的工作。2017 年大某大公司以旷工、严重违纪为由向肖某发出解除劳动合同通知。肖某以大某大公司为被申请人向北京市劳动争议仲裁委员会提起仲裁申请，要求：裁决大某大公司解除与肖某劳动合同的决定无效，并裁决继续履行与其签订的《无固定期限劳动合同》，恢复肖某“开发中心”岗位工作。仲裁驳回了肖某的请求，后肖某起诉至人民法院。

法院审理后查明，肖某与大某大公司在劳动合同中明确约定：大某大公司可以根据工作需要以及肖某的工作能力和表现等，调整其工作岗位及工作内容，肖某应当服从。肖某签收的《员工手册》中亦规定，大某大公司可基于工作需要、员工健康状况、职业禁忌证、员工工作表现及工作胜任情况等原因，合理调整员工工作岗位和职务等。且该手册还规定，不符合国家计划生育条例者，公司不保证保留该员工原有工作岗位。肖某未举证证明其生育第三胎符合国家计划生育条例。《员工手册》不违反法律的强制性规定。从双方提供的电子邮件等相关内容来看，大某大公司确实是因经营需要，为了减轻各部门的工作负担，而将各部门担当的财务工作转回公司财务部直接进行管理，故需要对肖某进行岗位及工作地点调整，肖某亦完成了开发中心全部财务凭证的交接工作。其间，大某大公司也曾与肖某就岗位调整进行了沟通协调，并给出几个方案供其选择(包括原工作地点的其他岗位)但均遭到肖某的拒绝。肖某称其原先从事的工作内容为中心事务、预算管理和领导安排的其他工作等，而调整后的人事岗位的工作内容与其原先从事的工作内容本身均属于后台或辅助工作，该岗位调整本身对肖某不具有侮辱性或歧视性；从肖某完成原开发中心全部财务凭证的交接工作之后到总部实际履行了 4 个多月的工作情况来看，肖某完全可以胜任新的工作。关于肖某称其调整工作岗位后工资待遇降低了，但实际上是大某大公司基于肖某的违法生育不享受正常生育待遇而扣除的相关费用导致肖某实发工资降低，故不能仅凭现在的实发工资而认定系肖某调整岗位后的工资待遇降低。

肖某原在公司分支机构的工作地点位于北京市海淀区，现调至公司总部的工作地点位于北京市朝阳区，且位于北京商业繁华区域，公共交通系统较为便利，虽较之前上下班在途时间有所增加，但不足以认定已侵害了肖某的合法权益。此外，大某大公司亦曾向肖某提供过原工作地点的其他岗位由肖某选择，但被肖某明确予以拒绝。法院认为，根据法律规定，依法订立的劳动合同对双方具有约束力，用人单位与劳动者均应当履行劳动合同约定的义务。大某大公司基于其生产经营的需要，对肖某进行调岗及调整工作地点，具有合法性和合理性。

制度范本一《企业调岗制度实施办法》

一、宗旨与原则

第一条　本办法建立在科学合理的人力资源管理制度之上，根据公司的经营需要对员工进行必要的人事考核和调整，以获得与岗位相匹配的人才，激励员工工作积极性和创造性，为公司创造用才、留才、育才的工作环境。

第二条　为满足岗位和员工能力之匹配需求，本公司依据《岗位说明书》《职务等级对照表》等文件的规定，考察员工的工作能力，有权对员工岗位及职务等级进行调整。

第三条　岗位调整遵循协商一致原则，公司调岗前应与员工做好沟通协调工作，员工应当积极配合协商沟通工作。

第四条　岗位调整遵循合法合理原则，应当依据员工的工作考核结果、公司运营需要、国家政策变动、经营环境变化等合法合理地调整员工的岗位。

第五条　岗位调整遵循民主公开原则，岗位调整制度文件及绩效考核结果应向员工公示，工作绩效考核应依规进行，绩效考核过程和考核结果应保持公平、公正、公开。

二、调岗的情形

第六条 公司生产经营发生严重困难的,可根据生产经营需要和员工实际情况,与员工协商合理调整其工作岗位。

第七条 公司转产、重大技术革新或者经营方式调整,可经与员工协商后,根据员工的工作地点、工作内容及工作能力,将员工调至相邻或相似的岗位。

第八条 劳动合同订立时所依据的客观情况发生重大变化,致使劳动合同无法履行时,公司应与员工协商,根据公司实际经营状况调整其工作岗位。

第九条 员工患病或者非因工负伤,在规定的医疗期满后不能从事原岗原职的,应由公司另行安排与其健康状况相适应的工作,调整其岗位。

第十条 保留劳动关系的五级至六级伤残的工伤员工,应由公司另行安排与其健康状况相适应的工作,调整其岗位。

第十一条 员工不能胜任工作,经公司短期职业技能培训后,仍不能胜任工作的,由公司另行安排与其工作能力相适应的工作,调整其岗位。

第十二条 依照国家有关规定,需持证上岗的,员工未获得有效资格证书的,不得从事该岗位;已从事该岗位工作的,由公司另行安排与其工作技能、工作内容、劳动强度相适应的工作,调整其岗位。

第十三条 员工在孕期或哺乳期不适应原工作岗位的,由公司另行安排与其健康状况相适应的工作,调整其岗位。

第十四条 公司根据机构设置实行定岗定编。因机构调整、部门裁撤、部门人员缩编、分公司解散、自动离岗、经考核不适合本岗位工作等原因暂时没有岗位的职工,由公司另行安排与其工作能力相适应的工作,调整其岗位。

三、调岗后的待遇

第十五条 公司调岗后,应依据同工同酬原则,结合员工所在岗位的工种、工作时长、工作方式、劳动强度等内容,以及实际付出的劳动支付报酬。

第十六条　公司调岗后，除另有规定外，员工的工资不得低于公司所在地的最低工资标准。

第十七条　公司因生产经营严重困难而调岗的，可以根据员工调岗后提供的实际劳动，按照新岗位的工资标准计发工资。

第十八条　员工患病或非因工负伤治疗期间，在规定的医疗期内由公司按有关规定支付其病假工资，工资标准为公司所在地最低工资标准的80%。

第十九条　待岗员工的工资自公司通知待岗之日起，按照公司所在地最低工资标准的70%执行。

四、调岗的程序

第二十条　调岗之前，公司业务部门负责人应与员工沟通协商，需做好谈话记录，谈话记录应有双方签字。

第二十一条　公司与员工就调岗事项协商达成一致，应当签订岗位变更协议书。岗位变更的书面协议应当对新岗位的工作岗位、工作地点、工作内容、劳动报酬等涉及劳动者基本权利的事项作出明确规定。

第二十二条　公司与员工协商一致，可以采用电子形式订立岗位变更的书面协议。

第二十三条　员工对调岗结果不认可，应在7个工作日内提交书面材料予以申辩，逾期不申辩的视为对岗位调整的接受。

第二十四条　公司在调整员工工作岗位后，可以根据需要组织调岗员工参加职业技能培训、专项业务学习等活动，调岗员工应当主动参加并完成有关培训学习任务。

五、法律责任

第二十五条　调岗人员不服从公司调岗规定，拒绝从事新岗位时，视情节轻重，按公司有关规章制度予以处理。

六、附则

第二十六条　本办法经职工代表大会表决通过，自××××年×月×日起生效。

第二节　调薪制度的设计

大多数企业并未将调岗调薪、协商调薪、特殊时期调薪等问题纳入规章制度体系，从而在问题出现时“无法可依”。对于企业而言，设计一个有效的调薪管理制度，以满足特殊时期的特殊管理需求，是非常有必要的。不仅可以提升人力资源管理效率，也让员工事事“有章可循”。

一、企业调薪的基本原则

在薪酬制度的设计方面，用人单位具有一定的自主权。企业可以在国家有关法律规定的基础上设计符合企业自身情况的薪酬制度，就调整员工薪酬的数额、结构、发放方式等作出规定，但不得违反最低工资标准、协商一致原则、同工同酬原则以及民主公开原则等法律规定。

首先，调薪后的劳动报酬不得低于法定的最低标准。《劳动法》第48条规定了国家实行最低工资保障制度。通常来说，用人单位调整劳动者薪酬不得使调整后的数额低于用人单位所在最低工资标准。但是，因员工患病或者非因工负伤治疗期间的病假工资存在例外。在这种情形下，根据《关于贯彻执行〈中华人民共和国劳动法〉若干问题的意见》第59条规定，企业调整员工的病假工资或疾病救济费可以低于当地最低工资标准支付，但不能低于最低工资标准的80%。该规定为全国性规定，有的地方作出了单独规定，如上海市出台的《上海市劳动和社会保障局关于病假工资计算的公告》将病假以6个月为分界线划分为短期病假（6个月内）和长期病假（超过6个月）。短期病假根据不同连续工龄按本人工资的不同比例计发病假工资（60%～100%），长期病假根据不同连续工龄按本人工资的不同比例计发疾病救济费（40%～60%），此处的本人工资指职工正常情况下实得工资的70%。同时，企业因非劳动者本人的原因停工停产而调整工资的，可以根据地方规定的最低标支付薪酬。例如,2019年的疫情导致部分企业停工停产,有的地方颁布了疫情期间待岗工资可以低于最低工资标准。根据《北京市工资支付规定》第27条的规定,非因劳动者本人原因造成用人单位停工、停业的,人单位没有安排劳动者工作的,应当按照不低于本市最低工资标准的70%支付劳动者基本生活费。值得注意的是,随着最低工资标准的调整,企业也应随之予以调整。

其次,企业调整薪酬应当遵循同工同酬原则。《劳动法》第46条也规定了工资按劳分配、同工同酬支付的原则。劳动部办公厅《关于〈中华人民共和国劳动法〉若干条文的说明》第46条规定,本条中的“同工同酬”是指用人单位对于从事相同工作,付出等量劳动且取得相同劳绩的劳动者,应支付同等的劳动报酬。由此可知,只有同时满足上述规定的条件,才能适用同工同酬原则。值得注意的是,同工同酬这一原则的适用前提是劳动合同和集体合同中都未明确工资标准。由于劳动者存在个体差异,因而不能简单以不同劳动者是否在相同岗位工作作为“同工”的标准,而应综合考虑劳动者的个人工作经验、工作技能、工作积极性等特殊因素,允许用人单位依此对相同工作岗位的劳动者在劳动报酬方面有所差别。

最后,企业调薪应当遵循民主公开原则。《劳动合同法》第4条规定用人单位制定、修改或者决定有关劳动报酬的规整制度应当对劳动者公示,或者告知劳动者。因而,企业应当公开与调薪相关的规章制度,并在制定该类制度的过程中,征求工会或者员工的意见。

案例53 同工同酬不等于同岗同酬 员工主张高工资被驳回

魏某于2015年11月进入某工厂工作,从事生产售后工作,双方签订无固定期限劳动合同。后来,魏某无意间发现,无论工厂效益好坏,与其同岗位的同事赵某每月工资中都包含一项“岗位工资”,自己却没有。于是,魏某以工厂扣发工资为由,向劳动人事争议仲裁委员会申请劳动争议仲裁,要求工厂按照《劳动法》关于同工同酬的规定补发其工资。仲裁员审理认为,本案的焦点是工厂的行为是否违反了同工同酬的规定。《劳动法》第46条规定:“工资分配应当遵循按劳分配原则,实行同工同酬。”根据劳动部办公厅《关于〈中华人民共和国劳动法〉若干条文的说明》的规定,“同工同酬”是指用人单位对于从事相同工作,付出等量劳动且取得相同劳动业绩的劳动者,应支付同等的劳动报酬。同工同酬是相对的,不是绝对的,并不是要求用人单位不分情况地对同一岗位的所有劳动者支付完全相同的劳动报酬。同一岗位的劳动者,因劳动技能、工作经验、熟练程度、工作业绩等的不同,工资可能有所差异,这符合劳动力价值的一般规律,也符合按劳分配的原则,并不违反同工同酬原则。仲裁员经审理发现,魏某属于生产售后部,与魏某同一岗位的人包括康某、赵某、周某等7人,其中仅赵某享有岗位工资。根据工厂提供的证据材料,赵某于2003年12月经人社部门审批,获评钳工高级工。工厂根据赵某的执业技能给予更高的薪资待遇,符合用人单位行使用工自主权的情形。魏某在职期间并未获得任何技能证书或职称,要求与赵某享受同等待遇并不合理。最终,劳动人事争议仲裁委员会驳回了魏某关于要求工厂补发工资的仲裁请求。

二、企业调薪的基本情形

通常来说,企业会制定弹性工资支付制度,即员工的薪酬由基本薪资、岗位工资、绩效工资构成。基本工资与考勤联系,岗位工资随岗位变动而调整,绩效工资则与员工绩效考核挂钩。此种弹性工资制度不仅能激发劳动者的工作积极性,也有利于企业更具经营状况和员工的表现灵活地调整薪酬。常见的企业调薪的情形有以下几种情况:

1. 调岗调薪。即因调整员工岗位后而相应地调整其薪酬。一般而言,企业根据机构设置实行定岗定编,不同岗位(工种)匹配相对应的薪酬。员工因病、不胜任工作岗位、工伤等原因进行岗位调整后,薪酬也会有所调整,其基本工资、绩效工资及奖金等都有不同的考核评定标准。因此,企业可设定调岗后的调薪制度,合理地调整员工在新岗位的劳动报酬。因机构调整、部门人员缩编，企业正常生产经营情况下，和劳动者之间订立的劳动合同会约定工作时间。而生产经营任务减少时，劳动者相应的工作量会降低，用人单位可以通过减少工时以达到降低劳动报酬的目的。

2. 绩效调薪。即根据员工的绩效考核结果调薪。用人单位在与劳动者约定其月工资构成中包含绩效工资的情况下，可以根据劳动者的工作表现调整每月的绩效工资。企业运用该制度调薪时，可以根据不同的岗位来建立合理科学的绩效考核机制，并设定具体的考核目标、工作标准、奖惩规则等可视化、量化的评价机制，对员工的德、能、勤、效等方面进行综合评估。

3. 特殊情况的调薪。即用人单位在经营严重困难或遭遇突发性公共危机时需要调整员工的薪酬。经济危机、疫情等突发性公共卫生事件会导致企业减产，甚至停工停产，影响经营效益。在这些特殊情况下，企业可以与工会或者员工进行协商，启用降薪机制，根据一定的比例调整薪酬。女职工的产假工资与其休产假前的工资水平有关，平均工资包括女职工产假前12个月获得的一切劳动报酬，包括加班工资和福利待遇。与产假期间公司其他员工的劳动报酬、福利待遇是否减少没有任何关系。所以有公司以经济效益差，所有员工都存在降薪为由降低女职工的产假工资没有法律依据；公司以员工休产假后不存在绩效，不存在提成工资为由只发休产假前的基本工资亦违反了法律规定。

4. 协商调薪。《劳动合同法》第35条规定，用人单位与劳动者协商一致，可以变更劳动合同约定的内容。而薪酬是劳动合同的重要内容，因此无论是用人单位还是劳动者，都可以根据自身的实际情况与对方协商调薪事宜，只要双方达成一致，就可以调整劳动者的薪酬。值得注意的是，要想协商调薪合法有效，就必须建立在双方协商一致的基础上。

案例54 用人单位依据末位淘汰调整劳动者的工作岗位和薪资

戴某某于1996年11月4日进入台玻长江玻璃有限公司工作，为包装股员工，2010年11月起戴某某任包装股课长。双方最后一期劳动合同期限自

2014年3月1日至2019年2月28日，约定戴某某的工作岗位为操作工，台玻长江玻璃有限公司根据工作需要，按照诚信原则，可依法变动戴某某的工作岗位，戴某某正常工作时间工资为最低工资标准，加班加点工资计发基数为最低工资标准，戴某某接受台玻长江玻璃有限公司所给予职务调整和变动等。台玻长江玻璃有限公司《员工工作规则》的员工考核部分规定："平时记录：员工平时有优良行为表现或不良行为时，由各单位负责人以书面通知人事单位记录之；每月各项奖金之考核，以上两项记录将作为升职、调职之依据。惩戒具体包括：记过：罚款500~1000元；申诫：罚款500元；罚款：罚款10~500元。"戴某某的工资结构为本薪4350元、职务工资1500元、月奖金（不固定）、季奖金（不固定）、奖金（不固定，2016年2月前基本在400元以下）、伙食津贴180元、节日加班费。

2015年11月，台玻长江玻璃有限公司接到客户投诉，反映玻璃存在发霉现象。2015年12月2日，台玻长江玻璃有限公司对包装部门人员作出处理，其中对戴某某申诫一次，罚款500元。2015年11月18日，台玻长江玻璃有限公司发布人员配置检讨事公告，公告如下人员配置调整办法：课股/长人数65，年度根据季度奖考绩排名，最后10%予以降职处理等。另查，台玻长江玻璃有限公司的2015年度考绩汇总表显示：戴某某排名第43位，共47人，戴某某为倒数第5名。2016年1月4日，台玻长江玻璃有限公司对戴某某作出人事通知，戴某某职务由课长调整为班长，职务工资由1500元调整至700元。2016年2月起，台玻长江玻璃有限公司支付戴某某职务工资700元，2016年2月奖金为950元，2016年3月起奖金固定为800元。戴某某于2016年7月向昆山市劳动人事争议仲裁委员会申请仲裁，要求台玻长江玻璃有限公司支付2015年7月至2016年6月的工资差额21,741.50元、未足额支付工资的经济补偿金5435元。该委作出裁决：驳回戴某某的仲裁请求。戴某某不服仲裁裁决，向昆山市人民法院提起诉讼，诉请台玻长江玻璃有限公司支付的2015年7月至2016年6月的工资差额，包括2015年10月至2016年2月加班工资差额1862.25元、2016年1月至2016年6月的职务工资差额4800元、2015年9月至2016年5月的月奖金差额7944元、2015年7月至2016年5月的季度奖金差额6635元、2015年11月扣款500元。

法院经审理后认为，戴某某进入台玻长江玻璃有限公司工作，双方依法建立了劳动关系。劳动者排名末位与劳动者不能胜任工作岗位之间并无必然联系，故用人单位根据末位淘汰制解除劳动关系违反法律规定。但在除解除劳动关系情形之外，末位淘汰制并非当然违法。根据本案查明的事实，戴某某调岗前担任的职务为台玻长江玻璃有限公司包装股课长，该岗位具有一定的管理性质，要求劳动者具备更优秀、全面的职业技能。用人单位根据劳动者的工作业绩、安排相对更为优秀的劳动者担任该职务既符合用人单位对于保证和提高产品质量的要求，亦能较大程度激发劳动者的工作积极性，故用人单位依据末位淘汰制调整劳动者工作岗位在一定条件下应予以支持。本案台玻长江玻璃有限公司与戴某某的劳动合同中明确约定台玻长江玻璃有限公司根据工作需要，按照诚信原则，可依法变动原告的工作岗位。2016年1月4日台玻长江玻璃有限公司根据人员配置检讨事公告和戴某某2015年度考绩汇总表对戴某某的工作岗位进行调整，调岗后戴某某并未提出异议，应视为戴某某对本次调岗的认可。综上所述，本次调岗不违反双方劳动合同的约定，亦符合《劳动合同法》的相关规定，应认定为合法，因本次调岗引起的薪资变动亦属合法。现戴某某上诉认为本次调岗违法并要求台玻长江玻璃有限公司支付工资差额和经济补偿金没有事实和法律依据，应予驳回。

本案中，用人单位依据末位淘汰制对员工实行奖优惩劣，对排名靠后的员工采取调岗调薪等措施，是企业经营自主权的重要内容，只要该调岗调薪行为是基于企业生产经营管理的合理需要，且不违反法律规定和单位依法制定的规章制度，劳动者主张该调岗调薪行为违法的，人民法院不予支持。

三、企业调薪的程序

《最高人民法院关于审理劳动争议案件适用法律若干问题的解释》第13

条规定，因用人单位作出的减少劳动酬等决定而发生的劳动争议，用人单位负举证责任。因此，用人单位如与劳动者约定有绩效工资，则用人单位首先应向劳动者公示和告知绩效考评制度或办法，明确岗位的工作质量要求。

同时，如果确实因为员工能力不能胜任需要调整工作岗位和薪酬，用人单位需要对该员工提前进行岗位考核，并保存相关证明文件。实务中，很多企业未经提前的绩效考核，就临时决定对员工调岗调薪，这种做法存在较大的法律风险。企业经过充分合理的考核评估之后，调薪基数为员工所处级别之基本薪资。各岗位员工的薪酬调整由企业管理层审批，审批通过的调整方案由人事部执行。调整后的薪酬级别，从调整生效日所在月计算。

最后，调薪属于劳动合同内容的重大变更，因而企业应当与员工重新签订劳动合同或者签订补充协议，签订完成后由企业和员工各执一份，当然协议也可以是符合法律规定的电子合同。

案例55　未向员工明示绩效考核制度　企业扣发劳动者绩效工资被判败诉

齐某于2014年11月20日入职某科技公司，担任研发中心项目经理一职，双方签订劳动合同期限至2017年11月19日的劳动合同，约定齐某月工资标准12,000元，其中绩效工资占20%。2017年5月16日齐某提出离职，6月30日双方解除劳动关系。2017年7月，齐某提起劳动仲裁，要求科技公司支付2014年12月至2017年6月的绩效工资。

科技公司认可每月扣发绩效工资2000元，称齐某的绩效工资需经考核发放，主张齐某考核不合格，故无须支付绩效工资。就此，科技公司提交了薪酬管理制度、员工手册等材料为证。齐某主张，在职期间公司从未给出工作任务目标、未告知绩效考核制度，也未进行过绩效考核。对此，经询问，科技公司表示无法就绩效目标、绩效考核制度、考核标准以及具体的绩效考核情况举证。

法院审理后认定,科技公司虽主张绩效工资依据考核结果发放,但是,其一,科技公司未举证证明公司曾向齐某明示过绩效考核制度;其二,科技公司未举证证明公司曾对齐某的工作质量提出了明确要求;其三,科技公司未举证证明公司对齐某进行了绩效考核。故科技公司应承担举证不能的不利责任,对科技公司的主张法院不予采信,判决科技公司应向齐某支付绩效工资。

制度范本二《企业调薪制度实施办法》

一、调薪的基本原则

第一条　本办法所指的调薪是指员工因晋升、调岗、公司经营严重困难及停工停产等原因而导致的薪酬的调整。

第二条　为激励员工的工作积极性和创造性,实现劳动贡献与劳动报酬相匹配之目的,根据本公司《薪酬管理办法》《绩效考评管理办法》等文件,考核员工整体表现后,对员工薪酬进行调整。

第三条　调薪遵循能上能下原则。员工薪酬调整与员工考评期的表现直接挂钩。

第四条　调薪遵循同工同酬原则。公司应当依据员工的岗位(工种)、本公司工作年限、工作经验、工作技能、绩效考核等因素合理调整员工薪酬。

第五条　调薪应遵循民主公开原则。调薪制度文件应向员工进行公示,工作绩效考核应依规进行,绩效考核过程和考核结果应保持公平、公正、公开。

二、调薪的情形

第六条　公司根据机构设置实行定岗定编,员工工作岗位及工作职责发生变化后,依据《薪酬等级结构表》的有关规定调整其基本工资。

第七条　公司实行绩效工资制度。根据员工的工作表现、绩效考核结果调整其绩效工资。连续×个季度表现为优的,工资晋升一级;连续×个季度表现为良以下的,工资调减一级。

第八条　非因员工原因造成公司停工、停业的，公司没有安排员工工作的，按照公司所在地最低工资标准的70%支付员工基本生活费。

第九条　员工患病或者非因工负伤，病假工资或疾病救济费按照公司所在地最低工资标准的80%支付。

第十条　保留劳动关系的五级至六级伤残的工伤员工，按照调岗后的岗位薪酬标准支付薪酬。

第十一条　员工因不能胜任工作而调岗的，按照调岗后的岗位薪酬标准支付薪酬。

第十二条　员工进入公司的人才中心待岗的，按照公司所在地最低工资标准的70%支付员工基本生活费。

第十三条　公司转产、重大技术革新或者经营方式调整的，可经与员工协商后，根据员工工作能力、提供的实际劳动，调整员工的薪酬。

第十四条　公司生产经营发生严重困难的，可根据经营环境变化，与员工协商，合理调整其薪酬。

第十五条　公司因经济危机、疫情等突发性公共卫生事件原因而导致减产、效益降低的，可根据实际情况与员工协商，合理调整其薪酬。

三、调薪的程序

第十六条　公司调薪前应安排人力资源管理人员与员工做好沟通协调工作，员工应当积极配合协商沟通工作，并制作谈话笔录，谈话笔录应由双方签字，予以确认。

第十七条　管理部门依据岗位绩效核定结果或其他情况，填报《调薪申请表》，报总经理/董事长审批签署。

第十七条　技术人员的调薪核定依据《薪资结构表》和《技术等级结构表》确定；其他人员的调薪核定依据《薪资结构表》确定。

第十八条　公司与员工就调薪事项协商达成一致，应当签订薪酬变更协议书。薪酬变更协议书应当对薪酬的支付金额、构成、发放方式等涉及劳动者基本权利的事项作出明确规定。

第十九条　公司与员工协商一致,可以采用电子形式订立变更薪酬的书面协议。

第二十条　员工对调薪结果不认可,应在7个工作日内提交书面材料予以申辩,逾期不申辩的视为对薪酬调整的接受。

四、法律责任

第二十一条　调岗人员因不服从公司调薪规定,拒绝到岗或者旷工的,视情节轻重,按公司有关规章制度的规定处理。

五、附则

第二十二条　调薪由管理部门报领导层审批,审批通过的调整方案由人事部执行。调整后的薪酬级别,从调整生效日所在月执行。

第二十三条　本公司所有员工的工资待遇均为月薪制,每月月薪于次月15日前以人民币支付。

第二十四条　本办法由总经理/董事长制定、修改、解释。经核准公布生效。

第三节　企业解除劳动合同制度的设计

用人单位可以依据法律规定、规章制度、劳动合同以及双方协商一致解除劳动者的劳动合同,这是非常明确的。但实践当中,因为解除劳动合同而引发的劳动争议几乎占据了所有劳动争议类型的第一位,这从另一个方面说明解除劳动合同的合规操作对于用人单位而言是一个非常重要的课题。之所以在解除劳动合同的时候会出现如此高频率的劳动争议,一个很重要的原因,就是用人单位在与劳动者解除劳动合同的时候,完全是按个例模式操作、无章可循,导致用人单位在办理劳动合同解除手续的时候会出现很多纰漏,而这恰恰是解除劳动合同事宜的大忌。更何况,在目前的劳动法体系与劳动关系状况下,用人单位想在劳动关系的合规方面做到无可挑剔,并不是一件容易的事情。所以，对于企业而言，要防控解除劳动合同的风险，必须做好这方面的制度设计。

一、解除劳动合同应遵循的基本原则

前文已经对企业解除员工的劳动合同做了比较全面的分析。因此，企业在制定与解除劳动合同相关的规章制度时，应当遵循事由正当、依据明确、程序完善的原则。

事由正当原则。企业要解除员工的劳动合同，必须事出有因，而且必须做到事由正当。正当的事由包括员工存在过失、员工虽然没有过失但有《劳动合同法》第40条规定的情形、企业经济性裁员以及企业与员工协商一致，可以解除劳动合同。

依据明确原则。企业要解除员工的劳动合同，除了要事由正当外，还需要依据明确。明确的依据包括法律法规（含规章、司法解释及中央与地方的规范性文件）、规章制度（企业通过的合法有效的管理制度）、劳动合同（对解除劳动合同有明确的约定）及双方协商一致（就双方解除劳动合同及补偿事宜达成一致），可以解除劳动合同。

程序完善原则。企业解除员工劳动合同，除了实体依据要充分以外，程序依据也必须完善。包括以下几个方面：据以解除劳动合同的事由充分，证据来源合法；依据无过失辞退员工的法律规定解除劳动合同前已经完成了调岗或培训后的考核程序，过程性的材料记录完整充分；经济性裁员的预备程序完整到位，与工会及职工的交流情况完整记录在卷，并且取得了劳动行政部门的备案；双方协商一致解除劳动合同的，有双方签字认可的会议纪要（并附有谈话的完整录音与视频）；企业据以解除劳动合同的规章制度经过民主程序表决、合法有效，并有告知员工的证明材料且员工对此签字确认；企业将解除劳动合同的事由告知了员工，并保存有双方签字的谈话记录；企业与员工就解除劳动合同后的经济补偿事宜达成一致；企业向员工送达了解除劳动合同通知书，并有相应的证据证明（含员工签收、视频资料以及第三方出具的证明材料）。

案例56 未能证明劳动合同解除事由正当 企业被判违法解除劳动合同

赵某某于2015年4月1日入职奇艺世纪公司，担任研发工程师。工资构成为基本工资和奖金，基本工资为21,000元。双方于本案中明确离职前12个月的平均工资为23,056.09元。赵某某正常工作至2016年9月21日，奇艺世纪公司支付其工资至2016年9月21日。2016年9月21日，奇艺世纪公司向赵某某送达《解除劳动合同通知书》，其中载明：赵某某员工：根据《劳动合同法》第39条及相关的规定，奇艺世纪公司现在通知您，本公司依法解除此前与您订立的劳动合同关系（劳动合同期限：2015年4月1日至2018年3月31日）。您与奇艺世纪公司的劳动合同关系自2016年9月21日正式解除。您的薪资将结算至2016年9月21日。解除理由：严重违反公司的规章制度，从2016年7月开始，消极怠工，故意拖延工作，并拒绝执行领导安排的工作内容，经劝告仍不予改正。

一审法院审理后认为，因用人单位作出的开除、除名、辞退、解除劳动合同、减少劳动报酬、计算劳动者工作年限等决定而发生的劳动争议，用人单位负举证责任。奇艺世纪公司主张解除劳动关系的制度依据为员工手册6.5.2项，但该条款系概括条款，对“员工严重违反公司纪律达到被解雇程度”缺乏明确具体的标准，本院无法据此考察赵某某是否具有违反该条款的行为。奇艺世纪公司主张该公司解除劳动合同的法律依据亦包括《劳动法》第3条第2款的规定，对此本院认为，在规章制度未作出明确规定、劳动合同亦未明确约定的情况下，劳动者严重违反劳动纪律和职业道德的，用人单位可以依据该法律规定与劳动者解除劳动合同，但在司法审查中，劳动者的行为是否达到“严重”的程度，人民法院应当审慎审查、严格限制，避免导致用人单位侵害劳动者的合法权益。本案中，奇艺世纪公司提交的视频证据确记录了赵某某于工作场所的行为，但该公司未能提交视频的原始载体，本院无法确认视频中显示的时间是否真实，进而无法据此判断赵某某是否系工作时间存在怠工行为以及怠工行为的程度；而奇艺世纪公司提交的其他证据亦不足以证明赵某某违反劳动纪律和职业道德的行为达到“严重”而应当解除劳动合同的程度。综上，本院认为，奇艺世纪公司解除与赵某某的劳动合同，缺乏事实依据，属于违法解除劳动关系。

奇艺世纪公司不服一审判决，提起上诉。二审法院维持了一审法院的判决结论。

二、解除劳动合同制度应关注的重点情形

在规章制度里面规定解除劳动合同的情形是用人单位用工自主权的体现，有利于企业实现企业人力资源管理的规范化。关于企业解除劳动合同的情形主要有四类情形，前文已经做了介绍。有关经济性裁员、无过失性辞退员工法律上规定非常明确，主要是实践操作的问题；双方协商一致解除劳动合同，主要取决于企业与员工双方的合意。但是“过失性辞退”员工的情形，尤其是《劳动合同法》第39条规定的“严重违反用人单位的规章制度的”与“严重失职，营私舞弊，给用人单位造成重大损害的”，内容比较原则、在实践应用中极为广泛，因而常常成为企业解除员工劳动合同的难题，有必要通过规章制度的制定来加以明确，便于操作。规章制度的制定既可以设计成制度单行本的形式，也可以作为企业某个规章制度（如员工手册）的部分内容。

严重违反企业规章制度的情形。《劳动合同法》第39条和《劳动法》第25条的规定，劳动者严重违反用人单位的规章制度，用人单位可以解除除合同。那么何为“严重违反用人单位规章制度”，则完全取决于该用人单位自身的规章制度中的规定。实践中很多企业偏好运用这一条款解除与员工的劳动合同；但是，企业在这一条款上败诉的也是非常多的。究其原因是企业对该条款的运用存在误区，企业如果想善用这一条款辞退员工，就必须在制度的完善上下功夫，以下几点是必须要重视的：

（1）要审查规章制度的内容是否符合法律规定。规章制度的内容合法

包含两个层次:一是规章制度内容要合法,不得违反法律的强制性规定。换句话说,如果企业规章制度违反法律法规的规定,不但对劳动者不具有约束力,如果给劳动者造成损害的,用人单位还要承担赔偿责任。例如,企业在《薪酬福利制度》中规定"试用期员工不缴纳社会保险",这一条款就是不合法的规章制度条款,就是无效的,得不到法律的支持。二是规章制度的内容要合理。不符合合理性的规章制度,同样不具有合法性,在司法实践中也会被判定为无效,而且企业还有承担相应的后果。制度内容的合理性,应当根据同等情况在普通的要求下进行善意的判断。需要注意的是,针对不同情况,判断一项规章制度是否合理的结果也不一样。例如,企业在规章制度中规定:"员工在办公区抽烟,一经发现企业即可解除劳动关系。"对于该项规定是否合理,应该区别对待,分情况判断。如果对于一个无消防特殊要求的工作区而言,上述规定显然过于苛刻,有失合理;如果对于一个消防重地,如存放易燃易爆物品的仓库,上述规定则十分必要,并不为过。

(2)要审查规章制度是否经过职工代表大会、职工大会或其他民主形式表决通过。以职代会为基本形式的民主程序,是民主管理的重要内容,也是基层民主的重要形式。2012 年,由中纪委、中组部、全总等六部门联合发布的《企业民主管理规定》对于职代会制度进行了明确,要求所有企业都要普遍建立以职代会为基本形式的民主管理制度。《劳动合同法》第 4 条明确,用人单位在制定、修改或者决定有关劳动报酬、工作时间、休息休假、劳动安全卫生、保险福利、职工培训、劳动纪律以及劳动定额管理等直接涉及劳动者切身利益的规章制度或者重大事项时,应当经职工代表大会或者全体职工讨论,提出方案和意见,与工会或者职工代表平等协商确定。进一步,除了要审查制度是否经过合法的民主程序外,还需要重点考虑民主程序本身的合法性问题。

(3)要明确规章制度是否依法公示。公示告知是规章制度生效的最后一个要件,规章制度不公示,就不能对职工进行约束,更不能作为处罚依据。企业谨慎的处理方式是,让所有的员工在制度文本上签字确认知晓制度文本的内容。

(4)要审查在规章制度里是否对严重违反规章制度作出了界定。《劳动合同法》明确规定了,劳动者严重违反用人单位规章制度的,用人单位才可以解除劳动合同。这就意味着,用人单位不仅要有规章制度,还必须在规章制度中对严重违纪做出明确的界定。在劳动争议案例的处理中经常遇到这样的情形,员工确实有较为恶劣的行为发生,企业也认为员工严重违纪了,但是一查企业的规章制度,制度里没有对这样的行为或类似行为界定成严重违反规章制度的行为,导致企业没有办法利用此条款对员工解除劳动合同。

当然,在规章制度里列举出严重违纪行为不是一件容易的事,需要企业管理人员深入研究企业的业务流程、运营模式、企业文化等,并从中逐一提炼出严重违反规章制度的标准。在这里,规章制度再怎么细化也不为过。

(5)要规定如何采集员工严重违反规章制度的证据。法律规定,用人单位以严重违反规章制度为由解除劳动合同的,举证责任在用人单位;否则,举证不能,就会败诉。企业应该在规章制度中规定,员工违纪发生时可以采取的固定证据材料的方式与手段,如让员工本人手写"违纪情况说明""检讨书"等并签字,或者当场录像,记录违纪现象情况等。

(6)规定员工严重违反规章制度的证据必须在送达解除通知前固定。这一点非常重要,由于法律对于单位单方解除劳动合同规定了非常严格的举证责任,企业不但要举证员工存在严重违纪行为,还必须要证明严重违纪事实是在单位向劳动者送达解除通知前已经查证属实的。否则,就会被认为是"先开人后找证据"。

案例57　无法证明企业规章制度合法有效　企业被判违法解除劳动合同

马某某于2002年3月7日入职新聚思公司,双方签订有生效日期为2011年3月7日至2014年3月6日的劳动合同,约定马某某在软件开发部门从事软件开发工作,月工资标准为税前15,750元。新聚思公司于2013年

12月5日向马某某发出《解除劳动合同、解除劳动关系通知书》,其中载明:“马某某未经授权,利用服务器管理员的权限,在公司的生产性服务器上安装与运行比特币采矿软件,占用大量计算资源为个人谋利,此行为严重违背了公司制定的《商业道德行为规范》以及《公司资产保护条例》。本公司决定于2013年12月5日与马某某解除劳动合同、解除劳动关系。”马某某对新聚思公司做出的解除劳动合同决定不予认可,认为新聚思公司系违法解除双方劳动关系,要求新聚思公司支付违法解除劳动合同的赔偿金378,000元。新聚思公司主张马某某于美国时间2013年11月19日下载了比特币软件(软件名称YACOIN),并安装在其公司服务器上,该软件于美国太平洋时间(西八区时间)2013年11月26日22时至27日9时54分期间运行12个小时,该行为给其公司生产经营带来风险极大的产业损害,占用了网络资源及服务器资源,一旦发生意外将出现无法挽回的损害后果,马某某身为有限的服务器管理员之一,利用职务之便,在上班期间进行营利性活动,违反了双方劳动合同的签署义务,也违反了劳动者的默示义务。马某某对新聚思公司解除劳动关系的规章制度依据持有异议,主张新聚思公司并未依法向其公示、送达《商业道德行为规范》,且新聚思公司主张的《商业道德行为规范》公示时间晚于该公司声称的比特币事件发生时间。

一审法院判决认定:本案争议焦点集中在双方劳动关系解除的合法性,其中包含劳动关系解除程序的合法性以及劳动关系解除事由的客观性。关于劳动关系解除的程序合法性,包括针对解除事由是否存在明确的规章制度依据、合法制定的规章制度是否向劳动者有效送达、公示等。本案中,其一,《解除劳动合同、解除劳动关系通知书》显示的解除劳动关系规章制度依据为《商业道德行为规范》以及《公司资产保护条例》。案件审理中,新聚思公司并未提交《公司资产保护条例》的文本内容及确凿公示证据,应依法承担相应的不利责任。同时,对于新聚思公司提交的《员工纪律行为规范制度》,因并未载明在解除通知文件中,即未作为实际解除依据使用,故一审法院对该制度与待证事实的关联性不予采信。其二,关于《商业道德行为规范》的公示、送达情况，新聚思公司主张先后于2013年1月和2013年11月向马某某公示、送达了《商业道德行为规范》。其中，新聚思公司有关2013年1月公示的证据为宣誓书公证认证材料，从证据形式而言，为境外人员证言性质，公证认证仅为程序属性，并不足以确认内容的真实性，故在证人未出庭且缺乏佐证的情况下，宣誓书公证认证材料不足以证明新聚思公司在2013年1月向马某某公示《商业道德行为规范》。关于新聚思公司主张的2013年11月公示情况，新聚思公司主张的公示时间晚于其公司所持的比特币事件发生时间，故新聚思公司主张的2013年11月公示情况与待证事实之间缺乏关联性。其三，新聚思公司主张通过境外公司的电子签名系统向马某某公示、送达了《商业道德行为规范》，但依据我国《电子签名法》的相关规定，电子签名需要第三方认证的，由依法设立的电子认证服务提供者提供认证服务。现新聚思公司无证据证明其公司电子签名服务提供商取得我国主管部门许可，故在马某某持有异议的情况下，相关电子签名证据合法性不足。其四，新聚思公司提供的公示、送达证据以电子证据居多，考虑电子数据的易修改、难固定的证据特征，一审法院对新聚思公司的相关证据应严格审查。《商业道德行为规范——北京22A》名称区别于《商业道德行为规范》，在缺乏佐证的情况下，并不足以认定两者内容完全一致。其五，退一步讲，从新聚思公司提供的公证书所载《商业道德行为规范》内容来看，并无针对待证解除事由的明确罚则，从"员工可以有限度地因为私人目的使用公司的网络资源"的相关规定来看，针对待证解除事由是否达到解除劳动关系强度并无明确细则。

一审法院依据我国《劳动合同法》第47条、第87条，《民事诉讼法》第64条的规定，判决：北京新聚思信息技术有限公司于本判决生效之日起7日内向马某某一次性支付违法解除劳动关系的赔偿金376,056元。

本案二审法院维持了一审法院的判决结论。因用人单位系使用国外的电子签名服务提供商通过电子签名系统向劳动者送达了《商业道德行为规范》，劳动者主张电子签名非本人签署、双方并未约定使用电子签名，且对服务商在中国开展电子签名认证的资质和电子签名的可靠性表示质疑。最终法院认为相关电子签名服务提供商未取得我国主管部门许可,相关电子签名证据被认定合法性依据不足,这应该是新聚思公司败诉的重要原因。

三、不当行为给用人单位造成重大损害的

不当行为给用人单位造成重大损害的,指的是《劳动合同法》第39条规定的“严重失职,营私舞弊,对用人单位利益造成重大损害”,针对的是劳动者在履行劳动合同期间,违反其忠于职守、维护和增进用人单位利益的义务,有未尽职责的严重过失行为或者利用职务之便谋取私利的故意行为,使用人单位的财产或人员遭受重大损害,但又没达到受刑罚处罚的程度。单位以此为由解除劳动合同的,必须同时满足以下四个条件:(1)员工存在失职或营私舞弊行为;(2)员工的失职行为达到了严重程度;(3)单位遭受了重大损失;(4)单位的损失与员工的行为之间存在直接因果关系。

上述四个条件虽然非常清楚,但要形成明确的可以操作的解除劳动合同的依据,还需要企业规章制度进一步完善。

(1)员工存在失职或营私舞弊行为。不在其位,不谋其政。严重失职的前提是劳动者负有相应的岗位职责,如果没有相应的岗位职责,就谈不上失职。所以,失职是以职责明确为前提的,单位主张员工存在失职行为的,应当举证证明员工的工作职责,因此,有关制度设计应该对员工的岗位职责予以明确。

(2)员工的失职行为达到了严重程度。失职行为还必须达到严重程度,如果只是一般性过错,并不足以达到需要解除劳动合同的程度,这就是法律上所讲的比例原则。对于“严重失职”,企业必须在规章制度予以明确为具体的情形,“重大损失”应该有可量化的具体数额。

(3)单位遭受了重大损害。所谓重大损害,企业首先得举证证明单位遭受了经济损失,然后还要有依据能够证明这个经济损失已经达到了重大的境地。但多少属于重大损失,企业应该在规章制度中做出量化规定,但是要

具有一定的合理性。如何判断是否具有合理性，那就是对劳动者而言不构成显失公平。

（4）单位的损失与员工的行为之间存在直接因果关系。企业需要在规章制度确定判断因果关系的方式方法，如视频资料、劳动者自认、第三方的鉴定结论等。

案例58　以严重违反规章制度为由解除劳动合同的案例

王某于2006年4月28日入职阿纳克斯公司，双方于2012年12月11日签订最近一期劳动合同，约定合同期限为无固定期限，岗位为SMT组长，基本工资1500元，职位津贴3110元，全勤50元。

2015年6月7日午间，阿纳克斯公司法定代表人魏某发现公司员工刘某某、王某、廖某某、赵某某、董某某五人正在使用公司的设备、原材料及水电等资源生产不属于公司的产品，遂拨打“110”报警电话。苏州市公安局虎丘分局浒墅关新区派出所出警后，将上述人员带回派出所调查。同年6月10日，阿纳克斯公司向王某送达《通知》一份，通知王某暂停公司一切职务和工作，在家配合接受进一步调查工作，同时告知公司暂不对相关涉案人员进行处理，具体处理决定另行通知。同年7月7日，阿纳克斯公司向王某出具《解除劳动合同通知书》一份，载明：……（4）在案件调查过程中，根据主要嫌疑人及其他两名参与人员的供述，以及公司目前收集的证据和公司职责工作流程相关规定，王某作为主要参与人，在明知主要嫌疑人以个人或其个人投资设立公司名义在外私自承接订单，且盗用我司的设备、原材料、水电等资源私自进行生产的情况下，仍然多次参与违反生产加工，给我司造成了较大的经济损失。根据上述事实，依据我国相关法律法规和我司规章制度的规定，特向王某致本通知：（1）因王某严重违反我司规章制度及我国相关法律法规，自2015年6月7日起，解除我司与王某之间的劳动合同，双方权利义务即终止；（2）王某应于收到本通知后3日内，到我司人事部门领取未结算工资并办理离职和工作交接等手续；（3）我司保留继续追究王某全部法律责任的权利;(4)我司的解除劳动合同程序及结果已通知工会,并得到工会一致同意。同年7月22日,阿纳克斯公司向浒墅关经济开发区工会送达《情况说明》一份,将上述公司与王某解除劳动合同事宜告知工会。

法院认为,劳动者与用人单位建立劳动关系,双方均应按照法律的规定或者合同的约定诚实信用地行使权利、履行义务。因用人单位作出解除劳动合同决定而发生争议的,由用人单位对决定所依据的事实和法律、法规、规章等承担举证责任。本案中,阿纳克斯公司《员工手册》于2008年之前制定,内容不违反法律、行政法规等强制性规定,并由包括王某在内的全体劳动者签名表示阅读、理解并愿意受其约束,故可以作为阿纳克斯公司用工管理及本案处理的依据。王某于2015年5~6月多次为公司生产工程部经理刘某某以自己名义在外设立的公司所接订单进行加工生产,且利用了阿纳克斯公司的厂房、设备及原材料,违反了公司《员工手册》中"未经许可,利用工作时间、工作场所或公物从事不法或图利自己或他人行为者"的规定,属严重违反公司规章制度之行为,故公司根据《员工手册》的规定与其解除劳动合同合法,且阿纳克斯公司已将解除劳动合同事宜告知所属工会,程序正当,故王某以阿纳克斯公司违法解除劳动合同为由主张赔偿金的诉请无事实及法律依据,法院对此不予支持。

本案中,因用人单位作出解除劳动合同决定而发生争议的,由用人单位对决定所依据的事实和法律、法规、规章等承担举证责任。本案中,阿纳克斯公司的《员工手册》内容不违反法律、行政法规等强制性规定,并由包括王某在内的全体劳动者签名表示阅读、理解并愿意受其约束,故可以作为阿纳克斯公司用工管理及本案处理的依据。王某的行为属于公司《员工手册》中"未经许可,利用工作时间、工作场所或公物从事不法或图利自己或他人行为",属严重违反公司规章制度之行为,且阿纳克斯公司已将解除劳动合同事宜告知所属工会,程序正当,故公司根据《员工手册》的规定与其解除劳动合同合法。

四、解除劳动合同的程序

无论是依据法律规定、规章制度、劳动合同的约定还是用人单位与劳动者双方协商一致，只要是用人单位作出的解除劳动合同的决定，用人单位就需要为此承担相应的举证责任。用人单位是不是合法解除劳动合同，程序合法是其中一个非常重要的环节。实务中，企业需要将解除劳动合同程序的每一个步骤都记录在案，确保程序合法、正当、完整。以下三个程序是用人单位解除劳动合同必须特别重视的：

一是通知程序。用人单位决定单方解除劳动者劳动合同前，应履行及时通知劳动者和工会的义务。根据《劳动合同法》第40条的规定，用人单位因劳动者不胜任工作、患病或非因公负伤、劳动合同客观不能履行等非劳动者过失而解除劳动合同的，应当提前30日通知劳动者，否则应当额外支付一个月的工资。《劳动合同法》第41条规定，用人单位实施经济性裁员的，应提前三十日向工会或者全体职工说明情况。《劳动合同法》第43条规定，用人单位单方解除劳动合同，应当事先将理由通知工会，并听取工会的意见。上述三种情况下，履行通知程序是用人单位的基本义务。

二是协商程序。根据《劳动合同法》第40条的规定，劳动合同订立时所依据的客观情况发生重大变化，致使劳动合同无法履行，经用人单位与劳动者协商，未能就变更劳动合同内容达成协议的。在这种情况下，用人单位与劳动者协商变更劳动合同属于法定程序。此外，因为用人单位出现严重经营困难、停工停产等特殊情形需要解除劳动合同，为了减轻企业的经营成本，企业需要与员工协商一致解除劳动合同。上述两种情况下，履行协商程序是用人单位应尽的义务。

三是送达程序。根据《劳动合同法》第50条的规定，“用人单位应当在解除或者终止劳动合同时出具解除或者终止劳动合同的证明”，并规定“用人单位对已经解除或者终止的劳动合同的文本，至少保存二年备查。”也就是说，无论是出于什么原因解除的劳动合同，用人单位都需要向劳动者送达

"解除劳动合同"的通知书或证明书。由于送达程序关系到解除劳动合同的效力以及工资福利、社会保险、住房公积金及经济补偿金的计算,因此,用人单位需要举证证明已经履行了送达程序,最佳做法是有劳动者的签收单,如果劳动者拒签的,用人单位也可以通过视频资料或快递邮寄等方式向劳动者本人送达。

案例59 员工严重违反规章制度被解除劳动合同 用人单位未通知工会被判违法解除

2013年10月25日,章某到华山公司担任产品设计工程师。2018年5月7日,华山公司向章某出具《解除劳动合同通知书》一份,载明:经公司发现,你在岗期间连续旷工3天(2018年5月2日至4日),已构成严重违反公司规章制度。现公司根据《劳动合同法》及公司《员工手册》的相关规定,决定于2018年5月7日与你正式解除劳动合同关系。华山公司未成立工会,与章某解除劳动合同关系时未告知并听取职工代表的意见,也未向当地总工会征求意见。2018年7月12日,章某申请仲裁,要求华山公司支付违法解除劳动合同赔偿金98,195元。2018年9月20日,仲裁委员会作出仲裁裁决:驳回申请人章某的仲裁请求。章某不服起诉,请求判令华山公司支付章某违法解除劳动合同赔偿金98,604元(5月×9860.4元/月×2倍)。

二审法院认为,建立了工会组织的用人单位解除劳动合同符合《劳动合同法》第39条、第40条规定,但未按照《劳动合同法》第43条规定事先通知工会,劳动者以用人单位违法解除劳动合同为由请求用人单位支付赔偿金的,人民法院应予支持。华山公司虽然辩称其未建立工会,但是即使未建立工会,也应该通过告知并听取职工代表的意见的方式或向当地总工会征询意见的变通方式,来履行告知义务这一法定程序。本案华山公司解除与章某劳动合同关系时既未告知并听取职工代表意见,也未向当地总工会征询意见,且未能在起诉前补正有关程序。本案中,虽然上诉人并未成立工会组织,但是对于尚未建立工会组织的用人单位作出解除劳动合同决定的,可通过告知并听取职工代表意见或者向当地工会组织(行业工会组织)征求意见等变通方式来履行告知义务。华山公司解除与章某之间的劳动合同关系并没有履行上述程序。现被上诉人章某主张违法解除劳动合同赔偿金,一审法院予以支持,并无不当。

制度范例三 《企业解除劳动合同管理办法》

一、解除劳动合同的基本原则

第一条 本办法建立在科学合理的人力资源管理制度之上,依据法律法规与本公司的实际情况而制定。

第二条 解除劳动合同遵循合法合理原则。公司应当根据员工违反规章制度、劳动纪律的严重程度及违反劳动合同的具体情况,审慎地决定是否解除劳动合同。

第三条 解除劳动合同应遵循民主公开原则。公司依法制定并通过的劳动合同管理制度文件应向员工公示。

二、甲类解除劳动合同的情形

第四条 公司与员工协商一致,可以解除劳动合同。

第五条 员工患病或者非因工负伤,在规定的医疗期满后不能从事原岗位工作,调岗后仍不能胜任的,公司有权单方解除劳动合同。

第六条 员工不能胜任工作、经过培训或调整工作岗位仍不能胜任的,公司有权单方解除劳动合同。

第七条 依照国家有关规定,需持证上岗的,员工未获得有效资格证书,不得从事该岗位;已在该岗位工作的,公司有权调整其工作岗位;员工不服从公司调整其工作岗位的,公司有权单方解除劳动合同。

第八条 劳动合同订立时所依据的客观情况发生重大变化,致使劳动合同无法履行;公司与员工未能就调岗协商达成一致的。公司可根据实际需要与员工协商解除劳动合同。

三、乙类解除劳动合同的情形

第九条 员工利用工作时间，擅自在外从事兼职的，经两次批评后仍不改正的，公司有权单方解除劳动合同。

第十条 员工严重失职、营私舞弊，给公司造成经济、声誉等损失的，公司有权单方解除劳动合同。

第十一条 员工占有公司财物拒不交还的，或盗窃公司财物行为的，公司有权单方解除劳动合同。

第十二条 员工存在侵占或挪用公款行为、金额在1000元以上的，公司有权单方解除劳动合同。

第十三条 员工故意毁损公司财物，给公司造成5000元以上财产损失的，公司有权单方解除劳动合同。

第十四条 员工在工作场所聚众赌博或打架斗殴的，公司有权单方解除劳动合同。

第十五条 员工过失导致公司发生生产事故、致公司损失2万元以上的，公司有权单方解除劳动合同。

第十六条 员工未经公司领导允许，泄露公司客户资料、技术文件与商业秘密的，给公司造成损失的，公司有权单方解除劳动合同。

第十七条 员工品行不端，引发舆情严重损及公司信誉或声誉的；或经两次批评后仍不改正的，公司有权单方解除劳动合同。

第十八条 员工冒充上级主管人员签字，盗用印信者或对冒充公司名义的，公司有权单方解除劳动合同。

第十九条 员工收受客户或者有业务往来的第三人的贵重财物，既不退回也不上交的，经批评后仍不改正的，公司有权单方解除劳动合同。

第二十条 员工在采购活动中存在受贿或收取回扣的行为，公司有权单方解除劳动合同。

第二十一条 员工通过非正当途径，开假发票报销，牟取非法利益的，公司有权单方解除劳动合同。

第二十二条 员工连续旷工2天、当月旷工累计4天或全年旷工累计达8日的,公司有权单方解除劳动合同。

第二十三条 员工记过达两次的,又在一年内受到警告及以上处分的,公司有权单方解除劳动合同。

第二十四条 员工同时与其他用人单位建立用工关系,对完成本公司工作任务造成严重影响的,公司有权单方解除劳动合同。

四、解除劳动合同的补偿标准

第二十五条 对于甲类解除劳动合同的情形,补偿标准按照《劳动合同法》的有关规定为执行;但公司与员工另有约定的额除外。

第二十六条 对于乙类解除劳动合同的情形,公司不支付经济补偿金。

五、解除劳动合同的程序

第二十七条 对于甲类解除劳动合同的情形,公司应提前30日通知劳动者和工会;工会有反馈意见的,公司应及时回复,作出解释说明。

公司人力资源管理人员与员工沟通协商后,应于当天制作笔录,由双方签字,予以确认。

第二十八条 对于甲类解除劳动合同的情形,公司应提前通知工会;工会有反馈意见的,公司应及时回复,作出解释说明。

公司人力资源管理人员与员工沟通谈话后,应于当天制作笔录,由双方签字,予以确认。

第二十九条 解除劳动合同由公司制作解除劳动合同书面文件,并于解除之日起15日内办理档案、社会保险等交接手续。

第三十条 员工在离职的最后一个工作日前,应将工作方面的有关文件、书籍、账册、业务资料、办公用品及其他公司财物交回公司,由交接双方签字确认。

第三十一条 离职员工在离职前将经办过的各项工作及未完成的工作移交至直接上级所指定的接交人,接交人应在工作交接登记簿上签字确认。

第三十二条 管理人员的离职审计由公司法律合规部及财务部联合进

行，对离职人员进行离职审计时发现该人员存在未解决法律或财务问题时，公司可以暂缓办理离职手续，直至问题解决为止。离职员工交接完成且离职审计发现的问题全部解决后，则认定为该员工符合离职条件，可以到公司综合管理部（人力资源部）办理离职手续。

六、法律责任

第三十三条　离职人员因不办理工作交接手续，拒不上交公司财物、文件、物品等行为给公司造成损失的，应当予以赔偿。

七、附则

第三十四条　本办法由职工代表大会表决通过，自公布之日起生效。

第七章

劳动合同设计与调岗调薪风险防控

劳动合同是用人单位与劳动者双方关于权利、义务的合意，对劳动者和用人单位都具有拘束力。为了在劳动关系的管理中享有主动权，用人单位通常会主导劳动合同的签订、变更、履行、续约、终止与解除等程序。但为防止用人单位对用工自主权的滥用，《劳动合同法》对劳动合同的签订、履行、变更、解除等法律行为从内容到形式都作出了严格的规定。由于劳动合同是企业与员工劳动权利义务的基础，在司法实践中，劳动争议仲裁诉讼机关也非常重视劳动合同的作用。尤其是劳动合同中约定的有关调岗调薪或者解除劳动关系的内容，只要约定不违反法律强制性规定，仲裁诉讼机关一般都会尊重企业与劳动者当事双方的合意，认可劳动合同约定的法律效力。所以，通过劳动合同的合理设计确定调岗调薪的具体内容与条件，不失劳动合同的一种有效管理方法。

第一节　关于调整岗位的约定

企业可以在劳动合同中与劳动者预先作出调整岗位的约定。劳动关系成立时，企业可以和员工约定工作内容、工作地点等的范围，并在约定的范围内授予企业根据实际需要进行调整岗位的权利。一般来说,对于企业和劳动者通过劳动合同作出单方调岗的约定,只要约定的调岗条款具有合理性,司法实践一般都是支持其法律效力的。

一、工作岗位调整的约定

《劳动合同法》第17条规定工作内容是劳动合同的必备条款。工作内容是指即劳动者具体从事什么种类或者内容的劳动。通俗地说,就是指工作岗位和工作任务或职责。[①] 工作岗位又是工作内容的核心内容,确定工作岗位以后才能进一步确定劳动者的工作任务或具体工作职责。劳动合同中的工作岗位条款应当规定的明确具体,便于遵照执行。工作岗位包括工种与职位等内容。工种是指根据劳动管理的需要,按照劳动的性质、特征或服务的特点而划分的工作种类,据此《中华人民共和国职业分类大典》(2015年版)将我国职业分类体系调整为8个大类、75个中类、434个小类、1481个职业,并列出了2670个工种。职位则是指劳动者在具体工种中执行具体工作任务的具体位置或职务等。为便于管理和调整员工的工作岗位,企业可以参照《中华人民共和国职业分类大典》(2015年版)的分类,对本单位的岗位进行合理的分类,如设置管理、研发、技术、生产、操作和销售等岗位,并在劳动合同中约定"用人单位可以根据经营需要及劳动者的工作表现,在不改变岗位类别(如管理岗)的基础上适当调整工作岗位"条款。这样的约定有助于员工了解职业发展的预期空间,也可以帮助企业获得调整员工岗位的弹性空间。值得注意的是,企业切忌约定"用人单位有权根据生产经营变化及劳动者的工作情况调整其工作岗位,劳动者必须服从单位的安排"之类的霸王条款,这会被劳动争议仲裁诉讼机构认定为无效条款。另外,企业与员工在劳动合同中对于工作岗位的约定,不能笼统地约定为员工、工人、职员,这属于不明确的约定,实践中极易引发争议。

---

① 信春鹰:《中华人民共和国劳动合同法释义》,法律出版社2007年版,第54页。

案例60中的用人单位深圳富某某精密工业有限公司在调岗事项的劳动合同约定与实际操作中是比较规范的，主要表现在以下几点：第一，双方在劳动合同中对调岗已经作了合法性约定，即"中载明富某某公司因集团发展布局及生产经营需要可以调整小王的工作岗位、工作内容、跨国家或地区变更工作地点（或多个地点），不视为富某某公司违反劳动合同约定"；第二，从合理性来讲，调整后的新工作地点距离原工作地点不到1000米的距离，工作岗位与主要工作内容一致；第三，新岗位仍为工程师，该调整行为不具有侮辱性和惩罚性，亦未降低小王的薪酬标准；第四，在多次通知拒不到岗的情况下，公司依照规章制度对其作出三次记大过处分，且进行了书面送达；第五，对于员工做出处理的规章制度是经过民主程序产生、完全是合法有效的。

二、工作地点的调整

工作地点也是《劳动合同法》第17条规定的劳动合同的必备条款。用人单位需要在劳动合同中明确工作地点，为了方便调岗，可以约定多个工作地点，并可约定"用人单位有权根据经营管理的需要在什么情形下可以对约定范围内的工作地点进行调整"；当然"约定范围"需要与原岗位有合理的关联。实务中，有的用人单位为了方便调岗，将工作地点约定为"全国""北京"等宽泛的地点，如无对用人单位经营模式、劳动者工作岗位特征等特别提示，属于对工作地点约定不明。因而，在约定多个工作地点的情况下，用人单位应当在与劳动者签订劳动合同时，通过劳动合同或其他书面形式向劳动者明示（列出所有工作地点）；通过其他书面形式确认的，应当有劳动者的签字认可。

三、其他调岗的情形

根据《劳动合同法》第40条第3项的规定，用人单位在劳动合同订立时所依据的客观情况发生重大变化，并致使劳动合同无法继续履行的，可以同劳动者协商一致变更劳动合同。因而，企业可以与员工约定，在企业依照破产法规定进行重整、生产经营发生严重困难、企业转产、重大技术革新或者经营方式调整导致原劳动合同无法继续履行的，以及企业分公司、代表处、部门被撤销的，员工所从事的重大项目停止运行的，以及企业遭遇合并、分立等情形的，可以调整员工的工作岗位。

四、文书示范（劳动合同调岗条款的约定）

1. 劳动合同关于工作岗位调整的一般约定

具有以下情形之一的，甲方（用人单位，下同）因生产经营需要可以调整乙方（劳动者，下同）的工作岗位与工作内容，不视为甲方违反合同。

（1）因甲方发展布局、生产经营及其他客观情形需要可以调整员工工作内容、跨国家或地区变更工作地点（列明具体的工作地点），不视为甲方违反合同。

（2）乙方理解和认同甲方经营特点，愿意配合甲方经营需要而进行的岗位调整。乙方理解和认同甲方所在集团跨地区分散经营的特点，愿意配合甲方经营需要而进行的跨地区调动或国外派驻。同时，甲方对乙方异地安家搬迁的，按照甲方规章制度给予相应的经济补偿。

（3）甲方与乙方经协商可变更本合同主体或部分内容，合同其他内容仍然有效，变更通知书或调动通知书经乙方签认后作为本劳动合同的附件。

2. 劳动合同关于工作岗位调整的具体情形约定

具有以下情形之一的，甲方可以调整乙方（劳动者，下同）的工作岗位，不视为甲方违反合同，但甲方应优先调整乙方至同类别的岗位或相近的岗位。

（1）乙方存在违纪或者失职行为的，甲方有权调整乙方的工作岗位；

（2）乙方未取得法律法规等要求的岗位资格证书，甲方有权调整乙方的工作岗位及工作内容；

（3）乙方不胜任工作，经培训后仍不胜任，甲方有权调整乙方的工作岗位及工作内容；

(4)乙方因患病或者非因工负伤不能胜任工作,甲方有权调整乙方的工作岗位及工作内容;

(5)乙方若与在工作上有隶属关系或同一部门的本单位内员工结婚,甲方有权对其调整工作岗位及工作内容;

(6)乙方岗位涉及甲方商业秘密内容而申请离职的,甲方有权在约定的脱密期内调整乙方工作岗位及工作内容;

(7)乙方存在徇私舞弊、违纪或者失职等行为,甲方有权调整乙方工作岗位及工作内容;

(8)由于生产经营需要,乙方所在的部门及相关部门需要增加乙方同类岗位的,甲方有权调整乙方至同类岗位;

(9)乙方所在的分公司、代表处、部门被撤销、乙方所从事的相关项目停止运行以及甲方面临合并、分立等情形的,甲方有权调整乙方的工作岗位及工作内容;

(10)基于业务需要,甲方可以临时性、短期性地指派乙方至甲方其他部门支援工作,但最长不超过3个月;

(11)甲方因城市规划、法律法规、地方政策等原因需要搬迁公共场所的,有权调整乙方的工作岗位及工作地点;

(12)因为转产、重大技术革新或者经营方式调整导致本劳动合同无法继续履行的,甲方有权调整乙方的工作岗位及工作内容。

3. 调岗程序及法律责任的约定

(1) 甲方应在做出调岗决定后及时向乙方发送通知,乙方对调岗结果有异议的,应在收到通知之日起3个工作日内甲方人力资源部提交书面材料予以申辩,逾期不申辩的视为对调岗的接受;

(2) 乙方对调岗通知没有异议的,应当按照通知规定及时报到并开展工作,经甲方通知3次以上仍拒绝到岗的,乙方的拒绝行为将构成严重违纪,公司有权解除劳动合同。

案例60 劳动合同约定明确 员工不服调岗被判败诉

2010年11月17日,深圳富某某精密工业有限公司(以下简称富某某公司)与小王签订《劳动合同书》一份,"合同期限"中载明无固定期限,合同起始时间为2010年10月1日。"工作内容与地点"中载明:(1)小王工作岗位为工程技术,工作内容为工程技术服务与管理。(2)小王的薪资关系所在地为深圳。2014年5月6日富某某公司向小王出具一份《员工到岗通知书》,内容为:"现通知您:2014年5月7日8:00前请到F8栋南二门岗一楼刷考勤卡(其他地点刷卡无效),并到彭某某主管处报到上岗。……"小王以未经其同意为由,拒不签字,且未到新工作岗位报到上班。为此,富某某公司分别于2014年5月9日、13日、14日出具三份《员工违纪处理公告》,以员工拒不服从主管正常工作安排、指派为由,对其记大过3次。2014年5月19日,富某某公司以该员工不服从公司正常工作安排,并已连续旷工3天以上等为由,辞退该名员工,并出具一份《解除劳动合同通知书》。

小王认为富某某公司调岗未经其同意,遂以违法辞退为由,申请劳动争议仲裁,要求支付违法解除劳动合同赔偿金207,720元及律师费5000元。劳动争议仲裁委经审理后,对其请求予以驳回。小王不服诉至宝安区人民法院。宝安区人民法院经审理后认为,双方《劳动合同书》"工作内容与地点"中载明富某某公司因集团发展布局及生产经营需要可以调整小王的工作岗位、工作内容、跨国家或地区变更工作地点(或多个地点),不视为富某某公司违反劳动合同约定。富某某公司因工作需要将小王的工作岗位在单位内部进行调整,富某某公司于2014年5月6日向小王发出到岗通知,对小王的工作地点作出调整,距离不到1000米,岗位、工作主要内容一致,调整后小王的岗位仍为工程师,该调整行为不具有侮辱性和惩罚性,亦未降低小王的薪酬标准,且符合双方在劳动合同中对于小王工作岗位、工作内容、工作地点调整的约定。富某某公司调整工作岗位是出于正常的工作需要,属于用人单位用工自主权。故一审本院对于富某某公司的调岗行为的合法性予以确认。小王在接到调岗通知后,应当按照通知规定及时报到并开展工作,但小王不服从富某某公司合理工作调整，经富某某公司书面通知并以记大过方式提示后，仍拒绝到调整后的工作岗位工作。小王在2014年5月7日至2014年5月19日长时间拒绝服从用人单位的合理工作安排，不进行用人单位安排的合理劳动，且经富某某公司多次催告作出3次记大过处分后，小王仍拒绝到新的岗位报到，该行为属于拒不服从主管正常工作安排、指派，且已构成情节严重。在此情况下，富某某公司依据经民主程序制定并已向全体员工公示的集团公司《员工手册》的相关规定，对小王予以辞退并无不当，依法无须支付解除劳动合同赔偿金。①

案例61　未经约定调整员工工作地点　企业被判败诉

钟某某于2007年1月4日至8月18日在武阳建筑公司处工作，先后从事办公室文员、行政部主任、行政部副主任、经营部副主任、行政部副主任等工作。2016年7月1日，武阳建筑公司与钟某某签订了无固定期限劳动合同，约定钟某某的工作地点为涪陵总公司。2017年8月7日，武阳建筑公司作出决定，调派钟某某到沙坪坝天星桥中学项目部工作，时间从2017年8月8日起至该工程结束。武阳建筑公司作出该决定后，钟某某明确拒绝到沙坪坝天星桥中学项目部工作。2017年8月18日，武阳建筑公司向钟某某发出解除劳动合同通知，其中载明“钟某某女士，你于2016年7月1日与我公司签订了《劳动合同书》成为我公司职工，现我公司因下列第3条、第4条原因，决定解除与你的劳动关系，劳动关系自本通知送达之日即行终止，请你在收到通知书之日即与我公司办理交接手续。解除原因：……3. 不能胜任本职工作，经过培训或调整工作岗位仍不能胜任工作。4. 不服从公司调派，不服从领导安排及其他原因”。钟某某于同日收到该通知后次日离开了武阳建筑公司。2017年9月1日，钟某某向重庆市涪陵区劳动人事争议仲裁委员会申请劳动仲裁，请求裁决武阳建筑公司支付钟某某违法解除劳动合

① 参见（2015）粤高法民申字第2235号判决书。

同赔偿金87,193元,代通知金3730元。该委于2017年10月18日作出裁决,由武阳建筑公司支付钟某某违法解除劳动合同赔偿金82,060元、代通知金3730元等共计85,790元,扣除武阳建筑公司已经支付的6400元,武阳建筑公司实际还应支付钟立利79,390元。武阳建筑公司不服该裁决,遂诉至一审法院。

法院认为,根据《劳动合同法》第17条第4项的规定,劳动合同应当具备工作内容和工作地点。工作地点是劳动者履行劳动合同的实际履行地,也是劳动者从事合同中约定的工作岗位劳动的空间范围,与劳动者的生活环境、质量、就业、择业都有密切联系。工作岗位和工作地点属劳动合同中的重大条款,其变动直接关系钟某某的生活环境和质量,非经双方协商一致,单方不得强行予以调整。武阳建筑公司与钟立利签订的无固定期限劳动合同约定工作地点为涪陵总公司,武阳建筑公司将钟某某调至沙坪坝天星桥中学项目部工作,属于单方面变更劳动合同,不符合法律规定。综上所述,武阳建筑公司单方解除劳动合同的行为,属于违法解除劳动合同,应当向钟某某支付违法解除劳动合同赔偿金。①

第二节　关于调整薪酬的约定

劳动者的劳动报酬一般包括计时工资、计件工资、加班工资、奖金、补贴和津贴以及特殊情况下支付的工资等,用人单位以货币形式支付。企业与员工建立劳动关系时,可以在劳动合同中具体约定薪酬的支付标准、金额、支付方式以及根据实际情况作出必要调整的条款。

一、标准薪酬金额的约定

企业可以与员工约定基本工资、绩效工资、加班工资、福利待遇等的发

① 参见(2018)渝03民终321号。

放标准。用人单位与劳动者在劳动合同中约定了工资标准的,以该约定为准。劳动合同没有明确约定工资数额,或者合同约定不明确时,应当以实际发放的工资为准。劳动者正常提供劳动的情况下,企业实际发放的工资标准高于或者低于原约定工资标准的,在劳动者认可的情况下,可以视为双方变更了合同约定的工资标准。同时,用人单位与劳动者在劳动合同中约定了加班费计算基数的,以该约定为准。但是,双方同时又约定以本市规定的最低工资标准或低于劳动合同约定的工资标准作为加班费计算基数,劳动者主张以劳动合同约定的工资标准作为加班费计算基数的,以合同约定的工资标准计算。除此之外,用人单位和劳动者也可以约定包括福利待遇在内的其他事项,如住房补贴、交通补贴、通讯补贴、工作餐补贴和子女教育,甚至是商业保险等。值得注意的是,用人单位如果制定关于确定劳动定额标准的规章制度,应当征求工会或职工的意见,协商确定经过民主程序通过后应依法公示或告知劳动者。劳动者提供劳动之后,用人单位应当按时足额向劳动者支付工资报酬,不得克扣或者无故拖欠工资,也不得以发放实物、有价证券、提供食宿条件等形式替代支付。

案例62　工资标准约定不明　法院判决加班工资基数以实发为准

2016年8月6日,刘某受聘到领秀物业公司处从事资源县城北开发区国家电力集团广西金紫山风电有限公司的保安工作,该岗位除上班外执行24小时值班制度,在2018年4月30日前由两人轮班,2018年4月30日补充了一名保安,3个人轮班,2019年2月15日开始有4名保安上班。刘某与领秀物业公司签订了《劳动合同书》及《职工申请不参加城镇职工社会保险协议》,领秀物业公司按2300元每月发放被告工资。领秀物业公司未依法为被告缴纳社会保险费。刘某于2019年3月20日向领秀物业公司提出停岗要求后未到领秀物业公司安排的工作岗位上班。领秀物业公司于2019年3月25日,以刘某旷工为由作出《关于暂停发放薪金的通知》,于2019年3月29日作出《员工辞退通知书》。领秀物业公司于2019年4月2日向刘某发放加班费536元。双方产生劳动争议后，刘某向资源县劳动人事争议仲裁委员会提起仲裁申请，要求领秀物业公司向其支付2016年8月6日至2019年1月31日的休息日加班工资、法定节假日加班工资119,759元、支付解除劳动合同经济补偿金6600元、支付失业保险金损失18,000元。资源县劳动人事争议仲裁委员会于2019年6月11日作出资劳人仲字[2019]第4号仲裁裁决书，裁决：由领秀物业公司向刘某支付2016年9月30日至2019年1月31日休息日加班工资和法定节假日加班工资60,277.5元，支付解除劳动关系的经济补偿金6900元、支付失业保险待遇损失赔偿金额10,920元。领秀物业公司不服上述仲裁裁决，诉至一审法院。

法院认为，根据《最高人民法院关于审理劳动争议案件适用法律若干问题的解释(三)》第9条的规定："劳动者主张加班费的，应当就加班事实的存在承担举证责任。但劳动者有证据证明用人单位掌握加班事实存在的证据，用人单位不提供的，由用人单位承担不利后果。"本案中，刘某在领秀物业公司安排的资源县城北开发区国家电力集团广西金紫山风电有限公司保安岗位工作执行上下班打卡制度，领秀物业公司提交的上下班打卡记录系复印件，刘某对其真实性不予认可，领秀物业公司拒绝提供该上下班打卡记录原始数据予以核对，故法院对领秀物业公司提交的上下班打卡记录不予确认，相关举证的不利后果由领秀物业公司承担。刘某从业的保安岗位在2018年4月30日前由两人轮班，2018年4月30日补充了一个保安，3个人轮班。该岗位除上班外执行24小时值班制度，根据岗位设置的客观事实，应当可以认定被告存在法定节假日和周末加班的事实。[①] 据此，法院最后支持了刘某关于加班工资与经济补偿金的诉求。

---

① 参见(2019)桂03民终3866号判决书。

案例63　合同约定发放时间不明　员工主张奖金获支持

王某于2017年1月1日进入某外贸公司担任业务员工作，双方签订了为期3年的劳动合同，约定月工资4000元另加提成，另外双方在合同中约定，工作至年底另有10,000元的年终奖，但发放的时间没有约定。2018年2月28日，申请人王某因个人原因提出辞职，王某向公司人事部门询问关于年终奖的问题，人事部门答复年终奖未到发放时间且已经离职的员工不享受年终奖为由拒绝支付。王某随即向仲裁委申请仲裁，要求被申请人支付2017年度的年终奖10,000元。仲裁委裁决支持申请人的仲裁请求。公司不服，诉至法院。

法院认为，根据《劳动合同法》第30条第1款的规定，用人单位应当按照劳动合同的约定和国家规定，向劳动者及时足额支付劳动报酬。年终奖属于劳动报酬的一种，本案中双方劳动合同约定申请人工作至年底即可享受10,000元的年终奖，但没有明确年终奖的发放时间及中途离职人员是否享受，那么从王某的角度来说，其只要满足工作至年底即可享受年终奖。外贸公司以年终奖未到发放时间且已经离职的员工不享受年终奖为由拒绝支付的说法未经双方书面约定，其抗辩理由属于用人单位免除自己的法定责任，排除劳动者的合法权益。因此，法院支持了王某的诉求。

本案中，用人单位与劳动者就双方的年终奖进行了明确的约定（工作至年底10,000元），但双方未就年终奖的发放时间和发放条件作出明确的约定，也未就中途离职的人员是否可以享受年终奖作出规定。因此，建议用人单位在与劳动者约定年终奖等待遇时，应当就发放数额、发放条件、发放时间和免责情形等作出明确的约定，以免发生这种"赔了夫人又折兵"的教训。

二、调整薪酬的情形

企业与劳动者约定调薪，主要是发生在企业经营上存在严重困难、劳动者因不胜任工作、患病等需要调岗的情形，企业需要削减用工成本来维持正常的运营。同时，企业可以与员工在劳动合同中具体列明在哪些情况属于劳动合同订立时所依据的客观情况发生重大变化，企业有权调薪。例如，企业因疫情、经济危机、经营困难等客观情形的影响，经营收入大幅下降、生产经营困难、不降低人工成本企业就难以维系和生存。企业可以和劳动者在劳动合同中约定在这种情形下，企业可以采取轮岗轮休、缩短工时、调整工作岗位等方式阶段性地降低员工的薪酬。

三、调整薪酬的幅度

用人单位调整员工的薪酬是否合理，这是一个非常关键且敏感的内容。企业除了要考虑是否具备调薪的合理情形外，还要看调薪的幅度是否合理，即“是否影响劳动者之生活”。《最低工资规定》第6条规定：“确定和调整月最低工资标准，应参考当地就业者及其赡养人口的最低生活费用、城镇居民消费价格指数、职工个人缴纳的社会保险费和住房公积金、职工平均工资、经济发展水平、就业状况等因素。确定和调整小时最低工资标准，应在颁布的月最低工资标准的基础上，考虑单位应缴纳的基本养老保险费和基本医疗保险费因素，同时还应适当考虑非全日制劳动者在工作稳定性、劳动条件和劳动强度、福利等方面与全日制就业人员之间的差异。”因而，用人单位在调薪时可以参照最低工资确定的相关因素，在此基础上确定一定比例，以不影响劳动者的基本生活为目的。此外，根据2020年2月7日发布的《人力资源社会保障部　全国总工会　中国企业联合会/中国企业家协会　全国工商联关于做好新型冠状病毒感染肺炎疫情防控期间稳定劳动关系支持企业复工复产的意见》，企业可与员工协商采取调整薪酬、轮岗轮休、缩短工时等方式稳定工作岗位，从而稳定劳动关系。

四、文书示范（劳动合同调薪条款的约定）

1. 关于调薪条款的一般约定

甲方依据以下情形调整乙方工资的，不视为甲方违反合同。

（1）甲方实行绩效工资制度，根据乙方的工作表现及绩效考核结果确定

的绩效工资,低于劳动合同约定的绩效工资额度的;

(2)甲方根据法律规定、规章制度或合同约定调整乙方的工作岗位,并依据调整后的工作岗位来调整乙方工资待遇的;

(3)甲方因企业经营状况出现变化,经过职工代表大会通过决议并由企业工会签订集体合同调整乙方工资的。

2. 关于调薪条款的具体情形的约定

(1)乙方因不能胜任工作而调整其工作岗位的,甲方有权按照新岗位确定乙方工资标准,实行以岗定薪、岗变薪变;

(2)乙方因患病或者非因工负伤不能胜任工作而调整工作岗位的,甲方有权按照新岗位确定乙方工资标准,实行以岗定薪、岗变薪变;

(3)乙方未能取得法律法规等要求的岗位资格证书而调整工作岗位的,甲方有权按照新岗位确定乙方工资标准,实行以岗定薪、岗变薪变;

(4)乙方存在违纪或者失职行为给甲方造成声誉、经济等损失的,甲方有权调整乙方的工资待遇;

(5)非因乙方本人原因造成甲方停工、停业的,甲方没有安排乙方工作的,按照甲方所在地最低工资标准的70%支付乙方基本生活费;

(6)甲方生产经营发生严重困难的,经与乙方协商一致,可以在最长不超过三个月内发放约定的乙方工资70%,待困难情形消失后应予补发未发放的工资;

(7)甲方因经济危机、疫情等突发性公共卫生事件导致减产减收的,经与乙方协商一致,可以在最长不超过半年内适当调整乙方的工资待遇;

(8)甲方转产、重大技术革新或者经营方式调整的,经与乙方协商一致,可以根据乙方的工作岗位与工作业绩,适当调整乙方的工资待遇;

(9)甲方因乙方所在的分公司、代表处、部门撤销,相关项目停止运行,企业合并、分立等而调整乙方工作岗位的,甲方有权按照新岗位确定乙方工资标准,实行以岗定薪、岗变薪变;

(10)甲方依照企业破产法规定进行重整的,有权调整乙方的工资待遇。

3. 调薪程序及法律责任的约定

甲方应在做出调薪决定后及时向乙方发送通知,乙方对调薪结果有异议的,应在收到通知之日起3个工作日内向甲方人力资源部提交书面材料予以申辩,逾期不申辩的视为对调薪的接受。

第三节　关于劳动合同的变更

劳动合同的变更通常是在劳动关系的内容须作出某种调整时发生的,如对劳动者的岗位、薪酬、工作地点等进行调整。调岗调薪、变更工作地点、续约等行为一方面是用人单位的企业管理行为,另一方面是企业和劳动者对劳动合同履行的变更。

1. 劳动合同的单方变更

此处所说的劳动合同的单方变更主要是指用人单位依据法律规定单方面变更劳动合同的情形,即无须与劳动者协商一致。用人单位单方变更劳动合同主要是基于企业不可控制的客观原因,如地震等自然灾害、公共卫生事件、环保政策的变化、区域规划的调整等导致的工作内容、工作地点、劳动条件及劳动报酬等劳动合同内容的变化。

用人单位行使劳动合同的单方调整权,需要注意如下几点:(1)要将劳动合同要调整的内容及背景详细告知劳动者,并充分向劳动者说明该调整的必要性和合理性以及用人单位为降低对劳动者的不利影响所做的努力(包括应对方案),并保留相应的证据;(2)要尽量充分地收集证据以证明客观情况的变化和公司应对客观情况变化的必要性,包括客观事实、政策调整、市场因素、行业趋势、业务变化、上级的命令、企业决议等;(3)审查企业规章制度是否合规,确保企业行使劳动合同解除权的制度依据具有法律效力;(4)与劳动者多次(至少两次以上)沟通协商,声明:"如果不能达成一致,公司有权单方行使调整权",并保留相应的证据;(5)获得劳动者明确的反馈,并保留相应的证据;(6)对于个案中确实构成对劳动者的重大不便,应具体问题具体分析,调整相应的处置策略。

案例64　单方调整员工工作地点　法院判决企业违法变更劳动合同

2007年12月21日,祝某某入职东能碳素公司。2017年7月起,东能碳素公司停产,祝某某放假待岗,待岗期间东能碳素公司为其每月发放生活费1069元。2019年4月9日,东能碳素公司书面通知祝某某到固阳义正诚碳素有限公司出差报到,地点为内蒙古包头市固阳县金山工业园区。该书面通知载明暂定出差时间为2019年4月16日至2019年5月15日,但未载明出差期间的工资数额、出差补助等。祝某某2019年4月收到通知后,未按时出差工作,亦未提出书面异议,后东能碳素公司向其送达限期到岗通知,并告知逾期不到岗将按公司规定处理。后解除与祝某某的劳动合同。2019年5月5日,东能碳素公司以祝某某旷工严重违反公司规章制度为由提出解除了双方的劳动合同。祝某某主张其2017年7月前正常工作期间月平均工资为3993.6元,东能碳素公司应按照此基数支付违法解除劳动关系经济赔偿金。2019年7月30日,祝某某向德城区劳动人事争议仲裁委员会申请仲裁,请求:(1)被申请人向申请人支付拖欠的2018年10月至2019年5月待岗期间生活费,合计11,108.3元;(2)被申请人支付申请人违法解除劳动关系经济赔偿金91,852.8元。2019年10月31日,该仲裁委员会作出德城劳人仲案字[2019]第197号仲裁裁决书,裁决:一、被申请人德州东能碳素公司有限公司支付申请人祝某某2018年10月至2019年5月待岗期间生活费7083.6元;二、被申请人德州东能碳素公司有限公司支付申请人祝某某违法解除劳动关系赔偿金91,852.8元。东能碳素公司不服上述裁决结果,遂提起诉讼。

法院认为,依据《劳动合同法》第17条第1款第4项的规定,劳动合同应当具备有关工作地点的条款,根据该法第35条第1款的规定,用人单位与劳动者协商一致,可以变更劳动合同约定的内容。本案中,东能碳素公司通知祝某某到内蒙古固阳义正诚碳素有限公司出差报到，且未明确本次出差期间的工资数额、出差补助等事项。综合时长、工作内容及地点等诸因素考量，该事项已超出企业用工自主权范畴，东能碳素公司未与祝某某协商一致的情况下，单方变更劳动合同以及据此解除劳动合同的行为均属于违法，应依据《劳动合同法》第87条规定向祝某某支付赔偿金。[①]

2. 劳动合同的双方变更

劳动合同双方变更是指劳动者与用人单位在劳动合同依法签订后，在合同尚未履行或履行期间，经用人单位和劳动者双方协商同意，对劳动合同内容做出适当的调整与变更。在劳动合同履行的过程中，订立劳动合同所依据的客观情况发生重大变化，导致劳动合同不能履行；如果继续履行合同，可能会造成当事人之间的权利义务不平衡。在法律规定、规章制度未能对劳动合同变更作出规定的情形下，企业可以主动与员工协商变更劳动合同。《劳动合同法》第35条规定："用人单位与劳动者协商一致，可以变更劳动合同约定的内容。变更劳动合同，应当采用书面形式。"因此，在企业与劳动者就劳动合同变更的内容达成一致的情况下，一定要通过书面形式固定劳动合同变更的内容，可以有两种方式，一种是重新签订一份劳动合同，用新的劳动合同取代原来的劳动合同；另一种是通过劳动合同附件或劳动合同变更书的形式，只是约定将劳动合同原来的条款变更为双方协商后的修改内容。无论是哪种方式，企业必须签名盖章、劳动者必须签名，并注明劳动合同的变更日期。

① 参见(2020)鲁14民终2983号判决书。

第八章

证据保存及劳动争议处理的应对技巧

第一节　一般证据的基本形式

用人单位在调岗调薪和企业裁员过程中,需要面对的无非是两个阶段。一是用人单位和劳动者之间处理调岗调薪和裁员的阶段,二是通过仲裁或者诉讼程序解决劳动争议的阶段。虽然这两个阶段在时间上有先后,用人单位肯定更希望能够通过第一阶段解决双方之间的上述问题,但是如果用人单位在第一阶段解决不了这两个问题,那么劳动争议就必然会发展到第二阶段。“打官司就是打证据”。无论是从用人单位合规调岗调薪和裁员的角度出发,还是从用人单位有备无患的应对诉讼风险角度来说,用人单位在调岗调薪及裁员的过程中,都应当做好关键证据的保存与收集工作。

一、证据的一般概念与举证责任

在劳动争议处理过程中,证据是影响处理结果的非常重要的因素。“以事实为依据,以法律为准绳”,是我国司法审判工作的基本准则,对于劳动争议仲裁诉讼也毫不例外。其中,能证明案件事实发生的材料,都是证据。具体来讲,证据就是在劳动争议仲裁或诉讼中当事人向仲裁院或法院提供的,或者是仲裁诉讼机关依职权收集的,并经仲裁诉讼机关审查判断的用以认定案件事实的各种材料。证据在劳动争议仲裁诉讼中有着极其重要的意义,它既是仲裁院与法院认定案件事实的根据,同时也是仲裁院与法院作出裁决的基础。

要正确理解证据的概念,在此还需要辨明另一个概念:证据材料。证据材料是指一切可能与案件有关的事实材料。证据和证据材料是两个相互区别又相互联系的法律概念。两者的联系主要表现在:第一,证据来源于证据材料,证据材料是证据的初始形态。司法机关和当事人在调查收集证据材料后,对其进行审查判断,提炼出与案件相关的、真实的、合法的用以证明案件事实的部分,就是证据。第二,证据材料是证据的保证。证据材料的质量对证据的质量有决定性的影响,司法机关和当事人只有收集到高质量的证据材料,才能筛选、提炼出高质量的证据。尽管如此,证据和证据材料还是有明显的区别,主要表现在以下几个方面:第一,证据材料是一种客观存在,而证据则必须经过司法机关或当事人的调查收集,并经过司法机关的审查判断。第二,证据经过当事人的质证和法庭的审查,是定案的依据,因此,法律对证据的要求比较高,应该具备合法性、关联性和客观性,而证据材料仅仅是一种客观的存在,是否具有上述特性法律并没有作出相关的要求。

《劳动争议调解仲裁法》第 6 条规定:“发生劳动争议,当事人对自己提出的主张,有责任提供证据。”这是劳动争议举证责任的一般原则。同时,考虑到用人单位作为用工主体方掌握和管理着劳动者的档案、工资发放、社会保险费缴纳、劳动保护提供等情况和材料,劳动者一般无法取得和提供,因此,第 6 条对用人单位提供证据又作出了特别规定:“与争议事项有关的证据属于用人单位掌握管理的,用人单位应当提供;用人单位不提供的,应当承担不利后果。”

《民事诉讼法》及其相关司法解释对于劳动争议处理的举证责任也作了比较全面的规定,特别是针对用人单位的举证责任倒置,作出了一些特别规定。《民事诉讼法》第 64 条规定,当事人对自己提出的主张,有责任提供证据。当事人及其诉讼代理人因客观原因不能自行收集的证据,或者人民法院认为审理案件需要的证据，人民法院应当调查收集。人民法院应当按照法定程序，全面地、客观地审查核实证据。《最高人民法院关于适用〈中华人民共和国民事诉讼法〉的解释》（法释〔2015〕5号）第112条规定，书证在对方当事人控制之下的，承担举证证明责任的当事人可以在举证期限届满前书面申请人民法院责令对方当事人提交。申请理由成立的，人民法院应当责令对方当事人提交，因提交书证所产生的费用，由申请人负担。对方当事人无正当理由拒不提交的，人民法院可以认定申请人所主张的书证内容为真实。《最高人民法院关于民事诉讼证据的若干规定》（法释〔2001〕33号）第6条规定，在劳动争议纠纷案件中，因用人单位作出开除、除名、辞退、解除劳动合同、减少劳动报酬、计算劳动者工作年限等决定而发生劳动争议的，由用人单位负举证责任。《最高人民法院关于审理劳动争议案件适用法律若干问题的解释》（法释〔2001〕14号）第13条也作出了类似的规定。

二、证据的主要形式

根据《民事诉讼法》的规定，证据可以分为七种形式，分别为当事人陈述、书证和物证、视听资料、电子数据、证人证言、鉴定意见和勘验笔录。民事诉讼法关于证据的规定在劳动争议仲裁和诉讼中同样适用。

1. 当事人陈述

当事人陈述，是指案件的当事人在诉讼当中向人民法院提出的关于案件事实和证明这些事实情况的陈述。由于民事纠纷发生在当事人之间，他们最了解争议的来龙去脉，故当事人陈述是法院查明案件事实的重要依据。但是也应该注意，由于双方当事人在利益上存在冲突，为了维护自身的利益，当事人在陈述的时候难免会存在片面甚至虚假的成分。因此，对于当事人的陈述要慎重对待，不可盲目轻信。在诉讼当中，对于当事人的陈述，如果双方均认可，可以作为证据使用，否则，应该辅以其他的证据进行综合分析。

2. 书证和物证

书证，是指以文字、符号等所记录或表示的，以证明待证事实的书面文件,如合同、书信、文件、票据等。也就是说,书证必须是以文字、图画或者符号等记载或者表达了人的一定思想的物品,并且其记载或者表达的信息与案件事实有关联,并能为人们所理解。书证是民事诉讼中普遍存在并大量应用的一种证据。书证具有物质性、思想性、稳定性的特征。

物证,是指以其存在的外形、规格、特征等来证明案件事实的物品或者痕迹。例如,买卖合同中争议的货物、犯罪嫌疑人留在现场的指纹等都是物证。

物证和书证的区别主要有以下几点:

第一,两者的证明方式不同。物证以其自身外形或存在状况来证明案件事实,而书证以文字、符号、图像等所表达的思想内容来证明案情事实。

第二,物证以其自身的外形或者存在状态来证明案件事实,因此,具有较强的客观真实性,而书证则以其表达的思想来证明案件事实,因此,主观性较强。

第三,物证由于容易受到环境的影响,因此,容易变化或者灭失,而书证则具有较强的稳定性,几乎不受环境的影响。

尽管物证和书证有显著的区别,但它们之间也有密切的联系。某些情况下,同一物品可能同时具备书证与物证的特征,既可以作为书证,又可以作为物证。

3. 视听资料

视听资料,是指用录音、录像的方法记录下来的用于证明案件事实的材料,如用录音机录制的当事人的谈话、用摄像机拍摄的人物形象及其活动等。视听资料是随着科学技术的发展而出现的新型证据。视听资料通过科技手段使案件的事实得以再现,且能连续动态的反应案件事实,具有较大的客观性和真实性,同时其丰富的信息量能使法官更清楚的了解当事人的意思表示及民事法律行为的发生及发展变化的过程。此外,视听资料体积小、重量轻,易于收集、保存。以上都是视听资料的优点,但是由于视听资料也很容易被裁减或者伪造,因此,在有疑点时,也需要通过鉴定或者勘验等方式来对视听资料的可信度进行鉴别。

视听资料与书证、物证的区别在于证明案件事实的方式不同。主要表现在:视听资料以其音响、图像等资料动态的证明待证的案件事实,而书证以其书面记载的内容静态的反应案件事实。物证则以其自身的客观存在来证明案件事实。

4. 电子数据

电子数据,是指以数字化的信息编码形式出现的,能存储并与案件事实有关的电子邮件、网上聊天记录、电子签名、网络访问记录等电子形式的证据。电子数据证据主要存储在各种软件、硬件之中,其所表达的信息在存储的过程中需要转化成二进制编码的形式,并以数字信号的形式进行传播,电子数据的这个特点使得其易于收集、保存、占用空间小、易于传输,但是同时也使得电子数据易于被删节、剪接,甚至毁灭。

5. 证人证言

证人证言,是指证人以口头或书面方式向人民法院所作的对案件事实的陈述。证人所作的陈述,既可以是亲耳听到、看到的,也可以是从其他人、其他地方间接得知的,如果陈述的是从其他人、其他地方间接得知的情况,应该说明来源,否则不能作为证据使用。证人证言是证人根据自己所了解的情况对争议事实的重述,在诉讼中有着重要的作用。由于证人证言难免掺杂证人的主观评价,为了获取客观、有效的证人证言,法院需要通过对证人的品德、智力情况、知识、法律意识等进行综合分析以判断证人证言的可信度。

我国《民事诉讼法》第 72 条规定:“凡是知道案件情况的单位和个人,都有义务出庭作证。有关单位的负责人应当支持证人作证。不能正确表达意思的人,不能作证。”具体而言下列人员不得作为证人出庭作证:(1)不能正确表达意志的人,不能作为证人。但是对于年幼或者生理、精神有缺陷的人,只要待证的事实与他们的年龄、智力状况或者精神健康状况相适应,即使是限制行为能力人和无民事行为能力人,也可以作为证人出庭作证。

(2)诉讼代理人在同一案件中不得作为证人出庭作证。(3)办理本案的审判人员、书记员、鉴定人、勘验人、翻译人员和检察人员,不能同时担任本案的证人。

证人作证一般要求到庭作证,但是根据《民事诉讼法》第73条的规定,经过人民法院的许可,下列人员可以通过书面证言、视听传输技术或者视听资料等方式作证:因健康原因不能出庭的;特殊岗位确实无法离开的;因路途遥远,交通不便不能出庭的;因自然灾害等不可抗力不能出庭的;其他有正当理由不能出庭的。

6. 鉴定意见

鉴定意见,是指具备资格的鉴定人运用自己的专门知识和技能,以及必要的技术手段对民事案件中出现的专门性问题,通过鉴别和判断后作出的书面意见。如指纹鉴定、医学鉴定、产品质量鉴定等。由于鉴定意见是运用专业知识所作出的鉴别和判断,所以具有较强的证明力。申请鉴定既是当事人的权利同时也是当事人的义务,如果负有举证责任的一方当事人在人民法院指定的期限内无正当理由不提出鉴定申请或者不预交鉴定费用、不提供相关材料,致使案件争议事实无法通过鉴定意见予以认定的,就要承担举证不能的法律后果。

对于鉴定机构和鉴定人员,首先由当事人合意确定,如果当事人不能协商一致,则由人民法院指定。鉴定意见应该采用书面形式,鉴定人应该在鉴定意见书上签名,同时要加盖鉴定人所在单位的公章。

7. 勘验笔录

勘验笔录,是指人民法院对能够证明案件事实的现场或者不能、不便拿到人民法院的物证,就地进行分析、检验、勘查后作出的记录。勘验笔录是客观事物的书面反映,它既能保全原始证据,还能起到核实证据的作用。勘验既可以由当事人申请进行,也可以由人民法院依照职权进行。

勘验笔录以文字、图表等记载的内容来说明一定案件事实,但它并不是书证。勘验笔录与书证的区别主要为:勘验笔录是对现场或者物品的客观描述,而书证是制作人主观意志的反映;勘验笔录是案件发生后在诉讼中制作的,而书证一般形成于案件发生前或者发生过程中。

随着电子技术的发展和普及,在当前劳动关系领域和劳动合同履行过程中,往来电子邮件、微信聊天截图、QQ 聊天记录、OA 系统记录、电子审批、钉钉考勤等证据内容非常常见,这就使得在劳动争议领域当事人使用电子数据证据的情况越来越多,多数劳动争议案件中几乎都有电子数据证据的存在。电子数据证据不同于纸质书面证据,具有其特殊性,法律对于当事人使用电子数据证据证明案件事实有着比较特别的要求。由于原始的电子数据是存储于某个存储设备或者服务器等载体中,因此,司法机关要求当事人在使用电子数据证据时,需要提供其原始载体。从手机或者电脑中用 U 盘或者光盘复制、下载下来的电子数据,都是复印件,只有在原始载体上保存的未经变更修改的电子数据才是电子数据的原件。另外,由于电子数据的虚拟特殊性,很容易被删除篡改。当事人在使用电子数据证据时一定要注意保存好原始载体以及原始载体上的原始电子数据,不要对电子数据的原始内容进行任何修改,也不要丢失或者毁损电子数据的原始载体,否则一旦删除或者销毁原始电子数据或者损坏了电子数据的原始载体,可能造成无法将复印件与原件核对一致的结果,电子数据证据就不符合证据要求,无法作为证据使用。

第二节　劳动争议处理证据的分类

企业处理好调岗调薪和裁员工作,要做好劳动争议防范工作,一定要保存好证据。就证据证明的目的与内容来说,有四种类型的证据非常关键,分别是:事实类证据、制度类证据、程序类证据、结论类证据。

一、事实类证据

事实类证据指的是用人单位调岗调薪或者裁员工作中,能够证明调岗调薪或裁员具有正当性的理由以及能够证明过程性情况的相关事实证据。比较典型的有能够证明劳动者确实严重违反用人单位规章制度的证据，能够证明用人单位具备裁员的客观原因的证据，能够证明劳动者未完成设定的业绩考核目标的证据。用人单位保存和收集事实类证据的目的在于帮助用人单位证明其采取调岗调薪或者裁员行为是有确切的事实依据，能够证明用人单位的行为合法、合规、合理。

大多数事实类证据具有即时性的特点，用人单位应当在发现时及时做好保存和收集工作。涉及劳动者的事实类证据，用人单位不仅应当及时保存与收集，还应当以书面形式要求劳动者对该事实予以确认。比如，如果证据只有用人单位一方对某一事实的认定而没有劳动者的确认，在劳动争议发生后，劳动者以无本人签字为由对该事实及证据予以否定，用人单位就会陷入被动。再如，用人单位与劳动者协商一致解除劳动合同的情况下，用人单位应当以书面方式对协商一致这一事实予以确认，如双方签署的协商一致解除劳动合同确认书、协商离职的会议纪要等。除了双方签字认可的证据应加以保存以外，其他如用人单位与劳动者沟通确认协商一致离职的聊天记录或电子邮件、人力资源管理人员和劳动者之间的谈话录音或者谈话记录等具有客观性的事实类证据也应加以妥善保存备查。

案例65 事实证据完整不怕诉　用人单位合法解除劳动合同获支持

2015年5月14日刘某与志同达公司签订《劳动合同书》，约定志同达公司派遣刘某工作的用工单位名称为华能工贸公司，担任司机岗位工作。后双方续订劳动合同至2019年5月31日。刘某实际工作至2018年4月23日，当日华能新能源公司作出《劝退通知书》，以刘某多次出现迟到、工作时间不在岗位、不遵守纪律等不良行为，并于3月9日、30日，4月19日无故旷工半天，严重违反了公司规章制度，并造成恶劣影响为由，对刘某予以劝退。志同达公司于当日作出《解除劳动合同通知书》，以刘某在派遣单位工作中多次出现迟到、旷工、工作时间不在岗、不遵守纪律，甚至饮酒上班的现象，严重违反用工单位规章制度被退回为由，依据劳动合同法、劳动合同的相关规定和用工单位的处理决定，与其解除劳动合同。

华能新能源公司就将刘某退回志同达公司的依据提交部分证据如下：2018年3月、4月司勤人员签到表，签到表记载2018年3月8日迟到50分钟、3月9日8:30~11:30旷工、30日8:30~11:30旷工、4月13日迟到（后被画掉）、4月19日8:30~11:30旷工。《通知》，作出时间为2018年4月8日，内容为根据《管理细则》，刘某分别于3月9日无故旷工半天、3月30日无故旷工半天、3月26日、28日未将车辆按规定停放在指定停车场，以上行为违反了《管理细则》中的相关规定。要求刘某对上述行为进行说明，并作出深刻检查。于4月11日前将检查（经本人签字后）交与经理部马某某处。若逾期不能按时上交，将按照《管理细则》中有关规定退回派遣公司，并解除劳动合同。《检查》为2018年4月9日由刘某手书，其解释3月9日上午因孩子生病着急去医院未能及时请假造成旷工半天；3月30日早上上班路上发生交通事故，在处理事故中未能及时请假造成旷工半天；3月26日出车返回等待任务，后因出车任务取消未能及时将车辆放置地下车库，停置在本部院内停车场。3月28日因出车任务取消，未能及时放置地下车库，停置本部院内停车场。其表示"根据以上所事自己未能按照公司规定执行，对自己散漫我深刻地意识到自己的不足。我对于之前的工作不够严谨的态度作出自我批评，并且深刻的要求自己认真学习，在今后工作中一定要严格按照公司规定来严格要求自己"。谈话记录，形成于2018年4月20日，谈话人为华能新能源公司的王某某及马某某，被谈话人为刘某。谈话人问："4月19日上午，为何不在公司，是否请假，几点到达公司？"刘某答："没请假。电话没打通，后来电话没电了就没再打。中午12:30到达公司。"问："前一天状态喝酒超过1斤。"答："不止1斤，6个人均喝多了。问："周二查车，车辆不清洁，有污渍。"答："8580干净，8897浮灰，去集团回来没再开。"问："上周五值班没在岗。"答："出去吃饭了。"

本案中，华能新能源公司及志同达公司在刘某存在违纪行为时，及时作出处理,并固定大量事实证据,签到表、通知、刘某手书检查、与刘某的谈话记录,最终合法合规解除劳动合同,无须支付解除劳动合同经济赔偿金。

二、制度类证据

制度类证据指的是用人单位作出调岗调薪或者裁员行为有明确的规章制度规定或劳动合同的约定作为证据,即所谓事出有因。法律规定是明确且由法律制定程序予以保障的,是无须用人单位用证据予以证明的内容。但其他制度层面的依据是需要用人单位提供并证明的。比如,制度内容,制度制定经过合法程序,书面劳动合同等。因此,对于用人单位来说,在制度方面的证据收集和保存主要是指规章制度或者劳动合同方面的证据。用人单位在保存和收集制度类证据时,需要对制度产生的程序合法,制度的内容合理,制度已送达告知劳动者等证据加以保存和收集,所有与劳动合同及其附件相关的资料(包括劳动合同变更的相关资料)也都需要妥善保存和整理。

无论用人单位根据何种制度进行的调岗调薪或者裁员,用人单位首先需要收集能够确保证明制度产生程序合法的证据。比如,用人单位规章制度的制定或者修改经过了全体职工代表大会程序,可以保存和收集召开全体职工代表大会的通知公告、会议签到表、会议议程、有效的会议决定或决议文书、职工代表的签字记录以及规章制度文本送达劳动者本人的证据等;协商一致变更或解除劳动合同,可以保存和收集双方签字盖章的原始劳动合同、劳动合同变更的补充协议、离职申请书、协商解除劳动关系确认书、离职告知书等。

案例66 用人单位保存制度类证据　有助裁员合法性证明

代某某于2017年2月7日入职上海蓝书北京分公司,双方签订自当日起至2020年3月6日止的劳动合同,月收入为基本工资15,000元、补助750元,另约定有绩效工资,半年考核一次,标准为每半年30,000元,并按月发放。代某某离职前12个月平均工资为每月19,972.22元。2019年上半年绩效考核后，上海蓝书北京分公司向代某某进行了说明，代某某通过电子邮件对考核结果提出申诉，公司发放邮件进行了回复，代某某对回复仍不满意，不认可考核结果，拒绝签署绩效考核表。上海蓝书北京分公司已支付代某某2019年1~6月绩效工资23,700元。2019年8月12日，上海蓝书北京分公司作出《处罚通知书》并向代某某送达，通知书内容为："代某某：现正式通知你，因2019年1~6月绩效考核中，在你主管领导给予充分说明的情况下，你无正当理由拒绝签署前述绩效考核表。根据公司《员工奖惩管理办法3.0版》第6.3.3.6条规定，构成严重违纪，现决定给予你解除劳动合同处分。此处罚将从2019年8月22日起开始执行。"

上海蓝书信息科技有限公司北京分公司向法庭提交如下证据：(1)2018年11月5日上海蓝书北京分公司发布的《关于集团3.0版人力资源管理制度征询意见的公告》，2018年11月8日《关于集团3.0版人力资源管理制二次度征询意见的公告》，均显示收件人中包含代某某。(2)2018年11月19日上海蓝书北京分公司发布的《关于集团3.0版人力资源管理制度的发布通知》，内容显示经过全员意见征询的民主程序，在第二次意见征询环节中均无异议，截至今日集团3.0版人力资源管理制度正式修订审批完成，现对3.0版人力资源管理制度予以正式发布。3.0版人力资源管理制度自2018年11月19日起发布生效……3.0版人力资源管理制度内容如附件或在以下位置获取，欢迎各位杏仁随时查阅……收件人中包含代某某。

《关于集团3.0版人力资源管理制度的发布通知》之附件《员工奖惩管理办法》，内容显示："6.1.1 严重违纪：解除劳动合同，情节较轻的给予经济处罚、降职/降薪、调整工作岗位等处罚，构成犯罪的依法举报追究刑事责任……6.3 严重违纪行为：……6.3.3.6 对于公司按照法律程序制定的规章制度（包括但不限于《员工手册》《绩效考核制度》《处罚记录表》等文件），公司按照业务需要制定的工作任务指标及考核结果、制度文件签收回执等文件，需要员工签字确认，员工在指定期限内无正当理由拒绝签收或者签字，属于严重违纪行为。"上海蓝书北京分公司还向法庭提供关于公司制定的《员工奖惩管理办法》经全体职工讨论、提出方案和意见、公示等程序的证据。

本案中，基于上海蓝书北京分公司提供的制度文件以及关于公司制定的《员工奖惩管理办法》经全体职工讨论、提出方案和意见、公示等程序的证据，法院认可了上海蓝书北京分公司制定的程序合法性，但因制度过于严苛，对制度内容不予认可，认定上海蓝书北京分公司依据制度解除劳动合同的行为违法。

三、程序类证据

程序类证据指的是用人单位在调岗调薪或者裁员过程中，依据法律规定或制度规定履行一系列法定程序所产生的过程性证据。比较典型的是即时解除劳动合同情形下用人单位将解除通知书送达劳动者的有关证据的保存和收集，以及经济性裁员工作启动的时候涉及的法定程序性工作，包括提前30日向工会或者全体职工说明情况、征求工会或者全体职工的意见、向当地劳动行政部门报告裁减人员方案以及工会或者全体职工的意见，向劳动行政部门报告并依法获得备案等过程性证据的保存和收集。程序与实体是调岗调薪和裁员全过程中的一体两面，很多用人单位在实际操作过程中会有重实体轻程序的想法，这是错误的想法。有些用人单位在调岗调薪或者裁员过程中没有履行法定程序或者虽然履行了法定程序，但是由于管理不到位或者意识不到位，导致很多程类证据没有及时保存与收集。劳动者提起仲裁诉讼后，用人单位在仲裁诉讼过程中因程序违法或者无法提供证据证明履行了法定程序而只能承担败诉的后果，给用人单位造成不小的经济损失。

案例67 员工重大失误被辞退　用人单位不能提供过程性证据被判违法解除

武某某于2019年2月27日入职嘉诚佳美公司，担任设计师岗位，嘉诚佳美公司未与武某某签订劳动合同；武某某月工资标准为基本工资6000元加业务提成,工资支付至2019年8月底。武某某工作至2019年9月26日,其中9月请病假2天。

2019年9月30日,武某某以嘉诚佳美公司为被申请人向北京市丰台区劳动争议仲裁委员会(以下简称丰台仲裁委员会)提出仲裁,请求嘉诚佳美公司:(1)支付2019年2月27日至2019年9月26日未签订劳动合同2倍公司差额4.2万元;(2)支付违法解除劳动合同赔偿金1.2万元;(3)支付未提前30天通知解除劳动合同代通知金6000元;(4)支付2019年9月1日至26日工资5517元;(5)支付2019年2月27日至9月26日业务提成1.4万元。2019年11月13日,丰台仲裁委员会作出京丰劳人仲字[2019]第6275号裁决书,裁决:(1)嘉诚佳美公司于裁决生效之日起10日内,支付武某某2019年3月27日至2019年9月26日未签订劳动合同2倍工资差额36,000元;(2)嘉诚佳美公司于裁决生效之日起10日内,支付武某某违法解除劳动合同赔偿金12,000元;(3)嘉诚佳美公司于裁决生效之日起10日内,支付武某某2019年9月1日至26日工资4689.65元;(4)嘉诚佳美公司于裁决生效之日起10日内,支付武某某2019年2月27日至9月26日业务提成14,000元;(5)驳回武某某的其他仲裁请求。用人单位不服,诉至法院。

本案中,嘉诚佳美公司主张武某某工作存在重大失误,并提交了公司主管、客户与武某某的微信聊天记录、自然门公司菜单错误汇总、菜单复印件、微信退款截图、口头馋公司菜单错误汇总、自然门公司、口头馋公司成本计算等证据予以佐证,但法院认定嘉诚佳美公司认定武某某工作存在重大失误予以解除劳动关系缺乏证据支持,系违法解除劳动合同。

四、结论类证据

结论类证据指的是用人单位在调岗调薪或者企业裁员过程中,一切可以证明完成阶段性任务或具有阶段性结论的证据。用人单位在对劳动者调岗调薪或者裁员时,一般会有一定的前因事件,比如劳动者多次违反用人单位的规章制度或绩效考核不合格,而这些前因事件本身也是独立的事情、可以形成独立的结论，而只有基于前因事件结论正确，用人单位在后的调岗调薪或裁员行为才能合理成立。因此，结论类证据的保存与收集不仅包括调岗调薪的最终结果或者裁员的最终结果送达告知劳动者有关证据的保存与收集，而且也包括引发调岗调薪结果的原因性事实的结论，比如违反用人单位规章制度行为的结论证据，劳动者绩效考核不合格的结论证据等。还有可能因为劳动者个人原因离职或协商一致离职，这种情况下应当保存和收集能够证明离职原因的结论证据。当然，结论证据的保存与收集一定要建立在结论正确的基础之上，否则用人单位保存与收集的证据在仲裁或者诉讼过程中很可能成为对自己不利的证据，这是用人单位需要特别注意的。

案例68 结论性证据保存完整 用人单位获判胜诉

林某曾就职于星空年代公司，双方签订了期限自2017年3月22日至2020年3月21日的劳动合同。星空年代公司通过银行转账的形式支付林某工资，工资支付至2018年1月31日，当日双方解除劳动关系。星空年代公司向林某出具《离职证明》，内容为：兹证明林某女士……自2017年3月22日起进入星空年代公司工作，担任证券投资部副总经理职位，经双方协商一致，自2018年1月31日起终止劳动关系，已办理完一切交接手续，不存在劳动/经济纠纷。落款处有星空年代公司公章及林某签字。

本案中，林某主张因星空年代公司拖欠工资口头提出离职，但并未就此提交证据予以证明，而星空年代公司提交的离职申请表中载明林某因个人原因辞职，林某虽主张被迫签字，但并未就被迫签字提交有效证据，法院最终认定系林某个人原因离职。

第三节　处理劳动争议的应对技巧

用人单位在处理劳动争议时，应当根据不同情况，从劳动争议的协商和处理、劳动争议的诉讼策略选择和劳动争议的应诉技巧三方面妥善解决用人单位生产经营过程中不可避免的劳动争议问题。

劳动争议的协商和处理是在劳动争议产生之前，就通过用人单位规章制度的规定设计、劳动合同的明确约定、用人单位的劳动关系合规管理乃至同劳动者之间协商一致，将可能发生的劳动争议诉讼化解于无形，尽可能降低进入劳动争议仲裁程序的可能性，避免发生影响较大的劳动争议仲裁案件或者诉讼案件。

劳动争议的诉讼策略选择是当劳动争议诉讼的发生已经不可避免时，用人单位应当根据不同劳动者和不同劳动争议事实，采取不同的劳动争议诉讼策略，从用人单位的实际经营管理出发，尽可能采取一切有利策略妥善处理劳动争议诉讼，争取获得相对满意的最终诉讼结果。

劳动争议的应诉技巧是在劳动争议处理已经进入实质阶段后，用人单位应当在劳动争议仲裁或者诉讼过程中出庭应诉时可能用到的应诉技巧。劳动者已经提起劳动争议仲裁或者诉讼时，劳动争议应诉对于用人单位已经不可避免。此时，用人单位也应当积极应诉，结合案件实际情况了解并采用合适的应诉技巧，争取对自己最有利的判决结果。

一、劳动争议的协商和处理

通常来说，用人单位在劳动争议产生和解决的过程中占据相对主动的优势地位，但任何争议的处理和解决都必然需要用人单位投入人力、物力和财力。正常生产经营的用人单位如果陷入大量的劳动争议纠纷中，显然不利于用人单位的正常人事管理和企业经营发展。因此，对于用人单位来说，预防劳动争议的产生就显得非常重要。

用人单位在预防和化解劳动争议方面，可以聘请合适的擅长劳动关系处理的律师。首先，劳动法律与规定地位平等的主体间的普通民商事法律不同，调整的是天然存在不平等地位的用人单位与劳动者之间劳动法律关系，法律规定体现了对劳动者的倾斜保护。因此，在劳动争议诉讼中，如前所述，举证规则与一般民事诉讼相比有其特殊规定，需要专门从事劳动法领域的律师才能够更好地帮助用人单位处理劳动争议案件，维护其合法权益。其次，用人单位聘请合适的律师，能够帮助用人单位在规章制度、员工手册、劳动合同等方面进行合法合规审查，完善用人单位的规章制度和员工手册，帮助用人单位设计合理完备的制度规定，避免因制度规定不明确或不合法不合理造成用人单位在劳动争议处理或仲裁诉讼中处于不利地位。再次，一旦用人单位与劳动者之间产生了劳动争议，专业律师可以根据用人单位面对的劳动争议的实际情况，向用人单位提供法律咨询，指导用人单位采取不同的诉讼策略，妥善处理劳动争议纠纷，做好劳动争议化解工作。最后，如果劳动者向劳动争议仲裁院或者法院提起劳动争议仲裁或者诉讼后，劳动争议诉讼不可避免，专业律师当然也可以接受用人单位的委托代表用人单位参加劳动争议仲裁或者诉讼，帮助用人单位制定合理的诉讼策略，在具体案件处理中比较熟练地运用专业技术，依法维护用人单位的合法权益。

1. 加强劳动关系管理

用人单位在预防劳动争议时，应当加强劳动关系管理工作。对用人单位来说，平时和劳动者在劳动关系领域接触最多的是人力资源管理人员及业务管理人员，因此劳动关系管理人员的水平，很大程度上也影响劳动关系的妥善处理。用人单位应当在劳动争议发生之前，不断提高管理人员的水平，加强劳动关系管理。合法合理且高水平的劳动关系管理，在很大程度上可以降低劳动争议发生的概率，降低企业诉讼成本，维护企业良好形象和声誉。

用人单位加强劳动关系管理可以从以下四个方面着手。

一是强化规章制度的合法合规建设。用人单位的规章制度是用人单位日常管理的基石,完善的规章制度体系能够帮助用人单位在很大程度上减少或者避免劳动争议的产生,起到预防劳动争议的效果。不仅如此,对于无法避免的调岗调薪或者企业裁员的劳动争议案件,完善的规章制度也能作为对用人单位有利的证据,有助于用人单位赢得仲裁诉讼案件。所以企业一定避免因规章制度不完善导致败诉,由此承担不必要的损失。

规章制度作为企业开展劳动关系管理的依据和准则,是企业主动行使自主管理权的直接表现,劳动关系管理更是其核心内容。企业应当充分合理利用制定规章制度的权利,完善规章制度,即做好劳动关系管理制度建设。

二是完善劳动关系的管理模式和流程。比如,从企业的招聘流程,劳动合同的订立、劳动报酬的确定和变更手续,企业解除劳动合同或者劳动者离职流程等方面规范劳动关系管理部门和人员的操作方式和操作流程,做到程序合法,内容完备。

三是定期组织劳动关系部门的相关人员进行劳动关系管理方面的专业培训。劳动关系管理和劳动争议都是专业性很强的内容,专业人员也需要经常学习,目的在于提高劳动关系管理人员的劳动关系管理意识和处理水平,培养证据意识。比如,劳动关系管理人员在与劳动者就劳动者离职原因进行沟通时的表达,应当明确劳动者的离职原因。劳动关系管理人员在劳动者主动离职填写离职申请表时,应当要求劳动者填写离职原因,避免因未填写导致在诉讼中用人单位因证据不足,承担败诉风险。劳动关系管理人员对于劳动者离职时填写的相关申请表、流程表、确认书、承诺书等,应当核对确认其签名,避免因打印或未签名等造成有关内容的争议和纠纷,诉讼中用人单位有可能在证据上处于不利地位,承担败诉风险。

四是严格执行劳动关系管理规范。企业应当做到"有规必执,有规严执"。劳动关系管理规范的制定目的就在于规制劳动关系的管理过程,保存劳动关系建立、变更、解除过程中的证据以证明相关事实。

一般诉讼中规定的举证责任分配原则是“谁主张,谁举证”。但是,在劳动争议处理中,尤其是涉及调岗调薪及裁员类的劳动争议案件,多数案件对用人单位都是实行举证责任倒置。《最高人民法院关于审理劳动争议案件适用法律若干问题的解释》第13条提到的由用人单位负责举证的六种情况,包括:(1)开除;(2)除名;(3)辞退;(4)解除劳动合同;(5)减少劳动报酬;(6)计算劳动者工作年限等;几乎都与调岗调薪及裁员有关。这是为什么呢?因为劳动者在劳动关系中处于隶属地位,受用人单位的管理,相对于用人单位,劳动者掌握的证据要少得多。另外,劳动者属于个人维权,而用人单位作为组织,无论物力、财力还是人力都占据明显的优势。所以劳动者和用人单位的地位不平等,双方法律意识和维权能力也不对等。除此之外,如果劳动者能证明与劳动争议有关的事项由用人单位掌握的,用人单位也需要承担举证责任。

通过上述规定,可以看出法律在劳动关系中对用人单位的举证责任有较高要求,因此,对可能发生的劳动争议而言,用人单位只有严格执行劳动关系管理规范,才能够掌握关键证据,在诉讼过程中完成举证证明责任,赢得胜诉结果。有些用人单位有完备且合法合理的劳动关系管理制度,高水平的劳动关系管理人员,但在实践中却没有能够认真严格执行制度规范,关键过程或者关键程序缺失,最终在劳动争议处理中拿不出关键证据,导致败诉,造成用人单位的经济损失,这是非常遗憾的。

案例69 企业管理松散 员工主张工资诉求获支持

由某2008年11月经熟人介绍入职北京某影视文化公司,因公司规模较小,员工较少,因此平时管理较为松散,因由某是熟人介绍,因此对其管理更加松散。双方之间未签订书面劳动合同,所有的约定均通过口头方式约定,未落实在书面文字上。每月发放工资时,以现金方式发放,且不需要由某签字。2014年6月30日,由某离职,后将公司诉至劳动争议仲裁委,要求公司发放2014年1月1日至6月30日的工资30,000元。在审理阶段,由某主张自己月工资5000元,公司自2014年1月1日至6月30日一直拖欠工资。公司不认可由某的主张,公司主张由某月工资2000元,且公司不存在拖欠工资的行为,2014年6月30日,由某离职时已结清所有工资。但是,由于工资以现金方式发放,且不需要劳动者签字认可,所以公司未能提供任何证据。仲裁委经审理认为公司作为劳动关系中负有管理责任的一方,应就劳动者的月工资标准,支付工资情况负有举证责任,现公司虽对由某提出的月工资标准以及拖欠工资的主张不予认可,但未能提交书面证据予以反驳,故应承担举证不能的不利后果。仲裁委支持由某主张。

本案中,劳动争议涉及一点,即工资的数额,工资数额在所有的案件中都会影响案件结果,因此,关于"工资"理所当然地成为劳动争议案件中一个关键点,是法院必须要查清的事实情况。根据《劳动和社会保障部关于确立劳动关系有关事项的通知》第2条规定,工资支付凭证或记录(职工工资发放花名册)、缴纳各项社会保险费的记录由用人单位承担举证责任。劳动部《工资支付暂行规定》第6条规定:"用人单位必须书面记录支付劳动者工资的数额、时间、领取者的姓名以及签字,并保存两年以上备查。用人单位在支付工资时应向劳动者提供一份其个人的工资清单。"根据上述规定,用人单位有义务负责劳动者的工资支付凭证的制作和保管。因此,用人单位无论是现金发放工资还是通过第三方发放工资,均需要保管好工资支付凭证,以备不时之需。

2. 协商处理的基本原则

协商处理是用人单位与劳动者在双方自愿的基础上,就劳动争议内容进行平等协商而非仲裁诉讼,最后达成一致的处理方式。在协商处理的过程中,当事人应当遵循以下基本原则。

一是自愿原则。协商处理劳动争议必须基于用人单位和劳动者双方自愿,这是协商的最基本条件。一旦一方不愿协商,协商程序就不可能进行下去,只能采取其他方式处理劳动争议。

二是合法性原则。协商处理劳动争议的内容,不能违反法律的强制性规定。有的用人单位和劳动者协商,用人单位不给劳动者缴纳社会保险,每月向劳动者支付一定的费用。由于为劳动者缴纳社会保险是用人单位的法定义务,是法律的强制性规定,因此用人单位与劳动者此类的协议条款因违反法律的强制性规定,是无效的。

三是平等原则。用人单位与劳动者之间产生劳动争议,双方协商处理劳动争议过程中应当互相尊重,平等协商。在协商处理劳动争议过程中,用人单位不能以不平等的管理者身份同劳动者对话,因为一方高高在上、居高临下的态度并不利于劳动争议的协商处理和解决。

3. 善用和解方式

和解方式是在用人单位与劳动者双方自愿的基础上,对已经发生的劳动纠纷经协商达成一致,并以和解协议的方式解决劳动纠实现案结事了的处理方式。在预防和化解劳动争议中,和解方式对于用人单位来说是最省时省力的方式。

采取和解方式预防和化解劳动争议有几个特点。第一,和解方式必须基于用人单位与劳动者之间双方自愿。和解的前提是双方自愿,达成和解协议必须是建立在双方协商互让的基础之上,只要有一方不同意和解,另一方就无法通过和解的方式解决劳动争议。第二,《民事诉讼法》第 50 条规定,双方当事人可以自行和解。无论在劳动争议刚刚产生时,还是劳动者起诉到人民法院进入劳动争议一审诉讼阶段中,抑或者是劳动争议的任意一方提起上诉进行二审的过程中,只要没有生效的裁决书或者判决书的情形下,用人单位与劳动者之间都能够进行和解。第三,因为和解方式是双方自愿协商达成一致的结果,对于用人单位和劳动者双方来说都能够相对比较满意,也能够最大限度地化解用人单位和劳动者之间的矛盾。

《民事诉讼法》第 10 条规定,人民法院审理民事案件,依照法律规定实行合议、回避、公开审判和两审终审制度。《最高人民法院关于人民法院在互联网公布裁判文书的规定》第 3 条规定,人民法院作出的下列裁判文书应当在互联网公布:(1)刑事、民事、行政判决书;(2)刑事、民事、行政、执行裁定书；(3)支付令；(4)刑事、民事、行政、执行驳回申诉通知书；(5)国家赔偿决定书；(6)强制医疗决定书或者驳回强制医疗申请的决定书；(7)刑罚执行与变更决定书；(8)对妨害诉讼行为、执行行为作出的拘留、罚款决定书，提前解除拘留决定书，因对不服拘留、罚款等制裁决定申请复议而作出的复议决定书；(9)行政调解书、民事公益诉讼调解书；(10)其他有中止、终结诉讼程序作用或者对当事人实体权益有影响、对当事人程序权益有重大影响的裁判文书。因此，对于用人单位来说，通过和解方式解决劳动争议，不仅能够在劳动争议萌发阶段就解决争议，消除诉讼风险，节省人力时间成本，而且不用因为诉讼解决劳动争议纠纷导致判决书公开网上，能够维护用人单位在社会上的良好声誉和企业形象。

二、劳动争议的诉讼策略选择

1. 诉讼管辖策略

《劳动争议调解仲裁法》第21条规定，劳动争议仲裁委员会负责管辖本区域内发生的劳动争议。劳动争议由劳动合同履行地或者用人单位所在地的劳动争议仲裁委员会管辖。双方当事人分别向劳动合同履行地和用人单位所在地的劳动争议仲裁委员会申请仲裁的，由劳动合同履行地的劳动争议仲裁委员会管辖。根据该条规定，劳动争议发生后，劳动合同履行地和用人单位所在地的劳动争议仲裁委员会都具有管辖权，双方当事人可以向两者之中的任何一个劳动争议仲裁委员会提出仲裁申请。但如果用人单位和劳动者分别向劳动合同履行地和用人单位所在地的劳动争议仲裁委员会申请了劳动争议仲裁，那么就应当由劳动合同履行地的劳动争议仲裁委员会管辖。

《最高人民法院关于审理劳动争议案件适用法律若干问题的解释》第8条规定劳动争议案件由用人单位所在地或者劳动合同履行地的基层人民法院管辖。劳动合同履行地不明确的，由用人单位所在地的基层人民法院管辖。根据该规定，法院关于劳动争议案件管辖也规定是由用人单位所在地和劳动合同履行地两个地方的基层人民法院管辖。但当劳动合同履行地不明确时,因为用人单位所在地是明确的,因此规定由用人单位所在地的法院管辖。

因为劳动争议在仲裁和诉讼程序上的特殊性,所有的劳动争议必须先经过劳动争议仲裁前置程序,才能够向人民法院提起劳动争议诉讼、进入诉讼程序。因此,相较于普通的民事诉讼案件而言,劳动争议案件存在劳动争议仲裁和诉讼之间的衔接问题。实践中,劳动争议案件的劳动者向有管辖权的劳动争议仲裁委员会提出劳动争议仲裁。取得仲裁裁决后,如果用人单位与劳动者双方对仲裁裁决结果不服的,就应当向有管辖权的人民法院提起诉讼。有的用人单位认为起诉的管辖法院只能是作出仲裁裁决结果的劳动争议仲裁委员会所在地的基层人民法院,这是错误的理解。在对仲裁裁决结果不服提起诉讼时,应当适用法院关于诉讼管辖的有关规定。无论劳动争议案件仲裁的管辖是劳动合同履行地还是用人单位所在地,用人单位提起诉讼时都可以任意选择劳动合同履行地或者用人单位所在地的基层人民法院提起诉讼。也就是说,即使劳动者向劳动合同履行地的劳动争议仲裁委员会申请仲裁,用人单位对于裁决结果不服的,按照诉讼管辖的规定,同样可以在用人单位所在地的基层人民法院提起诉讼。用人单位在劳动争议仲裁阶段和劳动争议诉讼阶段,应当根据两个争议处理程序的不同规定,适用不同的管辖规则。当然,如果劳动者和用人单位均不服劳动争议仲裁委员会做出的劳动争议仲裁裁决,都按照劳动争议诉讼管辖规定向有管辖权的基层人民法院(劳动合同履行地或者用人单位所在地)提起劳动争议诉讼时,先受理劳动争议案件的人民法院有管辖权。

管辖权在劳动争议仲裁和诉讼中是一个非常重要的问题。由于很多公司特别是一些大的公司在各地均有分支机构,《劳动争议调解仲裁法》对于劳动合同履行地管辖的规定对于公司的应诉成本有很大增加,比如差旅费的增加,对地方法规的熟悉等。企业应从以下两方面进行应对:

(1)异地用工要加强防控意识。企业人事主管和分支机构的负责人应当清楚《劳动争议调解仲裁法》关于管辖的新规定,还应当加强对地方性劳动法规的学习,以妥善应对劳动争议的发生。

(2)劳动合同中进行特别管辖约定。从法律文本来看,《劳动争议调解仲裁法》关于地域管辖的规定排除了双方当事人约定管辖权。但是,如果在劳动合同中约定企业和员工都选择在企业所在地管辖,对员工来说是以合同形式对权利作出的一种处分,法律是允许的。而且这种约定的存在,对员工选择劳动仲裁地会产生导向作用,客观上可以减少企业的麻烦,对企业也是有利的。

一般来说,当用人单位所在地与劳动合同履行地不一致而双方并没有进行特别管辖约定时,劳动者更多的是在劳动合同履行地的劳动争议仲裁委员会提起仲裁申请。因此,用人单位在对于劳动争议仲裁裁决结果不服时,应当尽早向有管辖权的基层人民法院提起劳动争议案件诉讼,可以通过选择有管辖权的法院提起劳动争议诉讼的方式,确定用人单位所在地的基层人民法院管辖该劳动争议案件,争取对用人单位有利的诉讼环境。比如,用人单位所在地在北京,用人单位在上海办事处招聘劳动者长期从事工作,后发生劳动争议,劳动者在上海某区的劳动争议仲裁委员会提起劳动争议仲裁并取得裁决结果,用人单位对裁决结果不服,就应当尽快向用人单位所在地的北京某基层人民法院提起诉讼。如果能够在劳动者提起诉讼之前被北京某基层法院受理案件,则能够以选择有管辖权的诉讼法院的方式将管辖从上海变更到北京,这样更便于用人单位安排应诉工作,也有利于减少用人单位处理劳动争议的时间成本和经济成本。

案例70　用人单位不服仲裁裁决　一审起诉改变案件管辖地

霍某曾为大伟嘉公司员工,从事销售工作,2017年5月13日,霍某以需向客户"刘某"销售货物为由,提请先发货后交付货款的审批程序,大伟嘉公司同意给予3天回款期后,霍某从大伟嘉公司提取2.38吨货物,价款总计19,781.6元,3日后,霍鹏向大伟嘉公司返还货款19,781.6元。2017年6月

7日、8日霍某又分别两次以向“刘某”销售货物为由，向公司提出先发货后付款的审批程序，在霍某未按大伟嘉公司要求完善“刘某”客户信息的情况下，大伟嘉公司安排刘某（大伟嘉公司另一员工陪同收取货款）与霍某一同向“刘某”送货。霍某个人从大伟嘉公司提出货物共计23.2吨，货物总价值137,280元。运货途中，刘某因故下车，霍某自行拉走货物，此后既未向大伟嘉公司明确“刘某”信息，也未向公司交付货款。大伟嘉公司向西安市公安机关报案，后在公安机关协调下，大伟嘉公司同意免除3万元货款，霍某也向大伟嘉公司交还现金3万元，尚欠货款价值77,280元。霍某表示货物售出后并无客户签收单。另查，公安机关的处理过程中，大伟嘉公司与霍某仅就劳动关系解除时间确定为2017年6月30日达成一致意见，并未就双方间劳动关系存续期间的其他各项争议达成最终调解意见，霍某表示公司仍拖欠其工资等争议问题尚未解决，双方在西安市未央区人民法院尚有另一劳动争议案件处于审理期间。

大伟嘉公司以要求霍某赔偿货款损失为由向西安市劳动人事争议仲裁委员会提起仲裁申请，该委作出市劳人仲案字[2018]第356号裁决书，裁决驳回大伟嘉公司申请请求。大伟嘉公司不服该裁决，既向一审海淀区人民法院起诉，又向西安市未央区人民法院起诉。海淀区人民法院于2019年1月4日立案。西安市未央区人民法院于2019年3月1日立案，后大伟嘉公司以就同一争议向海淀法院起诉为由向西安市未央区人民法院申请撤诉，该院准予大伟嘉公司撤回起诉。

本案中，大伟嘉公司虽就同一仲裁裁决分别向有管辖权的两地法院起诉，但一审海淀区人民法院先于陕西省西安市未央区人民法院立案，且霍某曾对一审法院的管辖权提出异议，被一审法院裁定驳回，霍某亦未对该裁定提起上诉，其管辖权异议不能成立，海淀区人民法院有权管辖该案件。

2. 运用调解方式化解劳动争议

在目前的司法实践中，调解是劳动争议仲裁程序中必不可少的一个环节。《劳动争议调解仲裁法》第 3 条规定，解决劳动争议，应当根据事实，遵循合法、公正、及时、着重调解的原则，依法保护当事人的合法权益。第 5 条规定，发生劳动争议，当事人不愿协商、协商不成或者达成和解协议后不履行的，可以向调解组织申请调解；不愿调解、调解不成或者达成调解协议后不履行的，可以向劳动争议仲裁委员会申请仲裁；对仲裁裁决不服的，除本法另有规定的外，可以向人民法院提起诉讼。第 42 条规定，仲裁庭在作出裁决前，应当先行调解。调解达成协议的，仲裁庭应当制作调解书。调解书应当写明仲裁请求和当事人协议的结果。调解书由仲裁员签名，加盖劳动争议仲裁委员会印章，送达双方当事人。调解书经双方当事人签收后，发生法律效力。调解不成或者调解书送达前，一方当事人反悔的，仲裁庭应当及时作出裁决。

《民事诉讼法》虽然没有如《劳动争议调解仲裁法》一般规定劳动争议案件必须经过调解程序，但随着溯源调解工作在各级法院的深入开展，诉讼调解工作也几乎成了劳动争议案件审判工作中一个必不可少的环节。诉讼调解分为诉前调解和诉中调解两种，当事人不仅能够在诉讼程序中进行调解，诉讼前的调解也是调解程序的重要组成部分。《民事诉讼法》第 94 条规定，人民法院进行调解，可以由审判员一人主持，也可以由合议庭主持，并尽可能就地进行。人民法院进行调解，可以用简便方式通知当事人、证人到庭。该条是诉讼调解的规定。诉前调解指的是在法院诉讼程序开始前，由人民调解员、调解律师或者法官组织的调解。诉中调解是指在诉讼程序过程中，双方在法官的主持下进行的调解，也可以称为诉讼中的调解。实践中，有些用人单位在诉讼前的调解程序一旦没有达成调解结果，就认为无法再启动调解程序了，放弃了调解的努力和工作，这是错误的。对于双方当事人来说，不仅在诉讼程序开始前能够调解，在诉讼程序开始后也可以调解。换句话说，只要在法院作出判决或裁定前，原则上双方当事人都可以通过调解程序解决劳动争议纠纷，并且法院也鼓励当事人双方以调解方式妥善处理劳动争议纠纷。不仅如此，除了在一审诉讼阶段可以通过调解程序解决劳动争议,而且到二审阶段,也能够通过调解程序处理劳动争议纠纷。

《民事诉讼法》第10条规定,人民法院审理民事案件,依照法律规定实行合议、回避、公开审判和两审终审制度。

《最高人民法院关于人民法院在互联网公布裁判文书的规定》第3条规定,人民法院作出的下列裁判文书应当在互联网公布:(1)刑事、民事、行政判决书;(2)刑事、民事、行政、执行裁定书;(3)支付令;(4)刑事、民事、行政、执行驳回申诉通知书;(5)国家赔偿决定书;(6)强制医疗决定书或者驳回强制医疗申请的决定书;(7)刑罚执行与变更决定书;(8)对妨害诉讼行为、执行行为作出的拘留、罚款决定书,提前解除拘留决定书,因对不服拘留、罚款等制裁决定申请复议而作出的复议决定书;(9)行政调解书、民事公益诉讼调解书;(10)其他有中止、终结诉讼程序作用或者对当事人实体权益有影响、对当事人程序权益有重大影响的裁判文书。第4条规定,人民法院作出的裁判文书有下列情形之一的,不在互联网公布:(1)涉及国家秘密的;(2)未成年人犯罪的;(3)以调解方式结案或者确认人民调解协议效力的,但为保护国家利益、社会公共利益、他人合法权益确有必要公开的除外;(4)离婚诉讼或者涉及未成年子女抚养、监护的;(5)人民法院认为不宜在互联网公布的其他情形。

根据上述规定,劳动争议案件经人民法院审理作出的民事判决书或者裁定书,都应当在互联网予以公布,但是以调解方式结案的劳动争议案件的不用在互联网上公布。通过调解程序结案,对用人单位来说有许多好处。第一,相较于劳动争议案件的判决书或者裁决书网上公开而言,劳动争议案件的调解文书不会上网公开,能够一定程度上维护用人单位的企业形象和社会声誉。第二,调解结案一般建立在用人单位与劳动者之间互相各让一步的基础上达成调解协议,相较于法院最终依法判决来说,大多数时候能够为用人单位减少一定的支出。第三,我国劳动争议案件制度采取的是“一裁两审”程序,仲裁诉讼程序历时较长,用人单位在处理劳动争议过程中需要投入一定的人力、物力和财力包括聘请律师的费用。调解结案的劳动争议案件，由于双方已经通过调解程序达成调解协议，案结事了，不仅缩短了劳动争议的处理周期，而且能够给用人单位省下许多费用。

综上所述，用人单位应当对调解程序有正确充分的认识。合理利用调解程序，能够给用人单位减少许多不必要的成本开支，而且能够维护良好的企业形象和声誉，做到一举多得。

3. 善用证据规则

“打官司就是打证据”是所有诉讼的黄金法则。

《民事诉讼法》第 64 条规定，当事人对自己提出的主张，有责任提供证据。当事人及其诉讼代理人因客观原因不能自行收集的证据，或者人民法院认为审理案件需要的证据，人民法院应当调查收集。人民法院应当按照法定程序，全面地、客观地审查核实证据。第 69 条规定，经过法定程序公证证明的法律事实和文书，人民法院应当作为认定事实的根据，但有相反证据足以推翻公证证明的除外。第 70 条规定，书证应当提交原件。物证应当提交原物。提交原件或者原物确有困难的，可以提交复制品、照片、副本、节录本。提交外文书证，必须附有中文译本。

通过上述法条规定可以看出，在劳动争议诉讼过程中，无论是用人单位还是劳动者，在诉讼过程中的主张都是需要用证据加以证明的。诉讼过程的本质就是提供证据证明己方的诉讼主张和提供证据反驳对方的诉讼主张的结合。同样，不同的证据，其证明的内容和证明的效力也是不一样的。用人单位在处理劳动争议或者选择诉讼策略时，应当尽可能在证据充分的方面多下功夫，尽可能避开证据不充分或者证据对自己不利的方面。用人单位也要把握劳动者举证不足的薄弱环节，针对其没有证据或证明效力弱的方面组织证据加以反驳，这样才能做到有的放矢。

三、劳动争议的应诉技巧

1. 运用时效制度

劳动争议仲裁时效，是指当事人因劳动争议纠纷要求保护其合法权利，必须在法定的期限内向劳动争议仲裁委员会提出仲裁申请,否则,法律规定消灭其申请仲裁权利的一种时效制度。

《劳动争议调解仲裁法》第27条规定,劳动争议申请仲裁的时效期间为一年。仲裁时效期间从当事人知道或者应当知道其权利被侵害之日起计算。

前款规定的仲裁时效,因当事人一方向对方当事人主张权利,或者向有关部门请求权利救济,或者对方当事人同意履行义务而中断。从中断时起,仲裁时效期间重新计算。

因不可抗力或者有其他正当理由,当事人不能在本条第1款规定的仲裁时效期间申请仲裁的,仲裁时效中止。从中止时效的原因消除之日起,仲裁时效期间继续计算。

劳动关系存续期间因拖欠劳动报酬发生争议的,劳动者申请仲裁不受本条第1款规定的仲裁时效期间的限制;但是,劳动关系终止的,应当自劳动关系终止之日起1年内提出。

用人单位在处理劳动争议时,首先,应当判断劳动者提起的劳动争议是否超过了1年的仲裁时效。其次,如果用人单位认为劳动者提出的劳动仲裁申请超过了仲裁时效的规定,那么用人单位应当在庭审中针对劳动争议本身向劳动争议仲裁院提出时效抗辩。用人单位提出的时效抗辩一旦成立,劳动者针对其提起的劳动争议就丧失了胜诉权。但根据法律规定,时效抗辩必须由当事人主动提起,法院不得主动释明。因此用人单位需善用时效抗辩赢得仲裁或者诉讼,因为时效抗辩成功可以导致劳动者在仲裁诉讼程序中丧失胜诉权。

案例71 企业合理使用时效制度 员工讨要工资被驳回

周某某以友发公司为被申请人向北京市朝阳区劳动人事争议仲裁委员会(以下简称朝阳仲裁委)申请仲裁,要求友发公司:(1)支付2006年11月8日至2007年9月8日未签订劳动合同双倍工资差额126,324元;(2)友发公司支付周某某2006年10月8日至2013年3月22日的工资为895,752元。2019年6月27日，朝阳仲裁委作出京朝劳人仲字[2019]第20780号裁决书，裁决：驳回周某某的仲裁请求。周某某对此不服，遂诉至法院。本案中，友发公司提出时效抗辩。劳动争议申请仲裁的时效期间为1年。仲裁时效期间从当事人知道或者应当知道其权利被侵害之日起计算。根据查明北京市第三中级人民法院作出的(2018)京03民终10180号民事判决书确认周某某与友发公司于2006年10月8日至2013年3月22日存在劳动关系。而周某某未提交证据证明其就本案诉争未签订劳动合同2倍工资差额、工资在仲裁时效期间内向友发公司主张权利，因此，友发公司的时效抗辩成立，法院没有支持周某某的诉讼请求。

2. 善用自认规则

自认规则，是指当事人在仲裁或者诉讼程序中对不利于自己事实的承认。《最高人民法院关于民事诉讼证据的若干规定》第8条规定，诉讼过程中，一方当事人对另一方当事人陈述的案件事实明确表示承认的，另一方当事人无须举证。但涉及身份关系的案件除外。对一方当事人陈述的事实，另一方当事人既未表示承认也未否认，经审判人员充分说明并询问后，其仍不明确表示肯定或者否定的，视为对该项事实的承认。根据该规定，自认有两种类型，一种是明示的自认，即当事人直接对于不利于己方的案件事实予以明确表示承认。另一种是对于对方当事人陈述的不利于己方的案件事实，既不明确承认也不明确否认，经审判人员充分说明询问后，仍未作出明确的肯定或否定表示，视为自认。用人单位及其委托代理人，在劳动争议仲裁和诉讼过程中一定要善用自认制度。对于对方当事人陈述的事实以及仲裁员和法官提出的关于事实的发问，一定要在了解事实的基础上给出明确的肯定或者否定说法。对于不清楚的事实内容，应当向仲裁员或者法官申请当庭与知情人核实，当庭核实不方便的应当申请庭后核实有关内容后再提交给仲裁员或者法官。这样做既能够协助仲裁员或法官调查清楚案件事实，也能够以积极主动的行为防止某些事实被仲裁员或者法官认定为自认。

用人单位自认的事实在一定条件下是可以撤销的。一般来说,明示的自认是不能够撤销的。除非当事人能够提出充足的理由,否则不允许自认人撤销自认。

《最高人民法院关于民事诉讼证据的若干规定》第8条规定,当事人在法庭辩论终结前撤回承认并经对方当事人同意,或者有充分证据证明其承认行为是在受胁迫或者重大误解情况下作出且与事实不符的,不能免除对方当事人的举证责任。根据该规定,自认人在下列情况下可以撤销自认:(1)自认人撤销自认经对方当事人同意。(2)自认人作出自认是因被欺诈、胁迫或者因他人具有刑事上应受惩罚的行为时,自认人可以撤销自认。(3)自认的当事人,证明其所为的自认系出于错误,且不符合事实真相,可以撤销自认。(4)代理人代为自认,本人知悉后立即撤销。

虽然自认的内容可以撤销,但是撤销自认内容需要由自认人举证证明其符合撤销自认的法定条件。在实践中,因为自认内容是对自己不利事实的承认,几乎没有对方当事人同意撤销自认的。其他撤销自认的法定条件在实践中也很少被仲裁或法院采纳,相较作出自认后再申请撤销而言,用人单位及其委托代理人有必要善用自认规则,避免发表不利于自身的不当言论,以免无端自损。

案例72 劳动者自认关键事实 用人单位"不战而胜"

王某原系案外人保利房地产公司处员工,双方签订了自2018年12月1日至2019年12月31日的《劳动合同书》。2019年5月21日,保利房地产公司与王某解除劳动合同,次日,保利房地产公司向王某转账支付离职赔偿款9311.13元。经核实,保利房地产公司系保和公司的投资人之一。2018年12月至2019年5月,王某的社会保险均由保利房地产公司缴纳;2018年12月至2019年2月,王某的工资由保利房地产公司转账支付,2019年3月至5月的工资由保和公司转账支付。2019年5月28日,王某向北京市丰台区劳动争议仲裁委员会(以下简称丰台仲裁委)提起仲裁,要求裁决:(1)保利房地产公司支付王某违法解除劳动合同赔偿金186,22.26元;(2)保利房地产公司支付王某2019年3月2日至5月20日休息日加班工资1772.7元;(3)保利房地产公司支付王某2019年5月21日至6月21日工资7519.6元。2019年7月11日,丰台仲裁委作出京丰劳人仲字[2019]第4022号裁决书,裁决:(1)保利房地产公司于本裁决书生效之日支付王某违法解除劳动合同赔偿金差额105.17元:(2)驳回王某的其他仲裁请求。裁决作出后,保利房地产公司认可裁决结果,并于2019年7月17日履行了仲裁裁决结果。王某不服该裁决结果,向北京市丰台区人民法院提起诉讼。之后,王某向北京市通州区劳动人事争议仲裁委员会(以下简称通州仲裁委)提起仲裁,要求裁决:保和公司支付王某2019年3月1日至5月21日未签订劳动合同2倍工资差额17,011.14元。2019年10月24日,仲裁委作出京通劳人仲字[2019]第5549号裁决书,裁决:驳回王某的仲裁请求。仲裁裁决作出后,王某不服该裁决结果,诉至一审法院。本案中,保和公司与保利房地产公司之间系关联公司,保利房地产公司于2019年3月1日将王某派至保和公司处工作,双方之间的劳动合同并未因此于该日解除。同时,王某在京丰劳人仲字[2019]第4022号案件仲裁过程中亦自认其与保利房地产公司之间的劳动关系存续至2019年5月21日。法院没有支持王某称2019年3月1日其与保和公司之间建立劳动关系,保和公司应当与其签订劳动合同的主张。

图书在版编目(CIP)数据

企业调岗调薪与裁员合规操作及风险防控 / 黄乐平著. -- 北京 : 法律出版社, 2020
ISBN 978-7-5197-5082-4

Ⅰ. ①企… Ⅱ. ①黄… Ⅲ. ①企业管理－人力资源管理－劳动法－中国 Ⅳ. ①D922.5

中国版本图书馆CIP数据核字(2020)第209516号

企业调岗调薪与裁员合规操作及风险防控
QIYE TIAOGANG TIAOXIN YU CAIYUAN
HEGUI CAOZUO JI FENGXIAN FANGKONG

黄乐平 著

责任编辑 许 睿 连晓敏
装帧设计 鲁 娟

出版 法律出版社
总发行 中国法律图书有限公司
经销 新华书店
印刷 固安华明印业有限公司
责任校对 王晓萍
责任印制 胡晓雅

编辑统筹 司法实务出版分社
开本 710毫米×1000毫米 1/16
印张 15.5
字数 212千
版本 2020年12月第1版
印次 2020年12月第1次印刷

法律出版社/北京市丰台区莲花池西里7号(100073)
网址/www.lawpress.com.cn
投稿邮箱/info@lawpress.com.cn
举报维权邮箱/jbwq@lawpress.com.cn
销售热线/400-660-8393
咨询电话/010-63939796

中国法律图书有限公司/北京市丰台区莲花池西里7号(100073)
全国各地中法图分、子公司销售电话:
统一销售客服/400-660-8393/6393
第一法律书店/010-83938432/8433
西安分公司/029-85330678
重庆分公司/023-67453036
上海分公司/021-62071010/1636
深圳分公司/0755-83072995

书号:ISBN 978-7-5197-5082-4
定价:65.00元
(如有缺页或倒装,中国法律图书有限公司负责退换)